普通高等教育农业农村部“十三五”规划教材
全国高等农林院校“十三五”规划教材

中国特色社会主义理论体系概论

ZHONGGUO TESE SHEHUI ZHUYI LILUN TIXI GAILUN

课堂实践指南

KETANG SHIJIAN ZHINAN

姚 琳 主编

中国农业出版社
北 京

内容简介

本书是山西省高等学校教学改革项目“思政课‘3+2’课堂教学实践模式研究”（编号 2017JGS2009）的研究成果之一，也是山西省高等学校哲学社会科学研究项目（思想政治教育专项）“高校思政课教师与辅导员实践育人协同落实研究—以‘小成本’实践项目设计为核心”（编号 2019ZSSZSX013）的研究成果之一。

“3+2”课堂实践教学模式的主要做法是：将思想政治课课堂授课学时的 3/5 主要用于理论讲授、2/5 主要用于课堂实践；课堂实践环节按照“教师确定实践模式—学生按要求课外自主开展实践—学生在课堂上汇报实践成果—教师对实践成果进行课堂评价并作理论知识验证总结—教师将学生实践活动情况纳入课程考核体系”的顺序进行。

本书在“3+2”课堂实践教学模式的经验总结基础之上，旨在探索高校思想政治理论课程实践教学的改革创新，将学生对理论知识的学习从知道了解层面进一步向体会体验层面引导，以增强思想政治理论课教学的实践性。本书秉持“小成本”实践教学的理念，总结梳理已有的教学实践成果，从时间成本、资金成本、人力成本、安全成本角度出发，以实践项目设计为核心，将实践范围界定为课堂、校园内、校园周边、假期家乡见闻、暑期社会实践 5 个部分，构建操作性强的小成本实践教学模式。本书以专题理论要点为导引，全面细致地设计实践教学流程，阐明每个实践项目与课程理论要点的结合点，以参考资料、阅读书目、红色光影为补充，为全面准确学习思想政治理论课程提供辅助。本书可作为教师实践教学用书，也可作为学生学习实践用书。

编委会名单

主　任　马建平

副主任　元纪明

成　员　原广华　崔清亮　朱　江　方　亮　王宇雄
　　　　王冬冬　王　蕊　白亚锋　姚　琳

编 写 人 员 名 单

主　编　姚　琳

副主编　张晓辉　杨　凯　许韶平

编　者　（以姓氏笔画为序）

石　宇　田云飞　许韶平　李　伟

杨　凯　宏　蕊　张晓辉　姚　琳

姬翠梅

序言

习近平总书记指出："青少年阶段是人生的拔节孕穗期，最需要精心引导和栽培"。立德树人是新时代高等教育的根本任务，思想政治理论课（以下简称思政课）是落实立德树人根本任务的关键课程，是引导青年大学生探索人生真谛、实现全面发展的核心课程。理直气壮开好思政课，用新时代中国特色社会主义思想铸魂育人，既是党中央的明确要求，也是新时代青年大学生成长成才的内在规律。

思政课既是理论课，也是实践课，但归根结底是实践课，要坚持理论性和实践性相统一，用科学理论培养人。思政课承担着向大学生传授知识、进行思想引导的任务，帮助大学生将已经内化的思想观念外化为实实在在的行为习惯。教学过程中的内化与外化进程，缺一不可，只有实现外化进程，才真正意味着教学目标的完整实现。但长期以来，无论是教育者还是受教育者，大都将"课后实践"作为关注重点，未充分认识到高校思政课"课堂实践"的价值所在，未对这一教学环节进行充分开发与设计，部分教师甚至直接舍弃这一环节。事实上，课堂实践在教学过程中发挥着关键性作用，是不断增强思政课的思想性、理论性和亲和力、针对性的"融合剂"。它有助于克服思想与理论的枯燥性，在强化课程思想性和理论性的同时，保持课程亲和力；也有助于实现特定思想与理论的具体化运用，增强课程针对性。

本书着眼于课堂实践这一关键环节和薄弱环节，使思政课堂不仅成为知识与观念的传授现场，而且也成为大学生实践锻炼的活动现场，推动"知"与"行"两大目标在课堂教学过程中的完整实现。山西农业大学马克思主义学院多年来实施"3＋2"课堂实践教学模式改革，取得显著成效，获得师生普遍好评，形成良好社会反响，本书对这一改革探索作了总结、提炼与升华。本书较为充分地考虑了教材与课堂教学现状的匹配问题，充分考量了教师与学生对课堂实践教材的内在需求和期待，删繁就简，直入主题，力求在课堂教学中达到"即拿即用"的效果。同时，紧紧抓住课堂实践的本质，在实践活动设置上扩大学生参与面并深化学生参与度，使得师生在共建与共享思政课堂的过程中，实现思想政治素质的显著提升。

当然，本书在编写过程中仍然存在一些不足，相信编写团队能够在教材使用过程中吸收借鉴各方经验，逐步修改和完善。本书的出版和运用，将有助于增强思政课教学过程的吸引力和实效性，也期待对兄弟院校思政课教学提供有益参考，共同培养更多担当民族复兴大任的时代新人。

山西农业大学党委副书记　马建平

2019年7月

前言

习近平总书记在学校思想政治理论课教师座谈会上强调，思想政治理论课是落实立德树人根本任务的关键课程，要求通过推动思想政治理论课改革创新，不断增强思想政治理论课的思想性、理论性和亲和力、针对性。课堂实践教学是一种有助于提高高校思想政治理论课实效性的教学方式。山西农业大学马克思主义学院自2015年起就开始探索推进思想政治理论课"3+2"课堂实践教学模式改革，2017年该教学模式研究获批山西省高等学校教学改革项目（编号2017JGS2009）。在此基础上，又进一步对实践教学再进行改革创新，获批山西省高等学校哲学社会科学研究项目（思想政治教育专项）"高校思政课教师与辅导员实践育人协同落实研究——以'小成本'实践项目设计为核心"（编号2019ZSSZSX013）。

"毛泽东思想和中国特色社会主义理论体系概论"课程以马克思主义中国化为主线，集中阐述马克思主义中国化理论成果的主要内容、精神实质、历史地位和指导意义，充分反映中国共产党不断推进中国具体实际相结合的历史进程和基本经验；以马克思主义中国化最新成果为重点，全面把握中国特色社会主义进入新时代，系统阐释习近平新时代中国特色社会主义思想的主要内容和历史地位，充分反映建设社会主义现代化强国的战略部署。在多年的教改实践中，我们在严格讲授教材的基础上，形成了一套具有可操作性的课堂实践教学的实施方案，比较明显地提高了教学实效性。为了在更大范围内推广并完善这一教学模式，探索高校思政课教师与辅导员工作的联合，以实现更优的实践育人效果，我们组织相关教师编写了这一实践教学指南。

本书根据教材内容，以专题形式编写，共18个专题，每个专题分为3个部分："理论基础"，是实践教学的根与魂；"实践指南"，是实践教学的具体设计与展开，并在每一个实践项目下提供与主题紧密相关的参考资料；"拓展资源"，是根据当代大学生学习特点，提供了一些可读性的阅读书目和视频资料。每一个实践项目都具有操作性强、复制性强和推广性强的特点。

本书由山西农业大学马克思主义学院牵头，联合山西农业大学信息学院、山西工程技术学院、山西大同大学骨干教师组成编写组，并经编写组成员分专题编写、集体研究、讨论定稿而成。编委的具体分工如下：山西农业大学石宇负责编写专题一和专题三；山西农业大学张晓辉负责编写专题二和专题七；山西农业大学宏蕊负责编写专题四和专题十三；山西农业大学姚琳负责编写专题五、专题六和专题十一；山西大同大学姬翠梅负责编写专题八；山西农业大学李伟负责编写专题九和专题十七；山西农业大学信息学院杨凯负责编写专题十和专题十五；山西工程技术学院许韶平负责编写专题十二和专题十四；山西农业大学田云飞负责编写专题十六和专题十八。

本书编写得到中华农业科教基金会、山西省教育厅、山西农业大学教务处的大力支持，在此表示衷心感谢！

由于编者水平有限，书中难免出现疏漏，恳请专家和读者批评指正，以便本书进一步修订完善。

编　者

2020年11月

目 录

专题一 TOPIC 1

毛泽东思想

一、理论基础

毛泽东思想是马克思主义中国化的第一个重大理论成果，是我们党必须长期坚持的指导思想。本专题将从毛泽东思想形成发展的历史条件、主要内容及活的灵魂，以及如何认识毛泽东思想历史地位这三部分整体把握毛泽东思想。通过学习，要求学生认识毛泽东思想的真理光辉，并加深对中华民族近代的苦难辉煌历史的理解，更加自觉地肩负起实现中华民族伟大复兴的历史使命。

（一）知识框架

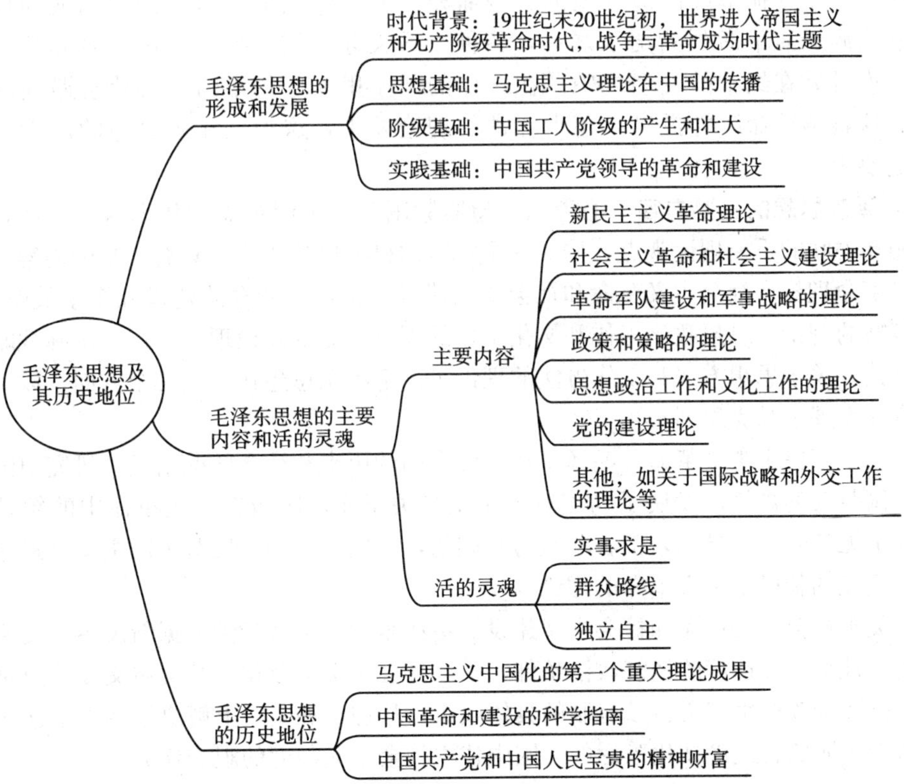

（二）理论要点

1. 毛泽东思想产生的社会历史条件

（1）毛泽东思想产生的时代背景　“十月革命一声炮响，给我们送来了马克思列宁主义。”这是毛泽东对马克思主义在中国传播的国际环境和时代条件的形象描写。中国的先进分子从俄国十月革命胜利的事实中认识到了马克思主义的强大威力。但由于中国特殊的国情决定了中国革命不能原样走“俄国人的路”，因而把马克思列宁主义的理论与中国实际相结合就成为时代的基本要求，毛泽东思想正是在这样的时代背景下产生的。

（2）毛泽东思想产生的思想理论渊源　1915 年兴起的新文化运动是一场伟大的启蒙运动和思想解放运动，为马克思列宁主义在中国的广泛传播准备了思想与文化条件。而马克思列宁主义在中国的广泛传播，是毛泽东思想产生的前提条件。1917 年俄国十月社会主义革命胜利的消息引起了中国思想界的巨变。中国先进的知识分子开始将眼光转向俄国，开始接受和传播马克思主义，并初步用马克思主义的观点和俄国十月革命的经验重新考虑中国前途问题，最终形成了适合中国国情的正确指导思想——毛泽东思想。

（3）毛泽东思想产生的阶级基础　中国近代资本主义经济的发展和中国工人运动的发展，为马克思主义在中国的广泛传播创造了必需的经济与政治条件，到五四运动时期，中国已具备了接受马克思主义的阶级基础。

（4）毛泽东思想产生的实践基础　马克思主义在中国的传入、传播和中国化，成为近代中国民族民主革命继续向前发展的客观需要。但半殖民地半封建的中国成为世界上阶级矛盾和民族矛盾最激烈的国家之一，各种矛盾犬牙交错，社会经济关系和阶级关系错综复杂，而且处在经常的变动之中。在这样的国家里发生的革命，必然会遇到许多特殊的问题，这就给革命政党提出了超乎寻常的理论要求，这为毛泽东思想的产生提出了迫切的客观要求。

2. 毛泽东思想的主要内容　毛泽东思想紧紧围绕着中国革命和建设这个主题，提出了一系列相互关联的重要理论观点，构成一个完整的科学思想体系，具有丰富的内容。包括新民主主义革命理论，社会主义革命和社会主义建设理论，革命军队建设和军事战略的理论，政策和策略的理论，思想政治工作和文化工作的理论，党的建设理论，以及国际战略和外交工作的理论，关于思想方法和工作方法的理论等。毛泽东思想在以上几个方面，以独创性的理论丰富和发展了马克思列宁主义。

（1）关于新民主主义革命　毛泽东从近代中国的历史和社会状况出发，研究中国革命的特点和中国革命的规律，发展了马克思列宁主义关于无产阶级在民主革命中的领导权的思想，创立了无产阶级领导的，工农联盟为基础的，人民大众的，反对帝国主义、封建主义和官僚资本主义的新民主主义革命的理论。

（2）关于社会主义革命和社会主义建设　毛泽东和中国共产党依据新民主主义革命胜利所创造的向社会主义过渡的经济政治条件，采取社会主义工业化和社会主义改造同时并举的方针，实行逐步改造生产资料私有制的具体政策，从理论和实践上解决了在中国这样一个占世界人口近 1/4 的、经济文化落后的大国中建立社会主义制度的艰难任务。

（3）关于革命军队的建设和军事战略　毛泽东系统地解决了以农民为主要成分的革命军队如何建设成为一支无产阶级性质的、具有严格纪律的、同人民群众保持亲密联系的新型军队的问题。他规定了全心全意为人民服务是人民军队的唯一宗旨，规定了是党指挥枪而不是枪指挥党的原则，制定了三大纪律八项注意，强调实行政治、经济、军事三大民主，实行官兵一致、军民一致和瓦解敌军的原则，提出和总结了一套军队政治工作的方针和方法。

（4）关于政策和策略　毛泽东精辟地论证了革命斗争中政策和策略问题的极端重要性，指出政策和策略是党的生命，是革命政党一切实际行动的出发点和归宿，必须根据政治形势、阶级关系和实际情况及其变化制定党的政策，把原则性和灵活性结合起来。

（5）关于思想政治工作和文化工作　毛泽东根据“一定的文化（当作观念形态的文化）是一定社会的政治和经济的反映，又给予伟大影响和作用于一定社会的政治和经济；而经济是基础，政治则是经济的集中表现”这个基本观点，提出了许多具有长远意义的重要思想。

（6）关于党的建设　在无产阶级人数很少而战斗力很强，农民和其他小资产阶级占人口大多数的国家，建设一个具有广大群众性的、马克思主义的无产阶级政党，是极其艰巨的任务。毛泽东的建党学说成功地解决了这个问题。毛泽东特别注重从思想上建党，提出党员不但要在组织上入党，而且要在思想上入党，经常注意以无产阶级思想改造和克服各种非无产阶级思想。

二、实践指南

（一）实践目的与要求

通过实践教学活动环节，提高学生理论联系实际的能力，加深对毛泽东思想及推进马克思主义中国化进程的理解，切实增强大学生对于中国特色社会主义的道路自信、制度自信、理论自信和文化自信，进而坚定为中华民族伟大复兴努力奋斗的信念。要求学生们在实践过程中以理论知识为基础，明确实践项目目的，分工明确、相互协助，实践过程保障安全，最终成果以小组为单位提交实践报告。

（二）实践项目设计

◆ **实践项目一：**

1. 实践项目主题　《毛泽东选集》选读研讨会。

《毛泽东选集》是毛泽东思想的重要载体，是毛泽东思想的集中展现，是对20世纪中国影响最大的书籍之一。这部选集，包括了毛泽东同志在中国革命各个时期中的重要著作，堪称学习和了解毛泽东思想的源头之作、经典之作，也是学习毛泽东思想最有效最便捷的方式。

2. 实践项目形式　通过选读和研讨的方式，对《毛泽东选集》中的几篇文章进行深度的解析，加深对毛泽东思想的理解。

3. 实践项目目的　毛泽东思想是马克思主义中国化的产物，学习和运用毛泽东思想，无论过去、现在还是将来都具有重大意义。选择一篇文章，进行认真的研读和讨论，可以加深对毛泽东思想的理解，以便激发对全部的文章的阅读兴趣。

4. 实践项目时间和地点　课内实践时间；适合研讨交流的多媒体教室。

5. 理论要点衔接　《中国的红色政权为什么能够存在?》《星星之火可以燎原》《井冈山的斗争》等文章，讲述了中国新民主主义革命道路的开辟与发展，是理解毛泽东思想关于新民主主义革命理论部分的重要依据，而新民主主义理论也是毛泽东思想的重要组成部分，因此通过精读和研讨的方式认真学习毛泽东的几篇文章，可以管中窥豹，使学生更加自觉地学习《毛泽东选集》，从整体上感受毛泽东思想的深邃和经典的魅力。

6. 实践项目具体步骤

（1）布置任务阶段。教师提前一周给学生布置阅读任务，学生利用一周的时间自行阅读，学生可以联系中国近代新民主主义革命的实践理解，并可以结合一些相关的影视剧和文献资料，对这 3 篇经典文章进行深度阅读。

（2）读书交流阶段。学生以宿舍为单位组成小组，形式比较自由，几个人坐在一起进行交流讨论，最后每个小组形成一篇读书报告或者一个 10 分钟左右的 PPT 演讲，以备课上汇报。

（3）课堂汇报阶段。上课的时候，由教师统一组织学生以小组为单位进行读书汇报，汇报结束后，其他小组的学生积极提出问题，汇报人需做出回应和互动，同时教师做相应的点评。

（4）教师点评阶段。所有小组汇报结束后，教师予以总结点评，并通过学生的汇报总结出几个重要问题进行重点讲解，如有必要也可由学生再做些补充性的讨论。

7. 实践成绩评定 根据学生的资料搜集、知识掌握、研讨发言、小组展示、提交的读书报告等情况，按照优秀、良好、及格、不及格综合评定本次实践教学环节成绩。

8. 参考资料

中国的红色政权为什么能够存在？

（一九二八年十月五日）

一 国内的政治状况

现在国民党新军阀的统治，依然是城市买办阶级和乡村豪绅阶级的统治，对外投降帝国主义，对内以新军阀代替旧军阀，对工农阶级的经济的剥削和政治的压迫比从前更加厉害。从广东出发的资产阶级民主革命，到半路被买办豪绅阶级篡夺了领导权，立即转向反革命路上，全国工农平民以至资产阶级，依然在反革命统治底下，没有得到丝毫政治上经济上的解放。

国民党新军阀蒋桂冯阎四派，在北京天津没有打下以前，有一个对张作霖的临时的团结。北京天津打下以后，这个团结立即解散，变为四派内部激烈斗争的局面，蒋桂两派且在酝酿战争中。中国内部各派军阀的矛盾和斗争，反映着帝国主义各国的矛盾和斗争。故只要各国帝国主义分裂中国的状况存在，各派军阀就无论如何不能妥协，所有妥协都是暂时的。今天的暂时的妥协，即酝酿着明天的更大的战争。

中国迫切需要一个资产阶级的民主革命，这个革命必须由无产阶级领导才能完成。从广东出发向长江发展的一九二六年到一九二七年的革命，因为无产阶级没有坚决地执行自己的领导权，被买办豪绅阶级夺取了领导，以反革命代替了革命。资产阶级民主革命乃遭遇到暂时的失败。中国无产阶级和农民在此次失败中，受到很大的打击，中国资产阶级（非买办豪绅阶级）也受了打击。但最近数个月来，工农阶级在共产党领导之下的有组织的城市罢工和农村暴动，在南北各地发展起来。军阀军队中的士兵因饥寒而酝酿着很大的不安。同时资产阶级在汪精卫、陈公博一派鼓动之下，亦在沿海沿江各地发展着颇大的改良主义运动。这种运动的发展是新的事实。

中国的民主革命的内容，依国际及中央的指示，包括推翻帝国主义及其工具军阀在中国的统治，完成民族革命，并实行土地革命，消灭豪绅阶级对农民的封建的剥削。这种革命的实际运动，在一九二八年五月济南惨案以后，是一天一天在发展的。

二　中国红色政权发生和存在的原因

一国之内，在四围白色政权的包围中，有一小块或若干小块红色政权的区域长期地存在，这是世界各国从来没有的事。这种奇事的发生，有其独特的原因。而其存在和发展，亦必有相当的条件。第一，它的发生不能在任何帝国主义的国家，也不能在任何帝国主义直接统治的殖民地，必然是在帝国主义间接统治的经济落后的半殖民地的中国。因为这种奇怪现象必定伴着另外一件奇怪现象，那就是白色政权之间的战争。帝国主义和国内买办豪绅阶级支持着的各派新旧军阀，从民国元年以来，相互间进行着继续不断的战争，这是半殖民地中国的特征之一。不但全世界帝国主义国家没有一国有这种现象，就是帝国主义直接统治的殖民地也没有一处有这种现象，仅仅帝国主义间接统治的中国这样的国家才有这种现象。这种现象产生的原因有两种，即地方的农业经济（不是统一的资本主义经济）和帝国主义划分势力范围的分裂剥削政策。因为有了白色政权间的长期的分裂和战争，便给了一种条件，使一小块或若干小块的共产党领导的红色区域，能够在四围白色政权包围的中间发生和坚持下来。湘赣边界的割据，就是这许多小块中间的一小块。有些同志在困难和危急的时候，往往怀疑这样的红色政权的存在，而发生悲观的情绪。这是没有找出这种红色政权所以发生和存在的正确的解释的缘故。我们只须知道中国白色政权的分裂和战争是继续不断的，则红色政权的发生、存在并且日益发展，便是无疑的了。第二，中国红色政权首先发生和能够长期地存在的地方，不是那种并未经过民主革命影响的地方，例如四川、贵州、云南及北方各省，而是在一九二六和一九二七两年资产阶级民主革命过程中工农兵士群众曾经大大地起来过的地方，例如湖南、广东、湖北、江西等省。这些省份的许多地方，曾经有过很广大的工会和农民协会的组织，有过工农阶级对地主豪绅阶级和资产阶级的许多经济的政治的斗争。所以广州产生过三天的城市民众政权，而海陆丰、湘东、湘南、湘赣边界、湖北的黄安等地都有过农民的割据。至于此刻的红军，也是由经过民主的政治训练和接受过工农群众影响的国民革命军中分化出来的。那些毫未经过民主的政治训练、毫未接受过工农影响的军队，例如阎锡山、张作霖的军队，此时便决然不能分化出可以造成红军的成分来。第三，小地方民众政权之能否长期地存在，则决定于全国革命形势是否向前发展这一个条件。全国革命形势是向前发展的，则小块红色区域的长期存在，不但没有疑义，而且必然地要作为取得全国政权的许多力量中间的一个力量。全国革命形势若不是继续地向前发展，而有一个比较长期的停顿，则小块红色区域的长期存在是不可能的。现在中国革命形势是跟着国内买办豪绅阶级和国际资产阶级的继续的分裂和战争，而继续地向前发展的。所以，不但小块红色区域的长期存在没有疑义，而且这些红色区域将继续发展，日渐接近于全国政权的取得。第四，相当力量的正式红军的存在，是红色政权存在的必要条件。若只有地方性质的赤卫队而没有正式的红军，则只能对付挨户团，而不能对付正式的白色军队。所以虽有很好的工农群众，若没有相当力量的正式武装，便决然不能造成割据局面，更不能造成长期的和日益发展的割据局面。所以“工农武装割据”的思想，是共产党和割据地方的工农群众必须充分具备的一个重要的思想。第五，红色政权的长期的存在并且发展，除了上述条件之外，还须有一个要紧的条件，就是共产党组织的有力量和它的政策的不错误。

三　湘赣边界的割据和八月的失败

军阀间的分裂和战争，削弱了白色政权的统治势力。因此，小地方红色政权得以乘时产生出来。但军阀之间的战争不是每天不停的。每当一省或几省之间的白色政权有一个暂时稳定的时候，那一省的统治阶级或几省的统治阶级必然联合起来用尽力量来消灭这个红色政权。在为建立和坚持红色政权所必须的各种条件尚不完备的地方，便有被敌人推倒的危险。本年四月以前乘时而起的许多红色政权，如广州、海陆丰、湘赣边界、湘南、醴陵、黄安各地，都先后受到白色政权的摧残，就是这个道理。四月以后湘赣边界的割据，正值南方统治势力暂时稳定的时候，湘赣两省派来“进剿”的军队，随时都有八九个团以上的兵力，多的到过十八个团。然而我们以不足四个团的兵力和敌人斗争四个月之久，使割据地区一天一天扩大，土地革命一天一天深入，民众政权的组织一天一天推广，红军和赤卫队一天一天壮大，原因就在于湘赣边界的共产党（地方的党和军队的党）的政策是正确的。当时党的特委和军委的政策是：坚决地和敌人作斗争，创造罗霄山脉中段政权，反对逃跑主义；深入割据地区的土地革命；军队党帮助地方党的发展，正规军队帮助地方武装的发展；集中红军相机应付当前之敌，反对分兵，避免被敌人各个击破；割据地区的扩大采取波浪式的推进政策，反对冒进政策。因为这些策略的适当，加上地形之利于斗争，湘赣两省进攻军队之不尽一致，于是才有四月至七月四个月中的各次胜利。虽以数倍于我之敌，不但不能破坏此割据，并且不能阻止此割据的日益扩大，此割据对湘赣两省的影响则有日益加大之势。八月失败，完全在于一部分同志不明了当时正是统治阶级暂时稳定的时候，反而采取统治阶级政治破裂时候的战略，分兵冒进，致边界和湘南同归失败。湖南省委代表杜修经同志不察当时环境，不顾特委、军委及永新县委联席会议的决议，只知形式地执行湖南省委的命令，附和红军第二十九团逃避斗争欲回家乡的意见，其错误实在非常之大。这种失败的形势，因为九月以后特委和军委采取了纠正错误的步骤，而挽救过来了。

四　湘赣边界的割据局面在湘鄂赣三省的地位

以宁冈为中心的湘赣边界工农武装割据，其意义决不限于边界数县，这种割据在湘鄂赣三省工农暴动夺取三省政权的过程中是有很大的意义的。使边界土地革命和民众政权的影响远及于湘赣两省的下游乃至于湖北；使红军从斗争中日益增加其数量和提高其质量，能在将来三省总的暴动中执行它的必要的使命；使各县地方武装即赤卫队和工农暴动队的数量增加质量提高起来，此时能够与挨户团和小量军队作战，将来能够保全边界政权；使地方工作人材逐渐减少依靠红军中工作人材的帮助，能完全自立，以边界的人材任边界的工作，进一步能够供给红军的工作人材和扩大割据区域的工作人材——这些都是边界党在湘鄂赣三省暴动发展中极其重要的任务。

五　经济问题

在白色势力的四面包围中，军民日用必需品和现金的缺乏，成了极大的问题。一年以来，边界政权割据的地区，因为敌人的严密封锁，食盐、布匹、药材等日用必需品，无时不在十分缺乏和十分昂贵之中，因此引起工农小资产阶级群众和红军士兵群众的生活的不安，有时真是到了极度。红军一面要打仗，一面又要筹饷。每天除粮食外的五分钱伙食费都感到缺乏，营养不足，病的甚多，医院伤兵，其苦更甚。这种困难，在全国总政权没有取得以前当然是不能免的，但是这种困难的比较地获得解决，使生活比较地好一点，特别是红军的给养使之比较地充足一点，则是迫切地需要的。边界党如不能对经济问题有一个适当的办法，在敌人势力的稳定还有一个比较长的期间的条件下，割据将要遇到很大的困难。这个经济问题的相当的解决，实在值得每个党员注意。

六　军事根据地问题

边界党还有一个任务，就是大小五井和九陇两个军事根据地的巩固。永新、酃县、宁冈、遂川四县交界的大小五井山区，和永新、宁冈、茶陵、莲花四县交界的九陇山区，这两个地形优越的地方，特别是既有民众拥护、地形又极险要的大小五井，不但在边界此时是重要的军事根据地，就是在湘鄂赣三省暴动发展的将来，亦将仍然是重要的军事根据地。巩固此根据地的方法：第一，修筑完备的工事；第二，储备充足的粮食；第三，建设较好的红军医院。把这三件事切实做好，是边界党应该努力的。

——毛泽东：《毛泽东选集》(第 1 卷)，北京：人民出版社，1991 年，第 47 - 56 页 .

◆ **实践项目二：**

1. 实践项目主题　毛泽东诗词朗诵分享会。

2. 实践项目形式　通过对毛泽东诗词的朗诵及解读分享，深刻体会毛泽东思想是马克思主义中国化的“第一次飞跃”。

3. 实践项目目的　毛泽东的诗词像一面中国革命史的镜子，真实而艺术地反映了中国共产党从 20 世纪 20 年代开始近半个世纪的斗争历程。毛泽东的诗词，是一部史诗，渗透着毛泽东思想的哲理，是毛泽东文艺思想亲自实践的范例。通过朗诵毛泽东诗词领略毛泽东思想的光辉，加深对伟大领袖毛泽东的认识，并跟随诗词的意境、结合新民主主义革命的实践和社会主义建设的伟大事业，激发对毛泽东思想的学习兴趣并加深理解。

4. 实践项目时间和地点　课内实践时间；多媒体教室。

5. 理论要点衔接　选取毛泽东在不同时期的诗词作品，对诗词进行分析和解读，与中国新民主主义革命的实践及新中国成立以后的建设实践相联系，例如，毛泽东以 1928 年 8 月的黄洋界保卫战为背景所作的《西江月·井冈山》，以及根据 1930 年底到 1931 年初红军胜利粉碎国民党围剿而作的《渔家傲·反第一次大“围剿”》等，这些诗词是毛泽东领导中国革命战争的写实和记录，通过学习诗词，学生可以了解到当时工农武装割据的形成，加深对中国新民主主义革命的理解，进而通过这样一种新的方式学习毛泽东思想，领会马克思主义中国化第一大理论成果的魅力。

6. 实践项目具体步骤

(1) 教师向学生介绍毛泽东诗词，指出毛泽东诗词是中国新民主主义革命及社会主义建设初期的史诗呈现，并列举一首诗词以便学生具体感知。

(2) 全班按照学号分成小组，每组 6 人，以小组为单位搜集选取本小组将要展示的一首诗词，并在小组内展开充分研讨，弄清楚所选诗词的创作背景、诗词大意、与诗词内容所对应的历史实践等，并组内友好分工合作，完成将要展示的部分。

(3) 各小组需准备好 PPT 文稿进行课堂展示，并按照朗诵诗词、诗词创作背景介绍、诗词含义解读、诗词与近代中国实践的关联分析、互动提问环节、小组总结等 6 个部分进行。

(4) 教师点评及总结，带领学生重新认识诗词这种传统文化的经典表达方式，感知毛泽东诗词与毛泽东思想的契合关联，鼓励学生探索不同方式加深对毛泽东思想的理解。

7. 实践成绩评定 根据各小组的资料搜集、分工合作表现、知识解读等情况，按照优秀、良好、及格、不及格综合评定实践教学环节成绩并做好记录。

8. 参考资料 毛泽东不同时期的代表性诗词作品。

沁园春·长沙

独立寒秋，湘江北去，橘子洲头。看万山红遍，层林尽染；漫江碧透，百舸争流。鹰击长空，鱼翔浅底，万类霜天竞自由。怅寥廓，问苍茫大地，谁主沉浮？

携来百侣曾游。忆往昔峥嵘岁月稠。恰同学少年，风华正茂；书生意气，挥斥方遒。指点江山，激扬文字，粪土当年万户侯。曾记否，到中流击水，浪遏飞舟？

菩萨蛮·黄鹤楼

茫茫九派流中国，沉沉一线穿南北。烟雨莽苍苍，龟蛇锁大江。

黄鹤知何去？剩有游人处。把酒酹滔滔，心潮逐浪高！

这是第一次大革命前夕，中国革命形势风起云涌，工人运动一浪高过一浪，此时，毛泽东创作的《沁园春·长沙》发出了“问苍茫大地，谁主沉浮”的时代强音和“到中流击水”的斗争渴望。1927 年大革命失败前夕，毛泽东写下了《菩萨蛮·黄鹤楼》，对即将出现的革命危机作出了预言。

西江月·井冈山

山下旌旗在望，山头鼓角相闻。敌军围困万千重，我自岿然不动。

早已森严壁垒，更加众志成城。黄洋界上炮声隆，报道敌军宵遁。

清平乐·蒋桂战争

风云突变，军阀重开战。洒向人间都是怨，一枕黄粱再现。

红旗越过汀江，直下龙岩上杭。收拾金瓯一片，分田分地真忙。

1927年到1931年是中国土地革命时期，工农革命蓬勃发展，共产党利用军阀战争的机会，不断壮大革命势力，中国革命又出现了新的高潮。在这期间，毛泽东相继创作了《西江月·井冈山》《清平乐·蒋桂战争》《采桑子·重阳》《如梦令·元旦》《减字木兰花·广昌路上》等作品，全面反映了这一期间欣欣向荣、不断胜利的革命形势。第二次国内革命战争期间，毛泽东写出了《渔家傲·反第二次大“围剿”》《菩萨蛮·大柏地》《清平乐·会昌》，展现了人民武装力量反击反革命围剿并不断胜利的战斗场景。

七律·长征

红军不怕远征难，万水千山只等闲。
五岭逶迤腾细浪，乌蒙磅礴走泥丸。
金沙水拍云崖暖，大渡桥横铁索寒。
更喜岷山千里雪，三军过后尽开颜。

沁园春·雪

北国风光，千里冰封，万里雪飘。望长城内外，惟余莽莽；大河上下，顿失滔滔。山舞银蛇，原驰蜡象，欲与天公试比高。须晴日，看红装素裹，分外妖娆。

江山如此多娇，引无数英雄竞折腰。惜秦皇汉武，略输文采；唐宗宋祖，稍逊风骚。一代天骄，成吉思汗，只识弯弓射大雕。俱往矣，数风流人物，还看今朝。

长征期间，毛泽东创作了《忆秦娥·娄山关》《十六字令》《七律·长征》《清平乐·六盘山》等作品，反映了长征艰苦卓绝的斗争经历和共产党领导下的红军英勇无畏的英雄气概。抗战前夕的《沁园春·雪》在抗日高潮即将到来之际，以其最先进的历史观点评古论今，指出人民是真正的风流人物、是历史的主人，这首词又以其艺术价值，被评论家称为“千古绝唱”。

七律·人民解放军占领南京

钟山风雨起苍黄，百万雄师过大江。
虎踞龙盘今胜昔，天翻地覆慨而慷。
宜将剩勇追穷寇，不可沽名学霸王。
天若有情天亦老，人间正道是沧桑。

《七律·人民解放军占领南京》是直接向全国人民发出将革命进行到底的号令。1949年新中国成立后，在20世纪50年代社会主义经济建设高潮时期和60年代反对国际反华势力时期，毛泽东都创作了不少作为时代强音的诗词作品。

◆ **实践项目三：**

1. 实践项目主题　红歌分享会。

2. 实践项目形式　课下搜集红色歌曲，并通过对所选红歌的学唱、解读等课堂展示的方式，了解红歌背后的红色故事。

3. 实践项目目的　红歌即红色歌曲，红歌是革命实践的真实写照，它能唤起人们的红色记忆。动员学生积极查找和学唱红歌，并进一步了解红歌创作的背景、所反映的内容，通过挖掘歌曲背后所蕴含的情感和故事，使学生加深对所学内容的理解，增进对毛泽东思想的理解，进一步深刻体会毛泽东对中国的新民主主义革命、社会主义建设所作出的重要贡献及毛泽东思想的魅力。

4. 实践项目时间和地点 学校的大学生活动中心或多媒体教室。

5. 理论要点衔接 红歌具有时代性，是革命、建设年代的实践写照，能反映出人民大众对毛泽东的深厚情感及对毛泽东思想的崇高评价。红歌很多都来源于人民群众的生产生活体验，并在人们的反复传唱中不断凝练升华，有深厚的群众基础和地方特色，饱含强烈的民族情感，是一种独特的艺术，使学生从传唱的歌词及歌曲创作的背景里加深对毛泽东思想的认识。

6. 实践项目具体步骤

（1）教师讲述学唱红歌的意义，并推荐几首歌曲，如《国际歌》《东方红》《映山红》《十送红军》等，但红歌不限于此，学生可以根据自己的兴趣搜集红歌。

（2）学生以宿舍为单位进行分组，小组成员合理分工、充分交流研讨，各小组选一首红歌进行课堂展示，包括红歌演唱、红歌的创作背景介绍、红歌所反映的故事、学唱红歌的感受，并与其他小组的同学们进行互动问答。通过学唱红歌这种方式去学习和了解新民主主义革命与社会主义建设的实践，增强学习的趣味性和生动性。

（3）教师在所有小组展示结束后对各小组的红歌展示进行点评及总结，并指出红歌分享会这种学习形式的意义所在。

7. 实践成绩评定 根据各小组资料搜集、知识掌握、小组合作默契度、展示情况等表现，按照优秀、良好、及格、不及格综合评定本次实践教学成绩。

三、拓展资源

（一）阅读书目

1. 毛泽东：《毛泽东选集》，北京：人民出版社，2008 年

《毛泽东选集》是毛泽东思想的重要载体，是毛泽东思想的集中展现，是对 20 世纪中国影响最大的书籍之一。这部选集，包括了毛泽东同志在中国革命各个时期中的重要著作，是理解毛泽东思想和马克思主义中国化的必读经典。

2. 杨奎松：《马克思主义中国化的历史进程》，郑州：河南人民出版社，1994 年

马克思主义不是在中国社会历史条件下自然生长起来的，它最初是作为一种外来的思想文化与理论观点，被引入和介绍到中国来的。马克思主义在中国这块民族土壤上生根、开花、结果的过程，必然的只能是一种不断被民族化，即中国化的过程。但是，作为一种外来的却是被用于指导中国革命的意识形态，中国共产党人在把马克思主义中国化的过程中，不能不经历许多极其复杂和曲折的情况。

3. 习近平：《在纪念毛泽东同志诞辰 120 周年座谈会上的讲话》，北京：人民出版社，2013 年

毛泽东同志为中国新民主主义革命的胜利、社会主义革命的成功、社会主义建设的全面展开，为实现中华民族独立和振兴、中国人民解放和幸福，作出了彪炳史册的贡献。毛泽东同志毕生最突出最伟大的贡献，就是领导我们党和人民找到了新民主主义革命的正确道路，完成了反帝反封建的任务，建立了中华人民共和国，确立了社会主义基本制度，取得了社会主义建设的基础性成就，并为我们探索建设中国特色社会主义的道路积累了经验和提供了条件，为我们党和人民事业胜利发展、为中华民族阔步赶上时代发展潮流创造了根本前提，奠定了坚实的理论和实践基础。

（二）红色光影

1. 纪录片《走近毛泽东》

该片的特色不仅表现在思想性和艺术性的高度统一，而且表现在创作者用平民化、生活化的视角展现了毛泽东的个性和革命意志。该片简化了一些过去人所共知的大场面、大事件，而是突出一个“情”字。这个“情”字既是领袖对人民的情，也是人民对领袖的情。片中运用的细节都非常具有冲击力和强烈的艺术感染力，如毛主席使用了多年的竹杖、毛主席的文房四宝、毛主席和亚非拉朋友们的关系、毛主席和人民的关系、毛主席的辩证唯物主义生死观等。

2. 电视剧《井冈山》

该剧讲述了 1927 年，蒋介石和汪精卫先后发动反革命政变，大革命遭到失败。面临严峻考验的中国共产党人为挽救危局，发动了八一南昌起义，南昌起义打响了武装反抗国民党反动派的第一枪。

3. 电影《毛泽东的故事》

该影片讲述了一代伟人毛泽东的故事。影片以 20 世纪 40 年代至 70 年代毛泽东的大量生活细节和情感生活片段为线索，描述了一个可亲可近和广大劳动人民有着血肉亲情的伟人。该片回忆了伟大领袖毛泽东抗战后各时期的感人事迹。该片站在人性人情的角度去塑造毛泽东这个领袖人物，去表现领袖伟大的情感，在题材的开拓和结构的处理上别具匠心。

专题二 TOPIC 2

新民主主义革命理论

一、理论基础

新民主主义革命理论是中国共产党在分析近代中国国情和时代特征的基础上，对中国革命实践经验的概括和总结。近代中国社会的性质和主要矛盾，决定了中国革命的首要任务是推翻帝国主义、封建主义和官僚资本主义的统治，从根本上推翻反动腐朽的政治上层建筑，变革阻碍生产力发展的生产关系。

（一）知识框架

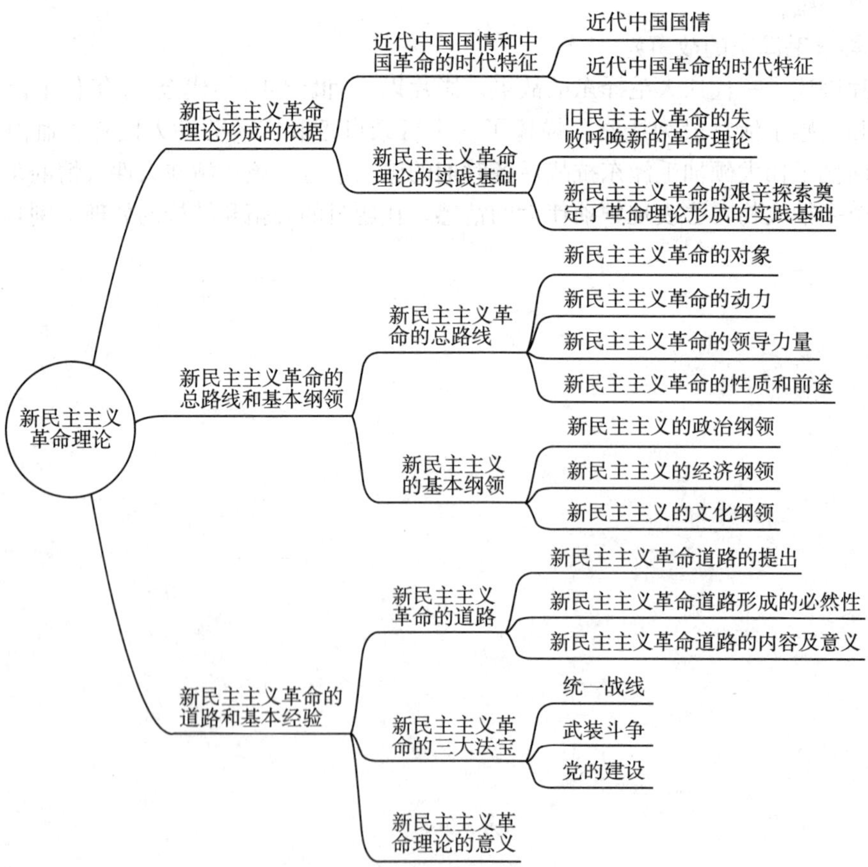

（二）理论要点

1. 近代中国最基本的国情　半殖民地半封建的特殊的社会性质，是近代中国最基本的国情。这一特殊的社会性质，蕴含着特殊的社会矛盾和革命要求。

毛泽东在《中国革命与中国共产党》一文中说："帝国主义列强侵略中国，在一方面促使中国封建社会解体，促使中国发生了资本主义因素，把一个封建社会变成了一个半封建的社会；但是在另一方面，它们又残酷地统治了中国，把一个独立的中国变成了一个半殖民地和殖民地的中国。"这是对近代中国社会性质最经典的表述。

在半殖民地半封建的近代中国，社会矛盾错综复杂，其中占支配地位的主要矛盾是帝国主义和中华民族的矛盾、封建主义和人民大众的矛盾，而帝国主义和中华民族的矛盾，又是各种矛盾中最主要的矛盾。独特的社会矛盾状况决定了近代中国革命的根本任务是推翻帝国主义、封建主义和官僚资本主义的统治。

近代中国的社会性质和主要矛盾，决定了中国革命仍然是资产阶级民主革命。但中国资产阶级民主革命不同于一般的资产阶级民主革命，经历了从旧民主主义革命向新民主主义革命的转变，具有鲜明的时代特征。中国革命要分两步走，第一步是完成反帝反封建的新民主主义革命任务，第二步是完成社会主义革命任务，这是性质不同但又相互联系的两个革命过程。

2. 新民主主义革命的总路线　即无产阶级领导的，人民大众的，反对帝国主义、封建主义和官僚资本主义的革命。

新民主主义革命总路线指明了中国革命的对象、动力、领导力量。

从总体上讲，中国革命的对象是帝国主义、封建主义和官僚资本主义，它们是压在中国人民头上的三座大山。其中，帝国主义是中国革命的首要对象。在不同历史阶段，随着社会主要矛盾的变化，革命的主要对象有所不同。

新民主主义革命的动力包括无产阶级、农民阶级、城市小资产阶级和民族资产阶级。无产阶级是中国革命最基本的动力。农民是中国革命的主力军。城市小资产阶级是无产阶级的可靠同盟者。民族资产阶级也是中国革命的动力之一。应当注意，近代中国的民族资产阶级是一个带有两面性的阶级，中国共产党对民族资产阶级在经济上实行保护民族工商业的政策，在政治上争取它，对其动摇性和妥协性进行批评和斗争，又斗争又联合。

无产阶级的领导权是中国革命的中心问题，也是新民主主义革命理论的核心问题。区别新旧两种不同范畴的民主主义革命的根本标志是：革命的领导权是掌握在无产阶级手中还是掌握在资产阶级手中。无产阶级及其政党实现对各革命阶级的领导，必须建立以工农联盟为基础的广泛的统一战线，这是实现领导权的关键。中国的新民主主义革命实质上就是无产阶级领导下的农民革命，因此，工农联盟是中国共产党领导的广泛的统一战线的基础。

近代中国半殖民地半封建社会的性质和中国革命的历史任务，决定了中国革命的性质不是无产阶级社会主义革命，而是资产阶级民主主义革命。新民主主义革命与旧民主主义革命相比有新的内容和特点，集中表现在中国革命处于世界无产阶级社会主义革命的时代，是世界无产阶级社会主义革命的一部分；革命的领导力量是中国无产阶级及其先锋队——中国共产党；革命的指导思想是马克思列宁主义；革命的前途是社会主义而不是资本主义。

3. 新民主主义的基本纲领　新民主主义基本纲领是新民主主义革命总路线的进一步展

开和体现，为新民主主义革命指明了具体奋斗目标。

新民主主义的政治纲领是：推翻帝国主义和封建主义的统治，建立一个无产阶级领导的、以工农联盟为基础的、各革命阶级联合专政的新民主主义的共和国。

新民主主义的经济纲领是：没收封建地主阶级的土地归农民所有，没收官僚资产阶级的垄断资本归新民主主义的国家所有，保护民族工商业。

新民主主义文化，就是无产阶级领导的人民大众的反帝反封建的文化，即民族的科学的大众的文化。

4. 新民主主义革命的道路 即农村包围城市、武装夺取政权的革命道路。

土地革命是民主革命的基本内容；武装斗争是中国革命的主要形式，是农村根据地建设和土地革命的强有力保证；农村革命根据地是中国革命的战略阵地，是进行武装斗争和开展土地革命的依托。在中国共产党的领导下，实现了土地革命、武装斗争、农村革命根据地建设三者的密切结合和有机统一。

5. 新民主主义革命的三大法宝 即统一战线、武装斗争和党的建设。

统一战线问题是无产阶级政党策略思想的重要内容。新民主主义革命时期，中国共产党领导的统一战线，先后经历了第一次国共合作的统一战线、工农民主统一战线、抗日民族统一战线、人民民主统一战线等几个时期，为新民主主义革命的胜利作出了重要贡献。从总体上讲，党领导的革命统一战线，包含着两个联盟：一个是工人阶级同农民阶级、广大知识分子及其他劳动者的联盟，主要是工农联盟；另一个是工人阶级和非劳动人民的联盟，主要是与民族资产阶级的联盟。

二、实践指南

（一）实践目的与要求

实践教学是课堂讲授的必要补充。新民主主义革命理论是毛泽东思想的核心内容，不理解新民主主义革命理论，就很难深刻地理解毛泽东思想和中国特色社会主义理论体系，乃至很难深刻理解整个中国近现代史和当代史。新民主主义革命时期的中国社会面貌与目前差异极大，这种差异造成了学生对新民主主义革命的必要性、必然性、可能性及整个革命进程的理解困难。安排实践教学环节是要通过让学生以各种方式了解当时中国社会各方面的真实样态，建立直观的印象，为理解新民主主义革命的历史与理论奠定更为坚实的基础。要求学生在实践过程中拟定实践活动方案，严格遵守实践纪律，服从组织安排，实践过程中要积极思考和提问，尽可能搜集资料，做好记录工作，提交活动方案和成果。

（二）实践项目设计

◆ **实践项目一：**

1. 实践项目主题 洋货印象。

2. 实践项目形式 相关文献资料研读和知情人士访谈。

3. 实践项目目的 列强的经济侵略一方面加速了中国自然经济的解体，另一方面也掠夺了中国的大量财富，使中国人民生活陷入困境。普通民众对列强经济侵略的直接感知就是市场上出现大量洋货，洋货挤压本土商品的生存空间。中国人民对洋货的涌入有接受，也有抵制，洋货涌入构成了近代中国社会的基本背景。通过查阅资料和访谈当事人，学生可以加深对中国新民主主义革命的基本背景的理解。

4. 实践项目地点　自己家乡附近或其他可以安全、便利地获取信息的地方。

5. 理论要点衔接　一方面，帝国主义的侵略虽然在一定程度上加速了中国封建社会自给自足的自然经济的解体，客观上为中国资本主义的发展创造了一定条件，但并不能使中国发展成为资本主义国家。另一方面，帝国主义列强通过政治的、经济的和文化的侵略，使中国半殖民地化。保护民族工商业是新民主主义经济纲领的重要内容。

6. 实践项目具体步骤

（1）搜集两方面的信息，一是文献，包括地方史志及其他一手文献，或相关学术研究成果等二手文献。文献的主题主要包括洋货进入中国的情况、洋货对于本土商品的影响、中国人对于洋货的态度、抵制洋货运动等，可以全面了解，也可以专攻一点。二是可能知道当时真实社会生活状况的人，最好是有真实生活经历的人，若找不到，也可以找听闻过当时相关情况的人。

（2）依据搜集到的资料制订活动方案，组织团队。

（3）研读文献，分类整理，充分掌握当时当地有关背景资料，列明需要通过访谈或现场考察解决的问题。

（4）实地访谈。访谈之前应当制订合理的访谈提纲，访谈对象可以是一人，也可以是多人。与文献资料往往关注宏观层面不同，访谈所获取到的是被访谈人亲身经历或听闻的有关具体的、微观的生活场景的回忆，由于中国社会的复杂性，不同地方、不同的人的经历可能差异很大，此外个人的经历可能是较平淡的、不典型的，因而，做访谈时，要特别注意典型事件或其他有效信息的抓取，必要时适当引导话题，做好记录工作。

（5）整理访谈资料。

（6）结合文献资料与访谈资料形成主题报告。

（7）展示活动成果。除提交书面主题报告之外，还可以考虑通过 PPT、资料展、话剧、情景剧、微电影等形式来展示。本主题比较适合资料展或情景剧等有现场感的展示方式。

7. 实践成绩评定　成绩由教师和学生共同评定。教师通过团队提交的活动方案，访谈资料、书面报告以及最终展示综合评定成绩；学生依据团队成果展示评定成绩。教师评价与学生评价的比例分配可以根据具体情况灵活处理。

8. 参考资料

棉纱、棉布、火柴、卷烟、水泥、电力六种工业生产中帝国主义的垄断势力（1922—1936，%）

中国、外国之和＝100%

年份	棉纱		棉布		火柴		卷烟		水泥		电力	
	中国	外国	中国	外国	中国	外国	中国	外国	中国	外国	中国	外国
1922	92	8	—	—	—	—	—	—	87	13	—	—
1923	—	—	—	—	—	—	—	—	85	15	—	—
1924	69	31	—	—	—	—	—	—	71	29	—	—
1925	65	35	83	17	—	—	—	—	76	24	—	—

（续）

年份	棉纱		棉布		火柴		卷烟		水泥		电力	
	中国	外国	中国	外国	中国	外国	中国	外国	中国	外国	中国	外国
1926	—	—	—	—	—	—	—	—	78	22	—	—
1927	58	42	47	53	—	—	—	—	77	23	—	—
1928	62	38	44	56	—	—	—	—	71	29	—	—
1929	64	36	45	55	—	—	—	—	69	31	—	—
1930	62	38	42	58	—	—	—	—	67	33	—	—
1931	63	37	41	59	—	—	59	41	73	27	—	—
1932	71	29	47	53	—	—	—	—	—	—	36	64
1933	71	29	39	61	89	11	43	57	100	—	37	63
1934	70	30	37	63	87	13	53	47	100	—	38	62
1935	71	29	35	65	89	11	42	58	100	—	42	58
1936	71	29	36	64	—	—	—	—	—	—	45	55

——严中平等：《中国近代经济史统计资料选辑》，北京：科学出版社，1955年，第131页．

◆ **实践项目二：**

1. 实践项目主题 红色文艺印象与展示。

2. 实践项目形式 相关文献资料研读和知情人士访谈，现场表演。

3. 实践项目目的 红色文艺作品是新民主主义革命时期中国人民精神状态的鲜明写照，也是中国共产党自身思想建设和作风建设的重要方式，同时是中国共产党对广大人民进行革命宣传教育的重要工具。红色文艺作品对中国革命的影响深刻而广泛，了解红色文艺作品是了解新民主主义革命时期中国人民精神状态和中国共产党的思想建设、文化建设的有效的方式。

4. 实践项目地点 自己家乡附近或其他可以安全、便利地获取信息的地方。

5. 理论要点衔接 新民主主义文化，就是无产阶级领导的人民大众的反帝反封建的文化，即民族的科学的大众的文化。中国共产党要领导革命取得胜利，必须不断加强党的思想建设、组织建设和作风建设。

6. 实践项目具体步骤

（1）搜集三个方面的信息，一是在家乡或其他目标地域流传广泛、影响深远的红色文艺作品；二是知悉这些文艺作品在革命年代传播和影响状况的人，最好是有真实经历的人，若找不到，也可以找听闻过当时相关情况的人；三是这些文艺作品相关的文献记载，尤其是作品的创作背景和传播状况的记载。

（2）依据搜集到的资料制订活动方案，组织团队。

（3）研读文献，分类整理，充分掌握当时当地有关背景资料，列明需要通过访谈或现场考察解决的问题。

（4）实地访谈。访谈的核心主题是访谈对象对相关作品当年的传播状况及观众接受状况的印象。访谈之前应当制订合理的访谈提纲，访谈对象可以是一人，也可以是多人。与文献资料往往关注宏观层面不同，访谈所获取到的是被访谈人亲身经历或听闻的有关具体的、微观的生活场景的回忆，由于中国社会的复杂性，不同地方、不同的人的经历可能差异很大，此外个人的经历可能是较平淡的、不典型的，谈时，要特别注意典型事件或其他有效信息的抓取，必要时适当引导话题，做好记录工作。

（5）整理访谈资料。

（6）结合文献资料与访谈资料形成主题报告。

（7）展示活动成果。除提交书面主题报告之外，还需通过 PPT、资料展、话剧、情景剧、微电影等形式来展示文艺作品当年的传播状况及观众的接受状况，并现场表演相关文艺作品。

7. 实践成绩评定　成绩由教师和学生共同评定。教师通过团队提交的活动方案，访谈资料、书面报告以及最终展示综合评定成绩；学生依据团队成果展示评定成绩。教师评价与学生评价的比例分配可以根据具体情况灵活处理。

8. 参考资料

“凡音之起，由人心生也。”“声音之道，与政通矣。”先秦的《乐记》中如是说。在各种文艺形式中，声乐因直接发自人的内心而成为最能打动人心的情感的一种艺术形式，也是与人民群众联系最广泛、与时代联系最密切的艺术形式。红歌，无疑是声乐中的经曲，是时代的号角、人民的心声。

往昔的峥嵘朴素的表达，激情的年华深情的吟咏，革命年代的礼赞、红色岁月的缅怀、改革开放的颂唱，所有的红色情怀在一首首红歌中抒发、再现、还原。红歌，记录了革命的历史，包含了革命的理想，体现了革命的信念，抒发了革命的豪情，其内容积极向上，其情感真挚浓烈，其旋律优美高亢，是一种精神力量的源泉，是一种心灵感动的磁场，令人鼓舞，催人奋进。新时期，我们被红色诱惑着，红歌一如风里飘扬的那面旗子，招呼着我们做红色心灵的生活者。

……

《乐论》中说：“夫声乐入人也深，其化人也速。”在而今多元化的文化大舞台上，红歌的热捧为中国百姓和文艺工作者抵制庸俗、低俗、媚俗之风带来了有益的启示。在红歌的舞台上，没有靡靡之音，人们听到的是格调清新健康、旋律优美的歌曲，给人耳目一新的感觉。当人们感到困顿和迷茫时，红色精神能给人以一种激情，一种奋发向上的力量，这正是我们当今时代急需补缺的精神食粮。一支红歌催生一种精神。在流行歌曲层出不穷的今天，红歌之所以会这么红，急速地在祖国大江南北传唱开来，重要的是红歌不但可以净化心灵、鼓舞斗志、激发豪情，还能启发人们健康向上、乐观大度、勤奋工作、热爱生活。

——余玮，吴志菲：《红歌纪事》，北京：中共党史出版社，2011 年，第 256 - 257 页 .

◆ **实践项目三：**

1. 实践项目主题　参军或支前纪事。

2. 实践项目形式　相关文献资料研读和知情人士访谈。

3. 实践项目目的　中国革命的主要斗争形式是武装斗争，而中国共产党领导的武装斗争是人民战争，人民的支持和拥护是中国共产党领导武装斗争取得胜利的根本原因。中国人民为新民主主义革命的胜利作出了巨大的贡献和牺牲，一批又一批的中华儿女义无反顾地走上战争前线，后方人民群众也倾尽其最后一粒米粮支援前线。本项目旨在使学生们直观地感受当年人民战争的壮烈诗篇，了解当年的军民鱼水情，了解胜利果实来之不易，激发斗志，背负使命，再创辉煌。

4. 实践项目地点 自己家乡附近或其他可以安全、便利地获取信息的地方。

5. 理论要点衔接 武装斗争是中国革命的主要形式，是农村革命根据地建设和土地革命的强有力保证；农村革命根据地是中国革命的战略阵地，是进行武装斗争和开展土地革命的依托。坚持武装斗争必须建立一支人民军队，总结党在新民主主义革命时期开展武装斗争的革命经验，建设人民军队，一要坚持党对军队的绝对领导，二要建设全心全意为人民服务的人民军队，三要坚持正确的战略战术原则。

6. 实践项目具体步骤

（1）搜集两方面的信息：一是文献，包括地方史志及其他一手文献，或相关学术研究成果等二手文献。文献的主题主要包括人民子弟参军和群众支前等，可以全面了解，也可以专攻一点。二是可能了解当时真实社会生活状况的人，最好是有真实生活经历的人，若找不到，也可以找听闻过当时相关情况的人。

（2）依据搜集到的资料制订活动方案，组织团队。

（3）研读文献，分类整理，充分掌握当时当地有关背景资料，列明需要通过访谈或现场考察解决的问题。

（4）实地访谈。访谈之前应当制订合理的访谈提纲，访谈对象可以是一人，也可以是多人。与文献资料往往关注宏观层面不同，访谈所获取到的是被访谈人亲身经历或听闻的有关具体的、微观的生活场景的回忆，由于中国社会的复杂性，不同地方、不同的人的经历可能差异很大，此外个人的经历可能是较平淡的、不典型的，因而，做访谈时，要特别注意典型事件或其他有效信息的抓取，必要时适当引导话题，做好记录工作。

（5）整理访谈资料。

（6）结合文献资料与访谈资料形成主题报告。

（7）展示活动成果。除提交书面主题报告之外，还可以考虑通过 PPT、资料展、话剧、情景剧、微电影等形式来展示。

7. 实践成绩评定 成绩由教师和学生共同评定。教师通过团队提交的活动方案、访谈资料、书面报告以及最终展示综合评定成绩；学生依据团队成果展示评定成绩。教师评价与学生评价的比例分配可以根据具体情况灵活处理。

8. 参考资料

论联合政府（节选）

在中国解放区，在民主政府领导之下，号召一切抗日人民组织在工人的、农民的、青年的、妇女的、文化的和其他职业和工作的团体之中，热烈地从事援助军队的各项工作。这些工作不但包括动员人民参加军队，替军队运输粮食，优待抗日军人家属，帮助军队解决物质困难，而且包括动员游击队、民兵和自卫军，展开袭击运动和爆炸运动，侦察敌情，清除奸细，运送伤兵和保护伤兵，直接帮助军队的作战。同时，全解放区人民又热烈地从事政治、经济、文化、卫生各项建设工作。在这方面，最重要的是动员全体人民从事粮食和日用品的生产，并使一切机关、学校，除有特殊情形者外，一律于工作或学习之暇，从事生产自给，以配合人民和军队的生产自给，造成伟大的生产热潮，借以支持长期的抗日战争。在中国解放区，敌人的摧残是异常严重的；水、旱、虫灾，也时常发生。但是，解放区民主政府领导全体人民，有组织地克服了和正在克服着各种困难，灭蝗、治水、救灾的伟大群众运动，收到了史无前例的效果，使抗日战争能够长期地坚持下去。总之，一切为着前线，一切为着打倒日本侵略者和解放中国人民，这就是中国解放区全体军民的总口号、总方针。

……

——毛泽东：《毛泽东选集》(第3卷)，北京：人民出版社，1991年，第1041页.

◆ **实践项目四：**

1. 实践项目主题　革命先烈事迹展。

2. 实践项目形式　文献资料研读、实地考察、知情人士访谈。

3. 实践项目目的　中国革命的主要斗争形式是武装斗争，而中国共产党领导的武装斗争是人民战争，在开展人民战争的过程中有许多革命志士为革命事业献出了生命，他们是我们需要永远铭记的先烈。通过多种形式了解自己家乡附近的一位先烈的事迹，一方面可以让学生体会革命斗争的不易，另一方面也可以展现党、军、民拧成一股绳的革命风貌，是一场十分生动的现场革命教育活动。

4. 实践项目地点　自己家乡附近或其他可以安全、便利地获取信息的地方。

5. 理论要点衔接　中国革命的胜利需要依靠党的领导，而党的领导的实现终究要依靠千千万万的优秀党员干部。革命先烈就是在土地革命、武装斗争、根据地建设中作出杰出贡献的典型代表，他们的牺牲奉献精神和艰苦奋斗精神永远值得后人学习和传颂。

6. 实践项目具体步骤

(1) 搜集三方面的信息：一是家乡及其附近革命先烈的相关文献、资料；二是革命先烈相关的文献记载；三是了解相关情况的人，最好是与革命先烈有过直接接触的人，也可以找听闻过当时相关情况的人。

(2) 依据搜集到的资料制订活动方案，组织团队。

(3) 研读资料，分类整理，充分掌握当时当地有关背景资料，列明需要通过访谈或现场考察解决的问题。

(4) 实地访谈与考察。访谈之前应当制订合理的访谈提纲，访谈对象可以是一人，也可以是多人。做好访谈记录工作。到相关地点（先烈牺牲地、纪念地等）实地考察，了解革命先烈生平、牺牲前后相关情况、重要贡献、精神遗产等。

(5) 整理访谈与考察资料。

(6) 结合相关资料与访谈考察资料形成主题报告。

(7) 展示活动成果。除提交书面主题报告之外，还可以通过资料展、情景剧等形式来展示。

7. 实践成绩评定　成绩由教师和学生共同评定。教师通过团队提交的活动方案、访谈资料、书面报告以及最终展示综合评定成绩；学生依据团队成果展示评定成绩。教师评价与学生评价的比例分配可以根据具体情况灵活处理。

8. 参考资料

续范亭（1893—1947 年），山西崞县（今原平）人。早年加入同盟会，参加辛亥革命，1935 年赴南京呼吁团结抗日，剖腹明志，震动全国。获救之后，探求马列主义真理，心向共产党，此后以第二战区官员的身份居中联络，积极协助八路军华北抗战。弥留之际，致书党中央，请求加入中国共产党。此为续范亭《逝世前给党中央和毛主席的信》。

敬爱的毛主席和中共中央：

范亭自辛亥以来，即摸索为民族和人民解放的真理，奋勇前行，在几经波折之后，终于认清了只有中国共产党领导的革命道路，才是中华民族和中国人民彻底解放的道路。七七抗战之后，即欣然接受领导，参加晋西北抗日民主根据地的抗战建设工作，想从此更好为人民服务，以偿平生夙愿。孰料范亭方奋力以赴之时，竟以身染重病，去延休养。在延数年，蒙党百般爱护，尤觉欣幸者，得以时常聆听毛主席和中共中央的教导。范亭奋斗一生，始于今日目睹解放区广大人民的真正翻身，真正看见了新中国的光明前途，每自不禁感奋，热泪夺眶而出。屡欲请求入党，作（做）一名革命军的马前卒，以终余年，但以久病床褥，迄未提出。现范亭已病入膏肓，恨不能亲睹卖国贼蒋介石集团之行将受审，美帝国主义之滚蛋，与全中国人民之彻底解放，是为憾耳。范亭数年来愧无贡献，然追求真理之志未尝一日或懈也。在此弥留之际，我以毕生至诚敬谨请求入党，请中共中央严格审查我的一生历史，是否合格，如承追认入党，实平生之大愿也。

专此谨致布尔塞维克的敬礼！

续范亭

党中央接受了续范亭的入党请求，在复电中指出："本党决定接受续范亭同志的要求，追认为中国共产党正式党员，并以此引为本党的光荣。"

毛泽东获悉续范亭病逝，派专人送了花圈和挽联，挽联上写着：

范亭同志千古

为民族解放，为阶级翻身，事业垂成，公胡遽死？

有云水襟怀，有松柏气节，典型顿失，人尽含悲！

毛泽东敬挽

——中国青年出版社：《革命烈士书信（汇编本）》，北京：中国青年出版社，2015 年，第 152 - 154 页．

三、拓展资源

（一）阅读书目

1. 中央编译局：《马克思恩格斯文集》，北京：人民出版社，2009 年

马克思列宁主义基本原理是新民主主义革命的理论基础。《马克思恩格斯文集》精选了马克思和恩格斯在各个时期写的有代表性的重要著作，内容涵盖了马克思主义哲学、政治经济学和科学社会主义，以及马克思和恩格斯在政治、法学、史学、教育、科学技术、文学艺术、军事、民族、宗教等方面的重要论述，并体现了马克思主义理论体系形成和发展的历史进程。

2. 中央编译局：《列宁专题文集》，北京：人民出版社，2009 年

《列宁专题文集》分 5 个专题，编为 5 卷：《论马克思主义》《论辩证唯物主义和历史唯物主义》《论资本主义》《论社会主义》《论无产阶级政党》。文集精选了列宁在各个时期的重要著作、文章、报告、笔记和书信，反映了列宁毕生坚持和发展马克思主义的主要理论成果以及对无产阶级革命和社会主义建设实践经验的科学总结。

3. 毛泽东：《毛泽东选集》，北京：人民出版社，1991 年

毛泽东是新民主主义革命理论的主要创立者。本书按照中国共产党成立后所经历的各个历史时期并且按照著作年月次序编排，包括了毛泽东在中国革命各个时期中的重要著作。第 1 卷是第一次国内革命战争时期和第二次国内革命战争时期的著作；第 2 卷和第 3 卷是抗日战争时期的著作；第 4 卷是第三次国内革命战争时期的著作。

4. 中共中央文献研究室：《毛泽东文集》，北京：人民出版社，1996 年

本书主要收录没有编入《毛泽东选集》的毛泽东文稿和讲话谈话记录稿，包括新中国成立之前和之后的，对于深入地学习和研究毛泽东思想很有价值。

5. 金冲及：《毛泽东传（1893—1949）》，北京：中央文献出版社，1997 年

本书重点介绍了毛泽东从出生至新中国成立这一阶段的经历，从一个师范生到共产主义者，从一个普通的共产党员到确立在党内的领导地位，一代伟人的成长经历。该书的撰写主要依据是中央档案馆保存的毛泽东同志新中国成立前的文稿、电报、书信、讲话记录和他所参加会议的大量记录，同时参考了同毛泽东同志有过直接接触的同志的访问记录、回忆录和当时的报刊资料。

6. 中共中央文献研究室：《毛泽东年谱（1893—1949）》，北京：中央文献出版社，2013 年

7. 中央档案馆：《中共中央文件选集》，北京：中共中央党校出版社，1989—1992 年

本书是由中央档案馆编辑、中共中央文献研究室审定后公开出版的新中国成立前的中央文件选集，所编选的文件，均依据中央档案馆保存的档案或资料的原貌刊印，是研究新民主主义革命理论的第一手资料。

8. 中共中央党史研究室：《中国共产党历史第一卷（1921—1949）》，上下册，北京：中共党史出版社，2011 年

新中国成立前的党史是理解新民主主义革命理论的基本历史背景。该书介绍了 1921—1949 年中国共产党走过的光辉历程，共分五编："中国共产党的创立""党在大革命时期""党在土地革命战争时期""党在全民族抗日战争时期""党在全国解放战争时期"。

9. 中共中央党史研究室：《中国共产党的九十年（新民主主义革命时期）》，北京：中共党史出版社，党建读物出版社，2016 年

该书是中共中央党史研究室的新作，吸收了党史研究的最新成果。

（二）红色光影

1. 电影《建党伟业》

该剧反映了 1911 年辛亥革命爆发至 1921 年中国共产党第一次全国代表大会召开 10 年间中国所发生的一系列重大历史事件，大体上由民初动乱、五四运动及中共建党三部分剧情组成。

2. 电视剧《开天辟地》

该剧所反映的历史时期横跨 1921 年中国共产党成立至 1927 年秋收起义，是首部全景式展现第一次国内革命战争壮丽画卷的电视剧。

3. 电影《风暴》

该剧讲述了 1922 年中共党员、工人林祥谦和律师施洋带领工人群众发起“二七”大罢工的故事。

4. 电影《南昌起义》

该剧讲述 1927 年周恩来、朱德、贺龙等组织发动南昌起义的历史故事。

5. 电影《万水千山》

该剧讲述了中国工农红军第一方面军两万五千里长征的故事。

6. 电视剧《南泥湾》

该剧讲述了 20 世纪 40 年代初，八路军三五九旅在缺衣少粮极端困难的条件下，怀着对革命事业必胜的坚定信念，开展的轰轰烈烈的大生产运动。

7. 电影《狼牙山五壮士》

该剧展现了五位八路军战士勇敢战斗、不怕牺牲的革命英雄精神和坚贞不屈、视死如归的民族气节。

8. 电影《平原游击队》

该剧讲述了在 1943 年秋，游击队长李向阳接到牵制日军驻守某县城的松井部队的任务，与敌人机智、巧妙的周旋，并最终克敌制胜的故事。

9. 电影《铁道游击队》

该剧讲述了抗日战争时期，活跃在山东临城、枣庄一带的一支铁道游击队在大队长刘洪、政委李正的带领下，与日本侵略者展开斗争的故事，反映了中国共产党领导的抗战的人民性和游击战的灵活性。

10. 电影《地雷战》

该剧讲述了抗日战争时期，各村民兵联防运用地雷战术，歼灭了进犯的日军，取得反扫荡胜利的故事。

11. 电影《地道战》

该剧讲述了抗日战争时期，为了粉碎敌人的“扫荡”，冀中人民在中国共产党的领导下，创新地利用地道战的斗争方式打击日本侵略者的故事。

12. 电影《重庆谈判》

该剧讲述了 1945 年抗战胜利之后，毛泽东等中共领导人为了国家和民族的和平、民主、团结，到重庆与国民党进行谈判的故事。

13. 电影《挺进中原》

该剧讲述了 1947 年刘邓大军挺进大别山的故事。

14. 电影《红日》

该剧讲述了解放战争中中国人民解放军全歼国民党王牌整编 74 师并击毙敌师长张灵甫的故事。

15. 电影《大决战》三部曲

三部曲指《辽沈战役》《淮海战役》《平津战役》，三部电影以宏伟逼真的气势再现了解放战争中三次决定性的伟大战役。

16. 电影《风雨下钟山》

该剧讲述了三大战役后，南京国民党政府拒绝在和平协定上签字，中国人民解放军百万雄师强渡长江天险，解放南京的故事。

17. 电影《战上海》

该剧讲述了 1949 年 4 月中国人民解放军第三野战军解放上海的故事。

18. 电影《建国大业》

该剧讲述了从抗日战争结束到 1949 年中华人民共和国成立前夕发生的一系列故事，主线是中国人民政治协商会议第一届全体会议的筹备，突出展现了当时中国共产党领导的多党合作和政治协商制度的形成。

19. 电影《开国大典》

该剧展现了三大战役后中国共产党继续奋斗，最终建立中华人民共和国的历史过程。

专题三 TOPIC 3

社会主义改造理论

一、理论基础

新中国成立以后，我国开始了从新民主主义向社会主义的转变。通过本专题的学习，了解我们党在过渡时期总路线的确立，以及我们进行社会主义改造的历史经验，从而深刻认识社会主义基本制度在我国确立的重要意义。

（一）知识框架

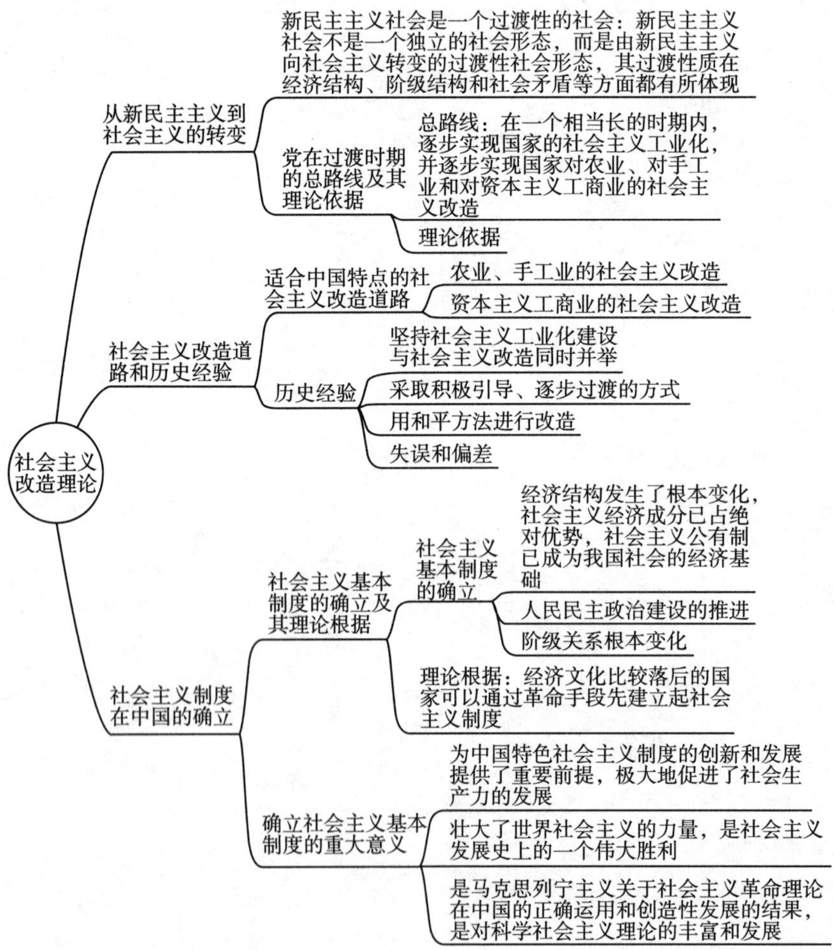

（二）理论要点

1. 从新民主主义到社会主义的转变

（1）如何认识新民主主义社会？特点：①经济上：五种经济成分共存，即社会主义性质的国营经济、农民和手工业者的个体经济、私人资本主义经济、半社会主义性质的合作社经济、国家资本主义经济。②政治文化上：无产阶级的政治领导地位和马克思主义指导地位已经确立。这使新民主主义社会的政治经济文化具有了社会主义的性质。③社会的两种基本矛盾：从内外来说，中国还存在着两种基本的矛盾，国际上是新中国同帝国主义的矛盾，国内是工人阶级和资产阶级的矛盾。

新民主主义社会是向社会主义转变的“不可转移的、必要的”过渡形式。新民主主义社会既有社会主义因素，又有资本主义因素，其发展趋势是社会主义因素日益增长，最终取代资本主义因素，而完成向社会主义的过渡。

（2）党在过渡时期的总路线及其理论依据。以毛泽东为代表的中国共产党人，正是在马克思列宁主义的理论指导下，依据中国的具体情况，适时制定了党在过渡时期的总路线。1953 年 6 月，毛泽东在中央政治局会议上正式提出过渡时期的总路线和总任务，并于同年 12 月形成了关于总路线的完整表述：“从中华人民共和国成立，到社会主义改造基本完成，这是一个过渡时期。党在这个过渡时期的总路线和总任务，是要在一个相当长的时期内，逐步实现国家的社会主义工业化，并逐步实现国家对农业、对手工业和对资本主义工商业的社会主义改造。”这体现了社会主义工业化和社会主义改造的紧密结合，体现了解放生产力与发展生产力、变革生产关系与发展生产力的有机统一。

2. 社会主义改造道路和历史经验

（1）对农业、手工业的社会主义改造。

第一，积极引导农民组织起来，走互助合作道路。

第二，遵循自愿互利、典型示范和国家帮助的原则，以互助合作的优越性吸引农民走互助合作道路。

第三，正确分析农村的阶级和阶层状况，制定正确的阶级政策。依靠贫农、下中农，团结其他中农，由限制到逐步消灭富农剥削的农村阶级政策。

第四，坚持积极领导、稳步前进的方针，采取循序渐进的步骤。

（2）对资本主义工商业的社会主义改造。

第一，中国共产党把马克思主义关于和平赎买的方法和国家资本主义形式有机结合起来，通过各种形式的国家资本主义，采取和平赎买的方式，逐步实行对资本主义工商业的社会主义改造。

第二，采取了从低级到高级的国家资本主义的过渡形式。1956 年，全行业公私合营进入高潮。年底，全国 99%的工业企业和 82%的商业企业实行了全行业的公私合营，这标志着国家对资本主义工商业的社会主义改造已基本完成。

（3）社会主义改造的历史经验。

第一，坚持社会主义工业化建设与社会主义改造同时并举，并确定以重工业为重点进行工业化建设的思路，这是党在过渡时期总路线的明确要求。

第二，采取积极引导、逐步过渡的方式。我国对农业、手工业和资本主义工商业的改造，都采取了区别对象、积极引导、逐步过渡的方式。在资本主义工商业的改造中，创造出从初级到高级的各种国家资本主义的过渡形式，实现了对资产阶级的和平赎买，避免了在改造期间可能发生的剧烈的社会震荡和经济破坏。

第三，用和平方法进行改造。坚持用和平的办法，不仅保证了我国社会主义改造的顺利进行，而且维护了社会稳定，极大地促进了社会主义事业的发展。

第四，创造了国家资本主义的多种过渡形式，通过这些形式，从低级到高级，逐步实现对资产阶级的和平赎买。对资本主义工商业的改造中，坚持既改造企业，也改造资本家个人的方针，把资产阶级分子改造为自食其力的劳动者。

（4）关于社会主义改造与改革的关系问题。社会主义改造是改革的基础和前提，是一个新的社会制度的历史的和逻辑的起点；社会主义改革是对改造积极成果的继承和进一步巩固与完善，二者是辩证统一、根本一致的。

第一，社会主义改造和社会主义改革的目的，都是为了解放和发展生产力，尽管两者之间有着本质的区别，前者是为了在中国确立社会主义基本经济制度，后者则是社会主义制度的自我完善，但它们之间同时又是紧密联系，不可分割的。

第二，无论是社会主义改造还是社会主义改革，都是时代发展的要求，都有其发展的内在必然性，是中国共产党人在新中国成立和发展社会主义历史进程中两个前后相继，不可或缺的环节。没有社会主义的改造，就不会有社会主义制度在中国的确立。同样，没有社会主义改革也就没有中国特色社会主义建设事业的巨大发展。

第三，社会主义改革不是对社会主义改造的否定，也不是要回到改造前的状态，而是对社会主义改造的继承、纠正和发展，是对生产关系和上层建筑中不适应生产力发展要求的部分进行调整和改革，是社会主义制度的自我完善和发展，目的是进一步解放和发展生产力。

第四，不能因为社会主义改造过程中出现了某些不足就否定社会主义改造。中国特色社会主义事业的发展，需要继承社会主义改造留下的积极成果，也需要妥善地解决社会主义改造中的遗留问题。无论是社会主义改造还是社会主义改革，都统一于建设中国特色社会主义的实践，二者有着内在的、历史的逻辑关系。

3. 社会主义制度在中国的确立

（1）社会主义制度确立的标志。

第一，社会主义基本经济制度的确立。社会主义改造的胜利使我国国民经济的所有制结构发生了根本性的变化。社会主义公有制经济成分已经占据了主导地位，构成我国社会主义的经济基础。

第二，社会主义政治制度的确立。1954 年 9 月，第一届全国人民代表大会通过了《中华人民共和国宪法》。

第三，我国社会的阶级关系发生了根本变化。

第四，我国社会的主要矛盾发生了变化。我国社会主要矛盾已成为人民对于经济文化迅速发展的需要同当前经济文化不能满足人民需要的状况之间的矛盾。

（2）确立社会主义制度的重大意义。社会主义制度的确立是中国历史上最深刻最伟大的社会变革，也是 20 世纪中国又一次划时代的历史巨变。中国从一个半殖民地半封建社会，越过漫长的资本主义发展的历史阶段，进入到社会主义新时代。

第一，社会主义制度的确立，为中国现代化的建设创造了制度条件。社会主义制度的建立极大地提高了工人阶级和广大劳动人民的积极性和创造性，社会主义经济制度以其与社会化大生产的一致性和能够在经济落后条件下尽可能地集中力量办大事的优势，为发展社会生产力开辟了广阔的道路。

第二，社会主义制度的确立，使广大劳动人民真正成为国家的主人和社会生产资料的主人。这是中国几千年来阶级关系的最根本变革。社会主义经济制度的确立，极大地巩固和扩大了工人阶级领导的，以工农联盟为基础的人民民主专政国家政权的阶级基础和经济基础。

第三，社会主义制度的确立，使占世界人口1/4的东方大国进入了社会主义社会，这是世界社会主义运动史上又一个历史性的伟大胜利。

第四，社会主义制度的确立，是马克思列宁主义关于社会主义革命理论在中国正确运用和创造性发展的必然结果，是对马克思主义的又一次实践证明。

二、实践指南

（一）实践目的与要求

通过实践教学活动环节，提高学生理论联系实际的能力。社会主义改造理论是马克思主义基本原理与中国实际相结合的重大成果，通过对社会主义改造理论和经验的学习和分析，正确认识过渡时期总路线的制定和实施，加深对马克思主义与中国实际相结合的理解，科学评价和认识社会主义改造和改革开放的关系。要求学生们在实践过程中以理论知识为基础，明确实践项目目的，分工明确、相互协助，实践过程保障安全，最终成果以小组为单位提交实践报告。

（二）实践项目设计

◆ **实践项目一：**

1. 实践项目主题　“中华老字号品牌的社会主义改造之路”实践调查分享会。

2. 实践项目形式　资料搜集和调研，PPT总结汇报。

3. 实践项目目的　中华老字号，本质上是对一个商品质量的认可，它们是在经历了数百年优胜劣汰的激烈竞争中生存下来的，这些品牌的创建和发展都经历了艰苦奋斗的过程，也经历过社会主义改造的历史，虽然有一些老字号在现代经济的冲击下有些落寞，但仍然有其独特的魅力。通过了解这些老字号的经历和变革发展，使学生能够加深对资本主义工商业改造的认识，加深对社会主义改造和社会主义基本制度确立的认识，从而更加理解中国的国情，进而激发为中国特色社会主义事业奋斗的自觉性。

4. 实践项目时间和地点　利用课外实践进行调研，并在课上进行展示；多媒体教室。

5. 理论要点衔接　老字号的商品商店现在已成为一种历史的符号，也是我们日常生活中能够近距离感知的，通过了解老字号的变迁历史，可以加深党在过渡时期对资本主义工商业进行社会主义改造的认识，有利于理论联系实践。

6. 实践项目具体步骤

（1）教师为学生简要讲述进行社会调查的方法、调查问卷的设计、调查报告的撰写等内容，为学生的社会实践调查做好理论准备。

（2）各班以小组为单位，每组5～8人，对身边所知道的经历过社会主义改造的中华老字号品牌进行调研。如果条件允许，如当地就有符合条件的老字号企业，要求学生实地调查，搜集文字、图片、视频等资料。调查可以以座谈、访谈的形式进行，也可以以发放调查问卷的形式进行（需附上所设计的问卷）。

（3）对调查所获得的资料进行整理，包括对访谈资料、调查问卷的分析统计等，最后每个小组提交一份 2 000 字以上的调查报告，要求符合调查报告格式，条理清晰、思路明确、内容真实，有数据分析和现状思考。

（4）各小组成员要相互配合、分工明确，并且在相互讨论的基础上形成调研报告，并且各小组推选一位代表进行课堂展示，汇报本次社会实践调查的成果。小组汇报结束后，教师进行相应的点评及总结。

7. 实践成绩评定 根据各小组的调查开展、报告分析、课堂展示等表现，按照优秀、良好、合格综合评定实践教学环节成绩。

8. 参考资料 中华老字号品牌有冠生园、老凤祥、狗不理、牛栏山、桂发祥、劝业场、杏花楼、德仁堂、王致和、保宁醋、宝生园、三珍斋、六必居、六味斋、福源馆等。

附：调查问卷样表（可根据需要添加内容）

“中华老字号品牌的社会主义改造之路”调查问卷

您好：

中华老字号是中国商业对品牌特有的称谓，它具有鲜明的中华民族传统文化背景，拥有世代相承的独特工艺或经营特色，取得了社会广泛认同和良好商业信誉。我们就中华老字号的相关情况做一个匿名调查，感谢您的支持！

一、基本信息

1. 您的性别是（　　）。

A. 男　　B. 女

2. 您的年龄段属于（　　）。

A. 30 岁以下　　B. 30～40 岁　　C. 40～50 岁　　D. 50 岁以上

3. 您的职业是（　　）。

A. 学生　　B. 体制内　　C. 企业　　D. 个体　　E. 其他

二、主要内容

1. 您知道几个老字号？如全聚德、瑞蚨祥、稻香村、冠生园、同仁堂等。（　　）

A. 0～3 个　　B. 4～6 个　　C. 6～9 个

2. 您知道中华老字号经历过社会主义改造的历史吗？（　　）

A. 听说过　　B. 了解一点　　C. 不清楚

3. 20 世纪 50 年代，我们党和政府对资本主义工商业进行社会主义改造所采取的方式是什么？（可多选）（　　）

A. 和平赎买　　B. 暴力没收

C. 采取国家资本主义方式过渡　　D. 保护资本主义工商业

4. 你如何看待中华老字号企业所经历的公私合营及后来的股份制改革等变迁？（　　）

A. 顺应时代发展潮流　　B. 穷则变、变则通　　C. 国家政策影响

5. 您是通过哪些途径了解老字号品牌的？（可多选）（　　）

A. 书籍、杂志　　B. 朋友相告、长辈流传　　C. 电视节目
D. 旅游宣传册　　E. 电视剧、电影或话剧等　　F. 互联网
G. 广播　　H. 展销会

6. 您一般会通过哪些渠道购买老字号产品？（可多选）（　　）
A. 超市或者商场　　B. 互联网
C. 老字号集聚区的专营店　　D. 老字号集聚区外的老字号专营店

7. 老字号品牌在您心中是什么地位？（　　）
A. 可有可无　　B. 很尊重
C. 希望其发展越来越好　　D. 没落以至被淘汰

8. 如果会选择老字号产品，是因为（　　）。（可多选）
A. 老字号产品代表一种文化，有地方特色
B. 内心认为老字号产品质量更有保障
C. 老字号品牌知名度高，是驰名商标
D. 希望体验中国式生活方式

9. 您觉得老字号产品当前面临哪些竞争？（可多选）（　　）
A. 互联网营销的冲击　　B. 老字号产品单一
C. 品牌知名度不高　　D. 经营方式守旧
E. 其他________

10. 您认为老字号企业未来应该如何提高自己的竞争力？（可多选）（　　）
A. 进行专业的品牌运作　　B. 加大品牌文化创新及宣传
C. 创新经营理念　　D. 加强服务意识
E. 创新产品生产技术　　F. 其他

谢谢您的配合

◆ **实践项目二：**

1. 实践项目主题　《中国新生》观影分享会。

2. 实践项目形式　观看纪录片，观后讨论交流，最后总结解读。

3. 实践项目目的　翔实的史料、生动的画面、客观的解说等是纪录片特有的表达方式，这种教学方式以大量图片、画面、数据资料等给学生带来直接的感官冲击。通过观看纪录片的方式，可以使学生更直观、更形象和更生动地了解到过渡时期进行社会主义改造的过程，以及社会主义制度确立的重大意义，从而增强学生的使命感和责任感，自觉将自己的前途事业与实现中华民族伟大复兴统一起来。

4. 实践项目时间与地点　课内实践时间；多媒体教室。

5. 理论要点衔接　《中国新生》讲述了新中国成立之后，为顺利实现从新民主主义社会到社会主义社会的过渡，我们党和政府所采取的一系列政策、所做的一系列努力，包括三年的恢复发展时期和之后进行的工业化与社会主义三大改造等重要举措，使中国在短时间内顺利实现了深刻变革，建立起了社会主义的基本制度。

6. 实践项目具体步骤

（1）活动开展：教师选择《复兴之路》第 3 集《中国新生》为学生在课堂上播放。播放之前，教师可大致介绍《中国新生》的内容，提醒学生提前温习教材的相应内容，并要求学

生在观看的过程中做笔记、提问题、写感想。

（2）纪录片播放结束后，留出 20 分钟的时间交流互动。首先请学生积极发言，谈谈自己的观后感，教师就学生的发言做相应的回应和点评。教师也可以就纪录片的内容设置一两个问题和学生进行互动。

（3）请学生根据观看纪录片及观后解读交流的感受，写一篇 1 000 字以上的观后感。

7. 实践成绩评定 教师详细记录学生在课堂上的发言和表现，并对课后的观后感进行认真的评阅，综合考评后，按照优秀、良好、合格记录本次实践活动的成绩。

8. 参考资料

附《中国新生》文字简介

1949 年 10 月 1 日，中华人民共和国宣告成立，同时也宣告了自近代以来中国面临的第一项历史任务的基本完成，实现了民族独立和人民解放，这为实现国家富强和人民富裕奠定了基础，中国历史由此开辟了一个新纪元。

新生的共和国仅用半年时间就使全国物价基本稳定，治愈了旧中国无法医治的顽症。农村则继续实行土地制度的改革，先后共使 3 亿多农民无偿获得了 7 亿亩[①]的土地。但建设一个国家的道路山高水长，1949 年的中国铁路主干线没有一条能够全线通车。面对旧政权留下的满目疮痍，冷战格局下诞生的新中国，在建设的进程中将经历怎样的艰难曲折，以毛泽东为核心的党的第一代中央领导集体将领导人民如何开辟一条实现中华民族伟大复兴的道路。

1953 年 6 月 15 日，毛泽东在中央政治局扩大会议上第一次对党在过渡时期的总路线和总任务的内容作了比较完整的表述。过渡时期总路线的特点是社会主义工业化和社会主义改造同时并举，以工业化为主体，三大改造为两翼，二者是相互适应，相互促进，协调发展。这条总路线的全面实行，开始于 1953 年。原定 15 年左右完成社会主义改造，实际上只花了 4 年多时间，就基本完成了。在社会主义改造后期，虽然出现了要求过急、工作过粗、改造过快、形式过于简单等偏差。但总的看来，在这条总路线的指引下，占世界人口 1/4 的中国人民，基本上结束了人剥削人的历史，建立起崭新的社会主义制度，确实是一个很大的历史变革。

——孙亮等：《毛泽东思想和中国特色社会主义理论体系概论实践教程》，吉林：吉林大学出版社，2016 年，第 62 页 .

三、拓展资源

（一）阅读书目

1. 毛泽东：《革命的转变和党在过渡时期的总路线》，《毛泽东文集》（第 6 卷），北京：人民出版社，1999 年

这是毛泽东于 1953 年 12 月发表的文章，是毛泽东在审阅中共中央宣传部编写的《为动员一切力量把中国建设成为一个伟大的社会主义国家而斗争——关于党在过渡时期总路线的

① 亩为非法定计量单位，1 亩≈666.67 米^2，下同。

学习和宣传提纲》时，加写或改定的三段文字。关于党在过渡时期的总路线，毛泽东从1952年下半年开始提出，1953年6月15日在中共中央政治局会议上作了比较完整的表述，8月正式写到周恩来在1953年全国财经工作会议上的结论中。本篇是毛泽东最后改定的关于过渡时期总路线的表述。

2. 毛泽东：《关于国家资本主义经济》，《毛泽东文集》（第6卷），北京：人民出版社，1999年

《关于国家资本主义经济》是毛泽东在中共中央1953年6月14日至8月12日召开的全国财经会议的领导小组会议纪要第7号上写的一段文字，收录于《毛泽东文集》第6卷。

3. 靳德行：《中华人民共和国史》，郑州：河南大学出版社，1993年

本书主要讲述了中华人民共和国成立以来政治经济文化社会的各个方面。该书的第2章着重讲述了社会主义改造时期对生产资料私有制进行社会主义改造的情况。

4. 范守信：《走历史必由之路》，北京：中共中央党校出版社，1999年

该书主要讲述了毛泽东提出的关于新民主主义到社会主义理论的实践过程。该书的第6章至第10章分别介绍了党在过渡时期的总路线、社会主义工业化、农业合作化、手工业的社会主义改造和资本主义工商业的社会主义改造。

5. 齐鹏飞：《中华人民共和国史》，北京：中国人民大学出版社，2009年

该书深入研究新中国历史，着力引导人们既看到中华民族实现伟大复兴的光明前途，又清醒地看到前进道路上的困难与风险，教育人们担负起把我国建成富强、民主、文明、和谐的伟大国家的庄严使命。

（二）红色光影

1. 纪录片《社会主义改造胜利大联欢》

该片记录了1956年1月15日，北京市20万人会集到天安门广场，庆祝北京市农业、手工业全部实现合作化和在全国第一个实现资本主义工商业的全行业公私合营。

2. 纪录片《旗帜》——第3集：《建国创业》

《旗帜》由中宣部、中央文献研究室、中央党史研究室、国家发展改革委、国家广电总局、中央电视台联合摄制，全面反映中国共产党90年伟大历程、光辉成就和宝贵经验。其中第3集《建国创业》，介绍了中华人民共和国成立的伟大意义和社会主义基本制度确立的历史性胜利。

3. 纪录片《走向辉煌》——第3集：《奠基创业》

《走向辉煌》是2012年中共中央党校发行的10集大型历史文献纪录片，反映的是从党的一大到十八大前夕的伟大道路。其中第3集《奠基创业》主要叙述从新中国成立到社会主义三大改造完成的历史，党领导全国人民，有步骤地实现了从新民主主义到社会主义的转变，完成社会主义三大改造，确立社会主义基本制度，为中国的发展和进步奠定了基础。

5. 纪录片《新中国》

《新中国》是一部16集的电视纪录片，记录了从新中国成立以来具有纪念价值的事件与时间，极具纪念价值和教育价值。该片第4集介绍了新中国成立以后，以毛泽东为核心的中国共产党带领中国人民进行“一化三改”，最终确立社会主义制度的过程。

专题四 TOPIC 4

社会主义建设道路初步探索的理论成果

一、理论基础

党在社会主义建设初期探索形成了调动一切积极因素为社会主义事业服务、正确认识和处理社会主义社会矛盾、走中国工业化道路等重要思想。党在社会主义建设初期形成的正确理论原则和经验总结，是毛泽东思想科学体系中的重要内容，是毛泽东思想在社会主义建设时期的新发展。党在社会主义建设初期探索中的经验和教训，为我们在改革开放新时期探索和开辟中国特色社会主义道路提供了重要借鉴。

（一）知识框架

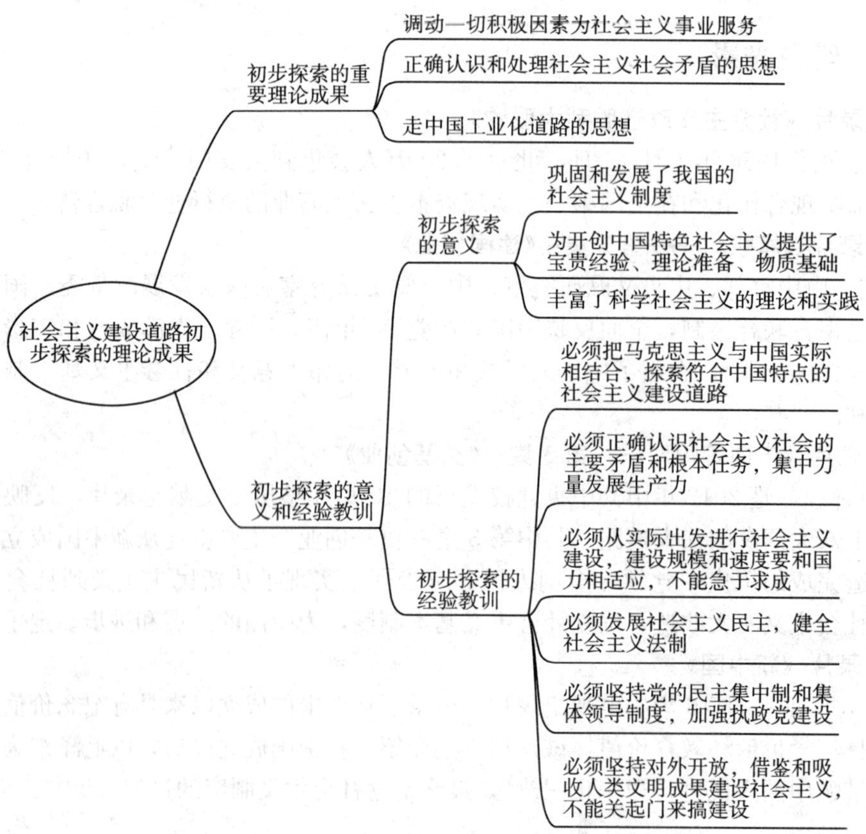

（二）理论要点

1. 关于社会主义建设道路初步探索的重要理论成果　毛泽东的《论十大关系》提出调动一切积极因素为社会主义事业服务。《论十大关系》确定了一个基本方针，即“努力把党内党外、国内国外的一切积极因素，直接的、间接的积极因素全部调动起来”，为社会主义建设服务。

《关于正确处理人民内部矛盾的问题》提出了要正确认识和处理社会主义社会矛盾的思想。我国社会主义改造的任务完成后，国内的社会矛盾和阶级关系发生重大变化，无产阶级同资产阶级之间的矛盾已经基本解决。

党的八大正确分析了社会主义改造完成后我国社会主要矛盾的变化，指出：社会主义制度在我国已经基本上建立起来了。我国的主要矛盾，已经是人民对于建立先进的工业国的要求同落后的农业国现实之间的矛盾，已经是人民对于经济文化迅速发展的需要同当前经济文化不能满足人民需要的状况之间的矛盾。

严格区分和正确处理两类不同性质的矛盾，特别是要正确处理已经居于主导地位的人民内部矛盾，对于发展社会主义事业具有极为重要的意义。

2. 走中国工业化道路的思想　毛泽东提出了以农业为基础，以工业为主导，以农轻重为序发展国民经济的总方针，以及一整套“两条腿走路”的工业化发展思路。在把握这一思路时，要注意把握好以下几个问题。

走中国工业化道路，必须明确战略目标和战略步骤。毛泽东提出，社会主义现代化的战略目标，是要把中国建设成为一个具有现代农业、现代工业、现代国防和现代科学技术的强国。为了实现这个目标，国家制定了“两步走”的发展战略。明确战略目标和战略步骤，这一指导思想成为了我国发展的重要经验之一，沿用至今。

走中国工业化道路，必须采取正确的经济建设方针。党的八大提出了既反保守又反冒进、在综合平衡中稳步前进的方针。毛泽东多次阐述了统筹兼顾的方针。同时，要在自力更生的基础上积极争取外援。事实证明，运用这些正确的经济建设方针指导我国的经济建设取得了重大的成就。

走中国工业化道路，必须发展科学技术和文化教育。实现四个现代化关键在于科学技术现代化，要实现重点发展、迎头赶上的科技发展战略。毛泽东强调，不搞科学技术，生产力就无法提高（邓小平提出的科学技术是第一生产力的论断与这一论断一脉相承）。教育方面提出培养德育、智育、体育几个方面都发展的人才的方针。文化方面提出了“百花齐放、百家争鸣”这一促进社会主义文化繁荣的方针。

走中国工业化道路，必须重视知识分子工作。知识分子在革命和建设中都具有重要作用，要建设一支宏大的工人阶级知识分子队伍。知识分子是工人阶级的一部分，要加强和改善党对知识分子和科学文化工作的领导，善于团结知识分子，使他们得以发挥自己的聪明才智，更好地为社会主义服务。

走中国工业化道路，必须调整和完善所有制结构。在所有制结构问题上，陈云提出了“三个主体，三个补充”的设想，即在工商业经营方面，国家经济和集体经济是工商业的主体，个体经济是国家经济和集体经济的补充；在生产计划方面，计划生产是工农业生产的主体，按照市场变化在国家计划许可范围内的自由生产是计划生产的补充；在市场方面，国家市场是主体，但一定范围内国家领导的自由市场是国家市场的补充。

走中国工业化道路，必须积极探索适合我国情况的经济体制和运行机制。毛泽东提出了发展商品生产、利用价值规律的思想。刘少奇提出了使社会主义经济既有计划性又有多样性和灵活性的主张。此外，毛泽东还主张企业要建立合理的规章制度和严格的责任制，要实行民主管理，干部参加劳动，工人参加管理，改革不合理的规章制度，工人群众、领导干部和技术人员三结合，即“两参一改三结合”。

3. 初步探索的意义

（1）巩固和发展了我国的社会主义制度。社会主义制度建立以后，如何巩固和发展这一制度是我们党必须认真研究和解决的一个重大课题。作为一种崭新的社会制度和人民当家作主的政权，社会主义制度的建立极大地激发了广大人民群众的建设热情和积极性。面对着严峻复杂的国内外形势，党带领全国人民，坚持独立自主、自力更生，开始了大规模的社会主义建设，在经济、政治、文化等各方面都取得了重大成就。这些成就的取得，增强了广大人民群众走社会主义道路的信心，社会主义制度也在实践中得到发展。

（2）为开创中国特色社会主义提供了宝贵经验、理论准备、物质基础。在全面建设社会主义时期，党对社会主义建设道路的探索历经艰辛，积累了丰富的经验，也留下了深刻的教训。无论是成功的经验还是失败的教训，正确地加以总结，都是党的宝贵财富，为新时期中国特色社会主义开创和发展提供了重要的思想资源。我们现在赖以进行现代化建设的物质技术基础，很大一部分是在这个时期建设起来的；全国经济文化建设等方面的骨干力量和他们的工作经验，大部分也是在此期间培养和积累起来的。这一时期的建设成就为开启新时期新道路奠定了重要的物质基础。

（3）丰富了科学社会主义的理论和实践。党领导人民探索社会主义建设道路汲取了苏联模式的经验教训，根据自己的实践形成了许多独创性成果，深化了对社会主义的认识。探索的成就表明，社会主义建设没有一个固定不变的模式，各个国家应该根据自己的国情，独立自主地选择适合自己的发展道路。这不仅丰富了中国社会主义的理论与实践，也丰富了科学社会主义理论与实践，为其他国家的社会主义建设提供了经验和借鉴。

4. 初步探索的经验教训

（1）必须把马克思主义与中国实际相结合，探索符合中国特点的社会主义建设道路。实践证明，只有科学理解马克思主义基本原理，准确把握中国基本国情，运用马克思主义立场、观点和方法，分析和解决实践中遇到的种种问题，充分认识社会主义建设的长期性和复杂性，才能逐步掌握社会主义建设规律，开辟适合中国特点的社会主义建设道路。

（2）必须正确认识社会主义社会的主要矛盾和根本任务，集中力量发展生产力。实践证明，在整个社会主义初级阶段，要始终坚持以经济建设为中心，不断提高人民物质文化生活水平，不断满足人们对美好生活的向往。对于社会主义社会一定范围内长期存在的阶级斗争，不能将其简单地等同于全国范围的阶级斗争，更不能搞大规模的政治运动。

（3）必须从实际出发进行社会主义建设，建设规模和速度要和国力相适应，不能急于求成。实践证明，社会主义建设必须采取科学态度，深入了解和分析实际情况，努力按照客观经济发展规律办事。只有在不断总结经验的基础上，才能逐步掌握社会主义建设的客观规律。

（4）必须发展社会主义民主，健全社会主义法制。社会主义民主的本质是人民当家作主。实践证明，中国要实现社会主义现代化，就必须发展社会主义民主，加强社会主义法制。大力发展人民民主，确保人民行使当家作主的权利，使公民的民主权利得到切实保障。党必须在宪法和法律范围内活动，各种制度和法律不能因领导人的改变而改变，不能因领导人看法和注意力的改变而改变。

（5）必须坚持党的民主集中制和集体领导制度，加强执政党建设。健全民主集中制和集体领导制度，加强执政党建设，是社会主义事业顺利发展的政治保证。民主集中制是无产阶级政党的根本组织原则，是指导党内生活的基本准则。实践证明，无产阶级政党在执政以后，必须认真坚持民主集中制和集体领导原则，反对个人崇拜，不断加强党的自身建设，充分发挥党组织的和广大党员的积极性、创造性，保证党的决策的科学化、民主化。必须大力发扬党内民主，确保党员的民主权利，避免少数人说了算、个人说了算的现象。

（6）必须坚持对外开放，借鉴和吸收人类文明成果建设社会主义，不能关起门来搞建设。新中国成立后，由于帝国主义实行敌视、封锁和禁运政策，加上我们自己后来发生的“左”的错误，导致我们一度关起门来搞建设，使我国与发达资本主义国家的差距进一步拉大。历史的经验教训告诉我们，关起门来搞建设是不行的，是发展不起来的。

二、实践指南

（一）实践目的与要求

通过多层次实践教学活动环节，对社会主义改造理论和经验进行学习和分析，正确认识过渡时期总路线的制定和实施，加深学生对社会主义建设初期探索历程中成就显著、经验珍贵、教训深刻的理解，提高学生理论联系实际的能力。要求学生在学好理论的基础上，进行课外阅读、社会考察实践、口述历史实践等多种形式的实践活动，保质保量完成实践报告。本专题实践项目选取的是全国性的典型代表，具体使用本教材时可以参照案例内容，具体实践地点可以根据当地的实际情况，选择社会主义建设初步探索时期当地在农业、工业和科技业的典型代表进行考察即可。

（二）实践项目设计

◆ **实践项目一：**

1. 实践项目主题　参观考察大寨村，深刻体会社会主义建设初步探索时期的农业发展。

大寨是社会主义建设初步探索时期我国农业战线上的一面旗帜。在陈永贵等人带领下，大寨村民扎实苦干，治山治水，将当地贫瘠的土地变成了稳产高产的海绵田，改变了当地山村的风貌。学生深度考察走访大寨村，体会激情峥嵘的岁月里大寨人艰苦奋斗的精神，感受社会主义建设时期我国农业发展状况。

2. 实践项目形式　参观、调研、座谈。

3. 实践项目目的　加深学生对社会主义建设时期我国农业建设情况的认识，学习大寨人艰苦奋斗的精神。

4. 实践项目时间与地点　暑期社会实践。

5. 理论要点衔接

（1）毛泽东提出了以农业为基础，以工业为主导，以农轻重为序发展国民经济的总方针。这一方针符合社会主义建设道路初步探索时期的实际情况。

（2）社会主义建设时期的初步探索为中国特色社会主义的发展提供了宝贵经验、理论准备、物质基础。

（3）必须从实际出发进行社会主义建设，建设规模和速度要和国力相适应，不能急于求成。

6. 实践项目具体步骤

（1）走进大寨历史现场，参观考察“七沟八梁一面坡”，听讲解员讲述老一代村民在社会主义建设时期治理农田水利的艰辛事迹。

（2）瞻仰英雄遗迹，如相关人物纪念馆、纪念碑等，并向英雄献上鲜花，缅怀他们的光辉一生。

（3）参观当地的展览馆，详细了解大寨村的昨天、今天和明天。小小的大寨村折射了我国农村走过的光辉历程。没有昨天就没有今天，社会主义建设初步探索时期和改革开放新时期的关系亦是如此，不能将两个时期对立。

（4）组织座谈会（与当地干部、村民、老一辈革命家的后人等）。

①确定座谈会目的及内容。与实践地负责人联系商讨确定座谈会时间、地点、参与人员、初步议程等事项。

②社会实践队员拟定座谈内容提纲，并围绕座谈会目的进一步细化议程，并提前准备好其他材料和设备。

③召开座谈会。实践队员积极发言，踊跃提问，做好记录，留存影像。

④对参会人员表示感谢并赠送纪念品留念。

（5）实践队员撰写社会实践报告。报告要求内容充实，结构合理，联系相关理论知识并加入自己的思考和实践感受。

7. 实践成绩评定 根据学生的资料搜集、知识掌握、活动表现和上交的实践报告的情况，按照优秀、良好、及格、不及格综合评定实践教学环节成绩。

说明：此处实践项目围绕社会主义建设初步探索时期我国工农业及科学技术阵线的发展主题即可。在进行社会实践时可结合各地实际情况灵活选定实践地点。具体方案设计可参照上述实践项目内容。如：参观上海交通大学钱学森图书馆（反映社会主义建设道路初步探索时期的科学技术进展情况）。钱学森是我国航天事业的奠基人。在社会主义建设初期，钱学森组建中国第一个火箭、导弹研究所——国防部第五研究院并担任首任院长。在他的推动和领导下，我国的航天事业在社会主义建设道路的初步探索时期取得了重大突破。学生通过参观钱学森图书馆，可以了解我国在初步探索时期科学技术特别是航天事业的发展情况，学习钱学森的爱国精神以及在科学事业上的质疑精神。

8. 参考资料

论十大关系（节选）

一　重工业和轻工业、农业的关系

重工业是我国建设的重点。必须优先发展生产资料的生产，这是已经定了的。但是决不可以因此忽视生活资料尤其是粮食的生产。如果没有足够的粮食和其他生活必需品，首先就不能养活工人，还谈什么发展重工业？所以，重工业和轻工业、农业的关系，必须处理好。

在处理重工业和轻工业、农业的关系上，我们没有犯原则性的错误。我们比苏联和一些东欧国家作得好些。像苏联的粮食产量长期达不到革命前最高水平的问题，像一些东欧国家由于轻重工业发展太不平衡而产生的严重问题，我们这里是不存在的。他们片面地注重重工业，忽视农业和轻工业，因而市场上的货物不够，货币不稳定。我们对于农业、轻工业是比较注重的。我们一直抓了农业，发展了农业，相当地保证了发展工业所需要的粮食和原料。我们的民生日用商品比较丰富，物价和货币是稳定的。

我们现在的问题，就是还要适当地调整重工业和农业、轻工业的投资比例，更多地发展农业、轻工业。这样，重工业是不是不为主了？它还是为主，还是投资的重点。但是，农业、轻工业投资的比例要加重一点。

加重的结果怎么样？加重的结果，一可以更好地供给人民生活的需要，二可以更快地增加资金的积累，因而可以更多更好地发展重工业。重工业也可以积累，但是，在我们现有的经济条件下，轻工业、农业积累得更多更快些。

这里就发生一个问题，你对发展重工业究竟是真想还是假想，想得厉害一点，还是差一点？你如果是假想，或者想得差一点，那就打击农业、轻工业，对它们少投点资。你如果是真想，或者想得厉害，那你就要注重农业、轻工业，使粮食和轻工业原料更多些，积累更多些，投到重工业方面的资金将来也会更多些。

我们如今发展重工业可以有两种办法，一种是少发展一些农业、轻工业，一种是多发展一些农业、轻工业。从长远观点来看，前一种办法会使重工业发展得少些和慢些，至少基础不那么稳固，几十年后算总账是划不来的。后一种办法会使重工业发展得多些和快些，而且由于保障了人民生活的需要，会使它发展的基础更加稳固。

……

四　国家、生产单位和生产者个人的关系

国家和工厂、合作社的关系，工厂、合作社和生产者个人的关系，这两种关系都要处理好。为此，就不能只顾一头，必须兼顾国家、集体和个人三个方面，也就是我们过去常说的“军民兼顾”、“公私兼顾”。鉴于苏联和我们自己的经验，今后务必更好地解决这个问题。

拿工人讲，工人的劳动生产率提高了，他们的劳动条件和集体福利就需要逐步有所改进。我们历来提倡艰苦奋斗，反对把个人物质利益看得高于一切，同时我们也历来提倡关心群众生活，反对不关心群众痛痒的官僚主义。随着整个国民经济的发展，工资也需要适当调整。关于工资，最近决定增加一些，主要加在下面，加在工人方面，以便缩小上下两方面的距离。我们的工资一般还不高，但是因为就业的人多了，因为物价低和稳，加上其他种种条件，工人的生活比过去还是有了很大改善。在无产阶级政权下面，工人的政治觉悟和劳动积极性一直很高。去年年底中央号召反右倾保守，工人群众热烈拥护，奋战三个月，破例地超额完成了今年第一季度的计划。我们需要大力发扬他们这种艰苦奋斗的精神，也需要更多地注意解决他们在劳动和生活中的迫切问题。

……

再讲农民。我们同农民的关系历来都是好的，但是在粮食问题上曾经犯过一个错误。一九五四年我国部分地区因水灾减产，我们却多购了七十亿斤粮食。这样一减一多，闹得去年春季许多地方几乎人人谈粮食，户户谈统销。农民有意见，党内外也有许多意见。尽管不少人是故意夸大，乘机攻击，但是不能说我们没有缺点。调查不够，摸不清底，多购了七十亿斤，这就是缺点。我们发现了缺点，一九五五年就少购了七十亿斤，又搞了一个“三定”，就是定产定购定销，加上丰收，一少一增，使农民手里多了二百多亿斤粮食。这样，过去有意见的农民也说“共产党真是好”了。这个教训，全党必须记住。

……

合作社同农民的关系也要处理好。在合作社的收入中，国家拿多少，合作社拿多少，农民拿多少，以及怎样拿法，都要规定得适当。合作社所拿的部分，都是直接为农民服务的。生产费不必说，管理费也是必要的，公积金是为了扩大再生产，公益金是为了农民的福利。但是，这几项各占多少，应当同农民研究出一个合理的比例。生产费管理费都要力求节约。公积金公益金也要有个控制，不能希望一年把好事都做完。

……

总之，国家和工厂，国家和工人，工厂和工人，国家和合作社，国家和农民，合作社和农民，都必须兼顾，不能只顾一头。无论只顾哪一头，都是不利于社会主义，不利于无产阶级专政的。这是一个关系到六亿人民的大问题，必须在全党和全国人民中间反复进行教育。

……

——中共中央文献研究室：《毛泽东文集》（第 7 卷），北京：人民出版社，1999 年，第 24 - 30 页 .

◆ **实践项目二：**

1. 实践项目主题 人物访谈（亲历者的口述史）。

本专题教材内容为社会主义建设道路初步探索的理论成果，教材侧重从宏观的国家民族命运的角度来讲述社会主义建设道路初步探索的成果以及经验教训。除了宏观的历史，学生也可以通过自己身边的家人、师长的讲述来了解大历史中的普通人（家庭）的命运，了解这些平凡人为历史作出的生动鲜活的注脚。

2. 实践项目形式 人物访谈。

3. 实践项目目的 学生通过亲历者的讲述来把握理论和现实的关系、个人命运和国家发展的关系。

4. 实践项目时间与地点 课外社会实践。

5. 理论要点衔接 从个人生活的微观角度了解历史，加深对本专题理论内容的认识。

（1）社会主义建设道路初步探索的理论成果《论十大关系》《关于正确处理人民内部矛盾的问题》。

（2）毛泽东提出了以农业为基础，以工业为主导，以农轻重为序发展国民经济的总方针，以及一整套“两条腿走路”的工业化发展思路。

（3）社会主义建设道路初步探索的意义和经验教训。

6. 实践项目具体步骤

（1）确定采访对象。学生在自己的家人或师长中确定3位采访者。选取采访对象时应注意，采访对象记忆准确，能够真实准确回忆自身经历，同时又能清晰表达自己的意思。

（2）访谈前的准备工作。学生做好访谈前的准备工作：确定采访的主题内容，设计采访提纲（引导受访对象说出自己的亲身经历），提纲具体内容应该涵盖该时期人们的物质生活与精神生活状况，人们对教材中提到的理论成果，如毛泽东的《论十大关系》《关于正确处理人民内部矛盾》中的内容是否熟悉，如何评价，人们对往昔生活的态度等。

（3）进行访谈。学生以话家常的方式引导受访对象说出自己的故事，用平时朴素的语言引导受访者娓娓道来。访谈过程如需录音、录像，需征得当事人同意。

（4）总结整理。学生根据访谈素材写出受访人讲述的往事内容（不是文字实录，是写成记叙文章），并加入自己的心得体会，写作时注意联系教材中所学的理论知识。

（5）整理成册。将学生的文章、拍摄的照片整理成册。

7. 实践成绩评定　根据学生的资料搜集、上交的访谈笔录和个人心得的写作情况，按照优秀、良好、及格和不及格综合评定实践教学环节成绩。

8. 参考资料

什么是口述历史？

记忆是口述历史的核心，历史的意义从记忆里被提取和保存。简而言之，口述历史就是通过记录访谈的形式，收集记忆和有历史意义的个人观点的一种史学分支学科或历史研究方法。口述历史访谈一般是由准备充分的访谈者向受访者提问并通过录音或者录像的形式把两者的问答过程记录下来构成的活动。访谈的录音或者录像被转成文字，再加以概括，或者编出索引，然后存放在图书馆或档案馆。这些访谈可能被用于研究，被某些出版物摘录引用，制成音频或视频纪录片，博物馆展览，戏剧表演或者其他形式的公共展示。这些访谈的原始音频或视频记录、转成的文字、整理的目录、照片和相关的纪录片资料经常会被放在互联网上。口述历史不包括随意或者暗中进行的录音，也不涉及讲话录音、窃听、私人的录音日记或者任何其他缺少访谈者和受访者对话的录音。

——唐纳德·里奇：《大家来做口述历史》（第3版），北京：当代中国出版社，2019年.

“众声平等”：书写大众自己的历史

口述史的兴起不仅将活生生的口述史料整理并保存下来，而且为大众书写自己的历史提供了现实的可能性，改变了历史研究的既定模式。自唯物史观诞生以来，人民群众的历史作用得到了空前彰显，书写人民群众的历史成为近代以来史学发展的重要趋势。但因缺乏记载大众活动的历史资料，以何种方式研究和书写大众的历史，成为长期以来困扰历史研究的一个问题。口述历史的兴起改变了这种状况，大众既是历史的当事人和见证者，也是口述历史的叙述者和历史记忆的打捞者，同时还是历史的研究者和书写者。口述历史是大众讲述和书写自己历史的手段、方法和主要途径，他们可以通过“口述”方式，讲述、记录并研究自己亲身经历的历史和切身感受的历史，发出并留住更多的声音。

口述历史也是研究者通过口述访谈的方式，对历史当事人进行采访并在沟通中整理史料的过程，最后形成的口述历史文本是访谈者与历史当事人合作完成的，改变了以往历史研究中完全将当事人排除在研究主体之外的做法。与精英人物相比，多数普通大众是事件的参与者和具体的实施者。所有关于历史记忆的声音都是平等的。因为大众的历史记忆提供了普通当事人对该事件独特的视角和深切的感受，揭示了精英们看不到的另一面。因此有人说：“普通人的见证，在某种意义上要比名人、大人物的见证更可贵，更难得。”

——户华为：《历史在口述中永存——访中华口述历史研究会秘书长左玉河》，光明日报，2016年7月4日.

◆ **实践项目三：**

1. 实践项目主题 学生自制微视频比赛。

中国社会主要矛盾变化，关系我国政治、经济、社会发展全局。正确判断和认识社会主要矛盾的变化能推动社会发展，反之则会阻碍社会的进步。社会主义建设道路初步探索时期呈现了一个“承上启下”的特征。“承上”指的是，经历了新中国成立初期的社会主义改造，我国逐渐进入了社会主义建设时期，党的八大指出，我国的主要矛盾，已经是人民对于建立先进的工业国的要求同落后的农业国现实之间的矛盾，已经是人民对于经济文化迅速发展的需要同当前经济文化不能满足人民需要的状况之间的矛盾。“启下”指的这一时期社会主义建设道路的艰辛探索为后来的改革开放阶段奠定了物质基础，积累了建设的经验。

2. 实践项目形式 微视频比赛。视频形式深受学生喜爱，比赛机制激发学生积极性。

3. 实践项目目的 社会主义建设时期，虽然经历了一些弯路，但是取得的成就是巨大的。物质方面和理论方面的成果均为后来的改革开放和现代化建设提供了坚实的基础。总之，历史的发展是连续的，流动的，不能人为割裂、更不能将改革开放前后两个历史时期对立起来。通过实践，学生能够正确认识社会主义建设时期的巨大成就。

4. 实践项目时间与地点 课外实践。

5. 理论要点衔接 我国社会主要矛盾的变化：党的八大指出，我国的主要矛盾，已经是人民对于建立先进的工业国的要求同落后的农业国现实之间的矛盾，已经是人民对于经济文化迅速发展的需要同当前经济文化不能满足人民需要的状况之间的矛盾。

党的十九大报告明确指出，中国特色社会主义进入新时代，我国社会主要矛盾已经转化为人民日益增长的美好生活需要和不平衡不充分的发展之间的矛盾。

6. 实践项目具体步骤

（1）学生自由分组。每组学生控制在10人以内。

（2）选定主题，分配任务，做好拍摄准备。具体包括：首先，确定拍摄的视频形式，如短剧、纪录片、人物访谈、新闻调查、歌曲联唱等等。其次，明确人员分工。以短剧为例，需要确定导演、编剧以及演员等任务分工。最后，按照角色分配，每名学生按照自己的任务，做好拍摄准备。

（3）集体排练与录制视频。学生参与集体排练，沟通商讨，确定最终视频拍摄方案。反复排练好之后进行视频录制。

（4）后期剪辑。通过相关视频编辑软件进行后期制作，根据实际需要可适当加入音频、字幕、动画、特效等后期效果。

（5）视频发布与展示。各小组将视频全部制作完成后，交由教师审核。审核通过后将视频发布到同一播出平台进行展示。视频发布后，所有学生可以点击收看视频。收看同时可以发布“弹幕”进行互动。收看完成后学生对视频进行打分（视频分数和实践团队各成员分数）和投票（视频投票和实践团队各成员投票）。

（6）视频评选。视频评选由学生打分和教师打分两部分构成。学生打分即学生观看视频后所给的投票和分数，教师分数由至少10位以上的思政课教师观看视频，综合视频呈现的政治性、理论性和趣味性进行综合打分。学生打分比重为70%，教师打分比重为30%。两项分数综合即为小组视频实践作业的最后得分。教师为得分前3名的团队和个人颁发证书和奖品。

7. 实践成绩评定

（1）小组成绩：参与实践各小组的成绩就是比赛评选阶段的得分。

（2）个人成绩：小组成员的个人成绩综合小组成员互相打分和观众打分两项得分。小组成员打分比重为40%，观众打分比重为60%。

8. 参考资料

正确认识我国社会主要矛盾的转化

……

上世纪50年代以来，我们党围绕我国社会主要矛盾这一重大问题进行了艰辛的理论和实践探索，实现了两次理论上的跨越。第一次始于1956年党的八大，完成于1981年党的十一届六中全会。1956年，在我国社会主义制度基本建立后，党的八大指出：国内的主要矛盾，已经是人民对于建立先进的工业国的要求同落后的农业国的现实之间的矛盾，已经是人民对于经济文化迅速发展的需要同当前经济文化不能满足人民需要的状况之间的矛盾。按照这个符合我国实际的正确判断，解决社会主要矛盾的根本任务是解放和发展社会生产力。但是，后来由于党的主要领导人的注意力发生变化，党的八大关于社会主要矛盾的正确论断没有得到贯彻，而是提出“以阶级斗争为纲”，以致造成“文化大革命”这样全局性的严重错误。1981年，党的十一届六中全会总结正反两方面的历史经验，在正确认识我国基本国情和发展阶段的基础上提出：“在社会主义改造基本完成以后，我国所要解决的主要矛盾，是人民日益增长的物质文化需要同落后的社会生产之间的矛盾。”这个论断是党的八大关于社会主要矛盾论断的延伸和完善，完成了我们党关于社会主要矛盾理论的第一次跨越。从这个曲折过程可以看出，这个正确论断来之不易、意义重大：由此出发才能彻底否定“以阶级斗争为纲”的错误理论和实践，坚持把党和国家工作重点转到社会主义现代化建设上来，坚持改革开放，从而使我国经济社会发展取得举世瞩目的巨大成就。

社会主要矛盾理论的第二次跨越，就是习近平同志在党的十九大报告中指出的："中国特色社会主义进入新时代，我国社会主要矛盾已经转化为人民日益增长的美好生活需要和不平衡不充分的发展之间的矛盾。"

……

——林兆木：《正确认识我国社会主要矛盾的转化》，北京：人民日报，2018年3月30日07版．

在中国共产党第十九次全国代表大会上的报告（节选）

（2017年10月18日）

习近平

中国特色社会主义进入新时代，我国社会主要矛盾已经转化为人民日益增长的美好生活需要和不平衡不充分的发展之间的矛盾。我国稳定解决了十几亿人的温饱问题，总体上实现小康，不久将全面建成小康社会，人民美好生活需要日益广泛，不仅对物质文化生活提出了更高要求，而且在民主、法治、公平、正义、安全、环境等方面的要求日益增长。同时，我国社会生产力水平总体上显著提高，社会生产能力在很多方面进入世界前列，更加突出的问题是发展不平衡不充分，这已经成为满足人民日益增长的美好生活需要的主要制约因素。

必须认识到，我国社会主要矛盾的变化是关系全局的历史性变化，对党和国家工作提出了许多新要求。我们要在继续推动发展的基础上，着力解决好发展不平衡不充分问题，大力提升发展质量和效益，更好满足人民在经济、政治、文化、社会、生态等方面日益增长的需要，更好推动人的全面发展、社会全面进步。

必须认识到，我国社会主要矛盾的变化，没有改变我们对我国社会主义所处历史阶段的判断，我国仍处于并将长期处于社会主义初级阶段的基本国情没有变，我国是世界最大发展中国家的国际地位没有变。全党要牢牢把握社会主义初级阶段这个基本国情，牢牢立足社会主义初级阶段这个最大实际，牢牢坚持党的基本路线这个党和国家的生命线、人民的幸福线，领导和团结全国各族人民，以经济建设为中心，坚持四项基本原则，坚持改革开放，自力更生，艰苦创业，为把我国建设成为富强民主文明和谐美丽的社会主义现代化强国而奋斗。

——习近平：《决胜全面建成小康社会　夺取新时代中国特色社会主义伟大胜利——在中国共产党第十九次全国代表大会上的报告》，北京：人民出版社，2017年，第11-12页．

三、拓展资源

（一）阅读书目

1. 中共中央文献研究室：《论十大关系》，《毛泽东文集》（第 7 卷），北京：人民出版社，1999 年

1956 年初，在生产资料私有制的社会主义改造不断取得胜利的形势下，中共中央开始把党和国家工作的着重点向社会主义建设方面转移。1956 年 4 月 25 日，毛泽东在政治局扩大会议上作了《论十大关系》的报告。报告总结了我国社会主义建设的经验，提出了调动一切积极因素为社会主义建设事业服务的基本方针，对适合中国情况的社会主义建设道路进行了初步的探索。毛泽东《论十大关系》的报告明确了建设社会主义的根本思想是必须根据本国情况走自己的道路。

2. 中共中央文献研究室：《关于正确处理人民内部矛盾的问题》，《毛泽东文集》（第 7 卷），北京：人民出版社，1999 年

《关于正确处理人民内部矛盾的问题》是毛泽东在社会主义时期最重要的著作之一。他运用唯物辩证法科学地分析了社会主义社会的基本矛盾，第一次提出了正确处理人民内部矛盾的命题，阐述了社会主义建设中的一系列重大问题，为我国社会主义事业的发展奠定了理论基础，是对马克思主义的科学社会主义理论的重要丰富和发展。毛泽东对社会主义社会基本矛盾的论述，特别是关于两类不同性质矛盾的观点，以及处理人民内部矛盾的原则、方针和方法，为马克思主义政治学说注入了新的内容，对探索中国特色社会主义建设的规律，具有重大的理论价值。

3. 中共中央文献研究室：《人的正确思想是从哪里来的?》，《毛泽东文集》（第 8 卷），北京：人民出版社，1999 年

毛泽东在文章里指出了人的认识的两次飞跃，对学生掌握辩证唯物论的认识论大有裨益。他指出，“……感性认识的材料积累多了，就会产生一个飞跃，变成了理性认识，这就是思想。这是一个认识过程。这是整个认识过程的第一个阶段，即由客观物质到主观精神的阶段，由存在到思想的阶段。……人们的认识经过实践的考验，又会产生一个飞跃。这次飞跃，比起前一次飞跃来，意义更加伟大。因为只有这一次飞跃，才能证明认识的第一次飞跃，即从客观外界的反映过程中得到的思想、理论、政策、计划、办法等等，究竟是正确的还是错误的，此外再无别的检验真理的办法。……一个正确的认识，往往需要经过由物质到精神，由精神到物质，即由实践到认识，由认识到实践这样多次的反复，才能够完成。这就是马克思主义的认识论，就是辩证唯物论的认识论。”

4. 梁柱：《党在社会主义建设时期的巨大成就不容抹杀》，《红旗文稿》，2017 年第 16 期，第 26－30 页

文章指出，社会主义建设时期，虽然经历过挫折和失误，但取得的成就是巨大的、主要的，为新时期现代化建设和改革开放提供了坚实的、多方面的物质基础。改革开放前后两个历史时期绝不是彼此割裂的，更不是根本对立的。不能用改革开放后的历史时期否定改革开放前的历史时期，也不能用改革开放前的历史时期否定改革开放后的历史时期。为此文章列举了一系列翔实的数据资料，说明我国这一时期在工业、农业、科学技术、社会和外交等方面取得的巨大成就。除了物质成就，文章最后还分析了这一时期形成的理论成果，如《论十大关系》《关于正确处理人民内部矛盾的问题》等。总之，该文章与本专题教材十分贴合，相辅相成。

（二）红色光影

电影《焦裕禄》

1962 年冬，被任命为兰考县委第二书记的焦裕禄走马上任。他看到火车站上挤满外出逃荒的饥民，大街上成群结队的乞丐，心情十分沉重。为改变兰考贫穷落后的面貌，焦裕禄立即深入基层，访贫问苦，调查研究，制订出治理肆虐兰考百年之久的风沙、水涝、盐碱三害的方案。这时，上级调来的救灾物资运到兰考，负责发放工作的县委副书记、县长吴荣先却坐视不管。焦裕禄主动率领县委干部去火车站卸货、发货，招致吴荣先的不满。不久，地委赵专员亲赴兰考，宣布调整县委领导班子，任命焦裕禄为县委书记。焦裕禄不顾肝脏经常胀痛，在治理“三害”第一线坚持工作，领导兰考人民战天斗地，深得群众拥戴。不久，县园艺场老场长由于过度操劳，活活累死，使焦裕禄受到极大震动。为改变基层干部长期缺油少粮的状况，焦裕禄决定为他们增加口粮配给。不料有人在吴荣先的指使下借题发挥，向地委告状。赵专员率调查组赴兰考了解实情。数百群众堵住会议室大门，为焦书记鸣冤叫屈，使吴荣先不可告人的目的化为泡影。不久，兰考又遇特大水灾。焦裕禄强忍肝痛，始终坚持在抗灾第一线。终因肝病剧烈发作，被送进医院，诊断为“肝癌后期，皮下扩散”。1964 年 5 月 14 日晨，焦裕禄与世长辞。近十万群众自愿赶来，组成一支浩荡的送葬队伍，将焦裕禄的骨灰送回兰考。

专题五 TOPIC 5

邓小平理论

一、理论基础

本专题内容“邓小平理论”，讲授的是中国特色社会主义理论体系的开篇之作，主要讲述了党的十一届三中全会以后对于建设有中国特色的社会主义建设的探索进程。邓小平理论围绕“什么是社会主义，怎样建设社会主义”这个基本问题，以“解放思想、实事求是”为逻辑线索，形成了一系列相互联系着的科学体系，包括建设有中国特色社会主义的发展道路、发展阶段、根本任务、发展动力、外部条件、政治立场、战略步骤、领导力量、依靠力量、祖国统一等。

（一）知识框架

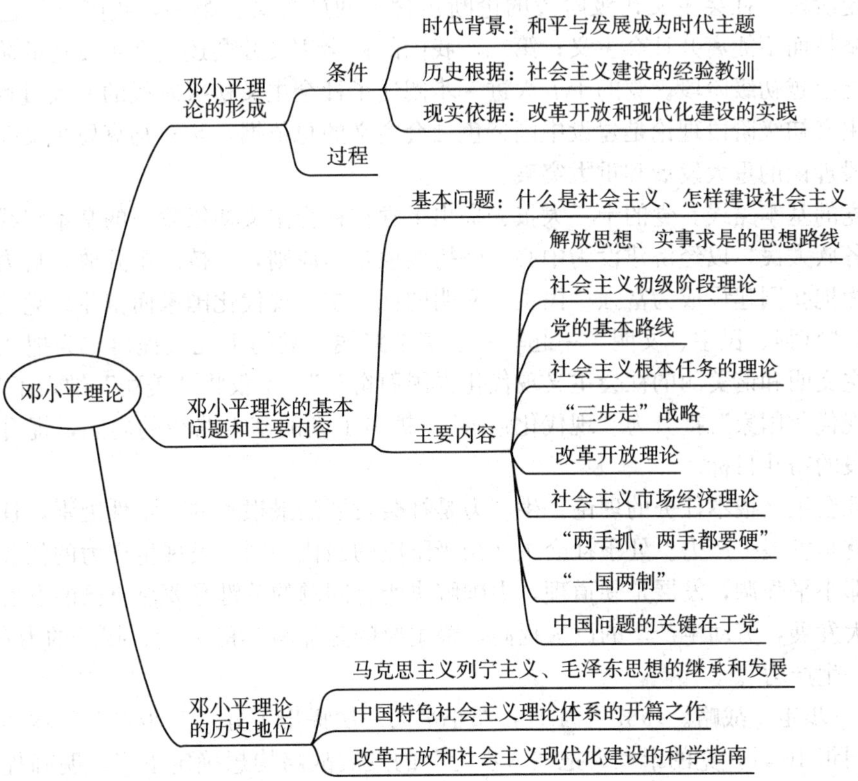

（二）理论要点

1. 邓小平理论回答的基本问题 “什么是社会主义、怎样建设社会主义”是邓小平理论的核心问题，也是基本问题。我国社会主义改革在开放前所经历的曲折和失误，归根到底就是在于对这个问题没有完全搞清楚，改革开放以来在前进中遇到的一些犹疑和困惑，归根到底也在于对这个问题没有完全搞清楚。从1980年邓小平提出“社会主义本质”概念，到1992年邓小平对社会主义本质作了总结性理论概括“社会主义的本质，是解放生产力，发展生产力，消灭剥削，消除两极分化，最终达到共同富裕。”邓小平根据马克思主义的基本原理和社会主义的实践经验，进行了不懈的探索，科学地、精辟地、创造性地揭示了社会主义的本质。

2. 邓小平理论的主要内容

（1）解放思想、实事求是的思想路线。党的十一届三中全会果断作出了把党和国家工作重点转移到社会主义现代化建设上来的战略决策，提出了一系列有利于增强党的团结和调动一切积极因素的方针政策，标志着党重新确立了马克思主义的思想路线。有力地推动和保证了改革开放的进行，体现了辩证唯物主义和历史唯物主义的世界观方法论，体现了革命胆略和科学精神的统一，是邓小平理论的活的灵魂，是邓小平理论的精髓。

（2）社会主义初级阶段理论。解放思想、实事求是，从实际出发建设社会主义，最大的“实际”就是中国的基本国情。党的十三大系统论述了社会主义初级阶段理论，明确指出，社会主义初级阶段，就是指我国在生产力落后、商品经济不发达条件下建设社会主义必然要经历的特定阶段。社会主义初级阶段的论断包含了两层含义：第一，我国已经进入社会主义，必须坚持而不能离开社会主义；第二，我国的社会主义社会还处在不发达的阶段，必须正视而不能超越初级阶段。党的十五大进一步阐述了社会主义初级阶段的9大过程性基本特征。社会主义初级阶段理论是建设中国特色社会主义的总依据，是对马克思主义关于社会主义发展阶段理论的重大发展和重大突破。

（3）党的基本路线。党的十三大报告提出了党在社会主义初级阶段的基本路线：领导和团结全国各族人民，以经济建设为中心，坚持四项基本原则，坚持改革开放，自力更生，艰苦创业，为把我国建设成为富强、民主、文明的社会主义现代化国家而奋斗。党的十七大把“和谐”与“富强、民主、文明”一起写入了基本路线。党的十九大提出“为把我国建设成为富强民主文明和谐美丽的社会主义现代化强国而奋斗”，不仅将“美丽”纳入了基本路线，而且将“现代化国家”提升为“现代化强国”，扩展了党的基本路线的内涵，提升了社会主义初级阶段的奋斗目标。

（4）社会主义根本任务的理论。生产力是社会发展的最根本的决定性因素，社会主义的根本任务就是发展生产力。处于社会主义初级阶段的当代中国，发展生产力的任务尤为突出和重要。邓小平强调，发展是硬道理，中国解决所有问题的关键是要靠自己的发展。社会生产力的巨大发展，劳动生产率的巨大提高，最主要的是靠科学的力量、技术的力量。“科学技术是第一生产力”。

（5）“三步走”战略。1987年4月，邓小平第一次提出了分“三步走”基本实现现代化的战略，同年10月，党的十三大把“三步走”的发展战略构想确定下来，明确提出：第一步，从1981年到1990年实现国民生产总值比1980年翻一番，解决人民温饱问题；第二步，从1991年到20世纪末，使国民生产总值再翻一番，达到小康水平；第三步，到了21世纪中叶，国民生产总值再翻两番，达到中等发达国家水平，基本实现现代化。然后在这个基础上继续前进。为了顺利实现这一发展战略，允许和鼓励一部分地区、一部分人先富起来。沿海一些地区要走在全国的前面，率先实现现代化，以更好地带动全国的现代化。内地要根据自己的条件加快建设，国家要尽力支持内地的发展，沿海要注意带动和帮助内地的发展。要承认不平衡，同时要从不平衡逐步达到相对的平衡，逐步实现共同富裕。

(6) 改革开放理论。邓小平明确指出："改革是中国的第二次革命。"它的实质和目标，是要从根本上改变束缚我国生产力发展的经济体制，建立充满生机和活力的社会主义新经济体制，同时相应地改革政治体制和其他方面的体制，以实现中国的社会主义现代化。判断改革和各方面工作的是非得失，归根到底，要以是否有利于发展社会主义社会的生产力，是否有利于增强社会主义国家的综合国力，是否有利于提高人民的生活水平为标准。开放也是一种改革，对外开放是建设中国特色社会主义的一项基本国策。"独立自主，自力更生"是对外开放的立足点。

(7) 社会主义市场经济理论。建立社会主义市场经济体制是我们党的一个伟大创举，是我国经济体制改革在实践和理论上的重大突破。社会主义市场经济理论的要点有：一是计划经济和市场经济不是划分社会制度的标志，计划经济不等于社会主义，市场经济也不等于资本主义；二是计划和市场都是经济手段，对经济活动的调节各有优势和长处，社会主义实行市场经济要把两者结合起来；三是市场经济作为资源配置的一种方式本身不具有制度属性，可以和不同的社会制度结合，从而表现出不同的性质。坚持社会主义制度与市场经济的结合，是社会主义市场经济的特色所在、优势所在。

(8) "两手抓，两手都要硬"。这是一系列"两手抓"思想，有"物质文明和精神文明两手抓，两手都要硬"，有"一手抓建设，一手抓法制"，有"一手抓改革开放，一手抓惩治腐败"等。既坚持了辩证法的全面性，又坚持了两点论和重点论的统一，有利于克服实际工作中存在的"一手硬、一手软"的问题，为我们党的领导方法和工作方法充实了新的内容。

(9) "一国两制"。这是从中国实际出发，解决台湾问题、香港问题和澳门问题，实现祖国和平统一的伟大构想。"一国两制"的提出是从解决台湾问题开始，在实践中首先运用于解决香港问题、澳门问题。"一国两制"的构想是邓小平运用辩证唯物主义和历史唯物主义，坚持实事求是，把和平共处的原则用之于解决一个国家的统一问题，既体现了坚持祖国统一、维护国家主权的原则性，又体现了照顾历史实际和现实可能的灵活性，是对马克思主义国家学说的创造性发展。

(10) 中国问题的关键在于党。建设中国特色社会主义，关键在于坚持、加强和改善党的领导，为了坚持和加强党的领导，必须努力改善党的领导，包括党的组织状况、党的领导工作状况、党的领导制度。

二、实践指南

(一) 实践目的与要求

在理论学习基础之上，紧扣理论要点，通过一系列实践项目设计，使学生再进一步了解时代主题转换给中国发展带来的机遇，深入体会我国改革开放前后的巨变，更好地理解中国改革的逻辑，了解坚持党的解放思想、实事求是思想路线的重要性，并能将这一思想路线中蕴含的认识论方法应用到自己的学习和生活中，做一个懂得实事求是，善于实事求是的时代新人。

(二) 实践项目设计

◆ **实践项目一：**

1. 实践项目主题 “走近邓小平”访谈活动。

2. 实践项目形式 访谈、查阅资料等。

3. 实践项目目的 要求学生理解，对社会主义进行再认识，重新确立实事求是的思想路线，进行拨乱反正，邓小平所付出的巨大的政治勇气和理论勇气。

4. 实践项目时间与地点 周末——校园内；假期——家乡见闻。

5. 理论要点衔接 邓小平理论是以邓小平为主要代表的中国共产党人立足中国又面向世界，总结历史又正视现实、放眼世界，把马克思主义基本原理同中国的国情和时代特征结合起来，在研究新情况、解决新问题的过程中形成和发展起来的。

6. 实践项目具体步骤

(1) 布置主题，分组，由小组确定任务分工。

(2) 选择实践形式，周末采访校园里老教师，小长假期间回到家乡采访长辈。

(3) 收集采访资料，总结整理，形成结论。

(4) 撰写访谈总结，由教师进行评阅。

(5) 选择本实践项日中表现优异的学生进行课堂汇报。

7. 实践成绩评定 根据学生实践态度、搜集资料、撰写总结、课堂汇报的情况，评定优、良、中、差 4 个等级，作为平时表现和实践成绩的依据。

8. 参考资料

在纪念邓小平同志诞辰 110 周年座谈会上的讲话（节选）

习近平

……

同志们、朋友们！

伟大的时代造就伟大的人物。邓小平同志就是从中国人民和中华民族近代以来伟大斗争中产生的伟人，是我们大家衷心热爱的伟人。我们很多同志都曾经在他的领导和指导下工作过，他的崇高风范对我们来说是那样熟悉、那样亲切。邓小平同志崇高鲜明又独具魅力的革命风范，将激励我们在实现“两个一百年”奋斗目标、实现中华民族伟大复兴中国梦的征程上奋勇前进。

——我们纪念邓小平同志，就要学习他对共产主义远大理想和中国特色社会主义信念无比坚定的崇高品格。信念坚定，是邓小平同志一生最鲜明的政治品格，也永远是中国共产党人应该挺起的精神脊梁。

早在苏联求学期间，邓小平同志就立志“更坚决的把我的身子交给我们的党，交给本阶级”。在此后 70 多年的革命生涯中，无论个人处境如何艰难，无论革命道路如何坎坷，邓小平同志都坚信马克思主义的科学性和真理性，坚信社会主义、共产主义的光明前景。他说："对马克思主义的信仰，是中国革命胜利的一种精神动力。"面对革命战争的枪林弹雨，他浴血奋战、视死如归；面对新中国建设的艰难局面，他励精图治、百折不挠；面对"文化大革命"的十年内乱，他信念执着、从不消沉；面对国际国内政治风波，他冷静观察、从容应对，坚信马克思主义、坚守共产主义理想，坚持在社会主义道路上推进我国现代化事业。

1992年，88岁高龄的邓小平同志在南方谈话中说："我坚信，世界上赞成马克思主义的人会多起来的，因为马克思主义是科学。它运用历史唯物主义揭示了人类社会发展的规律。""不要惊慌失措，不要认为马克思主义就消失了，没用了，失败了。哪有这回事！"

邓小平同志对理想信念的重要性具有深刻认识，他说："我认为，最重要的是人的团结，要团结就要有共同的理想和坚定的信念。我们过去几十年艰苦奋斗，就是靠用坚定的信念把人民团结起来，为人民自己的利益而奋斗。"

革命理想高于天。没有一大批具有坚定共产主义理想的中华儿女，就没有中国共产党，也就没有新中国，更没有今天我国的发展进步。要把我国发展得更好，离不开理想信念的力量。我们共产党人锤炼党性，首要的就是坚定共产主义远大理想和中国特色社会主义共同理想。我们要学习邓小平同志矢志不渝为社会主义、共产主义而奋斗的执着精神，坚定中国特色社会主义道路自信、理论自信、制度自信，坚忍不拔、风雨无阻朝着我们的目标奋勇前进。

——我们纪念邓小平同志，就要学习他对人民无比热爱的伟大情怀。热爱人民，是邓小平同志一生最深厚的情感寄托，也永远是中国共产党人应该坚守的力量源泉。

邓小平同志曾经写道："我是中国人民的儿子，我深情地爱着我的祖国和人民。"邓小平同志从对人民的挚爱，延伸到对党、对祖国的挚爱。他说过："我的生命是属于党、属于国家的。"这质朴的语言，集中表达了邓小平同志对党、对祖国、对人民的大爱。

邓小平同志高度重视人民群众的地位和作用，他强调："群众是我们力量的源泉，群众路线和群众观点是我们的传家宝。党的组织、党员和党的干部，必须同群众打成一片，绝对不能同群众相对立。如果哪个党组织严重脱离群众而不能坚决改正，那就丧失了力量的源泉，就一定要失败，就会被人民抛弃。"在他的一生中，无论身居要职还是身陷困苦，都始终与人民群众同甘共苦，努力为党和国家分忧解难。

邓小平同志孜孜以求的是增进人民福祉。他多次讲："贫穷不是社会主义，社会主义要消灭贫穷。不发展生产力，不提高人民的生活水平，不能说是符合社会主义要求的。"他领导改革开放和社会主义现代化建设，心中想着的就是最广大人民。

邓小平同志坚持从人民创造历史的活动中吸取思想营养和前进力量。他说："改革开放中许许多多的东西，都是群众在实践中提出来的"，"绝不是一个人脑筋就可以钻出什么新东西来"，"这是群众的智慧，集体的智慧"。他反复强调，要把人民拥护不拥护、赞成不赞成、高兴不高兴、答应不答应作为制定方针政策和作出决断的出发点和归宿。邓小平同志始终以人民利益为最高准则来开展领导工作。

爱祖国、爱人民，是最深沉、最有力量的情感，是博大之爱。我们要学习邓小平同志对祖国、对人民的深情大爱，始终为人民利益而奋斗，任何时候任何条件下都忠于祖国、忠于人民，脚踏实地践行党的宗旨，把自己的一生交给党和人民，为党和人民事业鞠躬尽瘁、死而后已。

——我们纪念邓小平同志，就要学习他始终坚持实事求是的理论品质。实事求是，是邓小平同志一生最重要的思想特点，也永远是中国共产党人应该遵循的思想方法。

邓小平同志坚持党的思想路线，坚持一切从实际出发，常说自己是“实事求是派”，反复强调“拿事实来说话”，“实事求是是马克思主义的精髓。要提倡这个，不要提倡本本。我们改革开放的成功，不是靠本本，而是靠实践，靠实事求是。”“要取信于民，要干出实绩”。“领导者必须多干实事。”邓小平同志以一生的实践证明，他是一位高瞻远瞩的思想家、政治家、战略家，也是一位求实、务实、踏实的实干家。

上个世纪60年代初期，面对国家困难，邓小平同志提醒各级干部要“实事求是地说明情况”。当时为了推动恢复和发展农业生产，他说：“生产关系究竟以什么形式为最好，恐怕要采取这样一种态度，就是哪种形式在哪个地方能够比较容易比较快地恢复和发展农业生产，就采取哪种形式；群众愿意采取哪种形式，就应该采取哪种形式，不合法的使它合法起来。”

进入改革开放新时期，邓小平同志更加强调坚持彻底的求真务实精神。他说：“我读的书并不多，就是一条，相信毛主席讲的实事求是。过去我们打仗靠这个，现在搞建设、搞改革也靠这个。”他强调，要把是否有利于发展社会主义社会的生产力、是否有利于增强社会主义国家的综合国力、是否有利于提高人民的生活水平作为判断一切工作是非得失的标准。正是因为具有这种彻底的求真务实精神，邓小平同志果断从容处理了党和国家面对的一系列重大问题，指导党和人民劈波斩浪开创了党和国家事业新局面。

事实是真理的依据，实干是成就事业的必由之路。这也是“空谈误国，实干兴邦”的真谛。我国革命、建设、改革的历史反复证明，只有制定符合实际的政策措施，采取符合实际的工作方法，党和人民事业才能走上正确轨道，才能取得人民满意的成效。我们要学习邓小平同志善于运用辩证唯物主义和历史唯物主义观察世界、处理问题的思想方法和领导艺术，掌握真实情况，把握客观规律，发扬务实高效、不尚空谈的工作作风，踏踏实实把党的基本理论、基本路线、基本纲领、基本经验、基本要求贯彻落实好。

——我们纪念邓小平同志，就要学习他不断开拓创新的政治勇气。开拓创新，是邓小平同志一生最鲜明的领导风范，也永远是中国共产党人应该具有的历史担当。

综观邓小平同志70多年的革命生涯，可以清楚地看到，他身上始终洋溢着一种革故鼎新、一往无前的勇气，一种善于创造性思维、善于打开新局面的锐气。

1975年，邓小平同志在领导全国大刀阔斧的整顿工作期间，斩钉截铁地说："现在问题相当多，要解决，没有一股劲不行。要敢字当头，横下一条心。"1977年复出后，面对长期形成的思想禁锢状况，邓小平同志鲜明提出，不能"书上没有的，文件上没有的，领导人没有讲过的，就不敢多说一句话，多做一件事，一切照抄照搬照转"。他谆谆告诫我们："世界形势日新月异，特别是现代科学技术发展很快。现在的一年抵得上过去古老社会几十年、上百年甚至更长的时间。不以新的思想、观点去继承、发展马克思主义，不是真正的马克思主义者。""一个党，一个国家，一个民族，如果一切从本本出发，思想僵化，迷信盛行，那它就不能前进，它的生机就停止了，就要亡党亡国。"

邓小平同志强调："改革开放胆子要大一些，敢于试验，不能像小脚女人一样。看准了的，就大胆地试，大胆地闯"，"走不出一条新路，就干不出新的事业"。邓小平同志第一次比较系统地初步回答了在中国这样经济文化比较落后的国家如何建设社会主义、如何巩固和发展社会主义的一系列基本问题，深刻揭示了社会主义的本质，实现了马克思主义同中国实际相结合的又一次历史性飞跃。邓小平同志的南方谈话，从理论上深刻回答了长期困扰和束缚人们思想的许多重大问题，推动改革开放和社会主义现代化建设进入新阶段。正是在邓小平同志倡导和支持下，改革大潮汇聚成时代洪流，使中国人民的面貌、社会主义中国的面貌、中国共产党的面貌发生了历史性变化。

越是伟大的事业，往往越是充满艰难险阻，越是需要开拓创新。中国特色社会主义是前无古人的伟大事业，改革开放和社会主义现代化建设还有很长的路要走。在前进道路上，我们将进行许多具有新的历史特点的伟大斗争。我们要学习邓小平同志敢于开拓创新的政治勇气，细心观察新的实践和新的发展，尊重地方、基层、群众首创精神，果断作出决策，把开拓创新作为一种常态，不断用发展着的马克思主义指导新的实践，又从实践中作出新的理论概括，敢破敢立、敢闯敢试，义无反顾把改革开放不断向前推进。

——我们纪念邓小平同志，就要学习他高瞻远瞩的战略思维。战略思维，是邓小平同志一生最恢宏的革命气度，也永远是中国共产党人应该树立的思维方式。

邓小平同志思想敏锐、目光远大，多谋善断、举要驭繁，总是站在国内大局和国际大局相互联系的高度审视中国和世界的发展，善于从全局上思考问题，善于在关键时刻作出战略决策。进入改革开放新时期，邓小平同志洞察国内外发展大势，作出了一系列事关党和国家事业长远发展、事关社会主义前途命运的重大战略决策。

邓小平同志深刻分析当今时代特征和世界大势，指出："现在的世界是开放的世界"，"总结历史经验，中国长期处于停滞和落后状态的一个重要原因是闭关自守。经验证明，关起门来搞建设是不能成功的，中国的发展离不开世界。"同时，邓小平同志高度珍惜并坚决维护中国人民经过长期奋斗得来的独立自主权利，告诫人们："中国的事情要按照中国的情况来办，要依靠中国人自己的力量来办。独立自主，自力更生，无论过去、现在和将来，都是我们的立足点。""任何外国不要指望中国做他们的附庸，不要指望中国会吞下损害我国利益的苦果。”

邓小平同志高度关注世界和平与发展问题，提出“应当把发展问题提到全人类的高度来认识，要从这个高度去观察问题和解决问题”。他关注广大发展中国家的命运，强调我们搞的是主张和平的社会主义，“中国和所有第三世界国家的命运是共同的。中国永远不会称霸，永远不会欺负别人，永远站在第三世界一边。”他强调，要反对任何形式的霸权主义，维护世界和平。

战略问题是一个政党、一个国家的根本性问题。战略上判断得准确，战略上谋划得科学，战略上赢得主动，党和人民事业就大有希望。我们要学习邓小平同志“放眼世界，放眼未来，也放眼当前，放眼一切方面”的世界眼光和战略思维，学习他善于抓住关键、纲举目张的思想方法和工作方法，站在时代前沿观察思考问题，把党和人民事业放到历史长河和全球视野中来谋划，以小见大、见微知著，在解决突出问题中实现战略突破，在把握战略全局中推进各项工作。

——我们纪念邓小平同志，就要学习他坦荡无私的博大胸襟。坦荡无私，是邓小平同志一生最光辉的人格魅力，也永远是中国共产党人应该锤炼的品质修养。

邓小平同志始终以劳动人民的一员看待自己，始终以共产党员的标准要求自己，不屈不挠面对困难，有情有义对待同志，一以贯之严格自律，自始至终谦虚谨慎，为我们树立了共产党人自觉加强党性修养的光辉典范。

邓小平同志始终把党和国家前途命运放在心中最高的位置，从不计较个人得失。他说：“我自从十八岁加入革命队伍，就是想把革命干成功，没有任何别的考虑”。他一生“三落三起”都是因为敢于坚持真理、修正错误，每次被错误批判打倒都豁达乐观、沉着坚韧，对未来充满希望；每次复出重新回到工作岗位都无私无畏、以顽强的意志排除各种干扰，坚定不移推动正确路线方针政策的形成和实践。“文化大革命”结束后，邓小平同志再度出来工作，依然表示：“我出来工作，可以有两种态度，一个是做官，一个是做点工作。我想，谁叫你当共产党人呢，既然当了，就不能够做官，不能够有私心杂念，不能够有别的选择。”邓小平同志真正做到了心底无私天地宽。

邓小平同志客观公正对待党的历史、对待同志、对待自己，谦逊随和，平易近人，善于同人合作共事。革命战争年代，他同刘伯承同志共事13年，形成亲密无间的革命友谊。他善于团结和使用同自己意见不同的人一道工作，从不以个人恩怨待人处事。他说：“要抛弃个人恩怨来选择人，反对过自己的人也要用。”邓小平同志一贯反对特权、反对腐败，对亲属和身边工作人员总是严格要求。

邓小平同志功高至伟却从不居功自傲。他多次讲：“永远不要过分突出我个人。我所做的事，无非反映了中国人民和中国共产党人的愿望”。他以唯物主义者的精神看待生死问题，对家人说：“我哪天去，哪天走，不关紧要。自然规律违背不得，你们要想透这个问题。”他逝世后，按照他的遗愿，把角膜捐献给了医院，遗体供医学解剖，骨灰撒入大海，奉献了自己的一切。

共产党人拥有人格力量，才能无愧于自己的称号，才能赢得人民赞誉。我们要学习邓小平同志公而忘私、无私无畏的博大胸怀，加强党性修养，严于律己、宽以待人，正确对待组织，正确对待同志，正确对待自己，正确对待权力，积极践行社会主义核心价值观，为党和人民事业赤诚奉献，以身作则推动营造风清气正的党风、政风和社会风气。

……

——新华网，http://www.xinhuanet.com/politics/2014-08/20/c_1112160001_2.htm.

◆ **实践项目二：**

1. 实践项目主题　改革开放前后家乡变化访谈。

2. 实践项目形式　访谈、视频形式等。

3. 实践项目目的　要求学生体会自己家乡在改革开放40年以来发生的巨大变化，增强道路自信、理论自信、制度自信、文化自信。

4. 实践项目时间与地点　假期；家乡见闻。

5. 理论要点衔接　新时期最鲜明的特点是改革开放。邓小平明确指出："改革是中国的第二次革命。"改革是社会主义发展的直接动力。改革是一项崭新的事业，是一个大试验。开放也是改革，对外开放是建设中国特色社会主义的一项基本国策。

6. 实践项目具体步骤

(1) 理论讲授：改革的实质和目标，是要从根本上改变束缚我国生产力发展的经济体制，建立充满生机和活力的社会主义新经济体制，同时相应地改革政治体制和其他方面的体制，以实现中国的社会主义现代化。在改革过程中，不能因循守旧，四平八稳，不能不顾条件，急于求成。判断改革和各方面工作的是非得失，归根到底，要以是否有利于发展社会主义社会的生产力，是否有利于增强社会主义国家的综合国力，是否有利于提高人民的生活水平为标准。

(2) 布置主题，分组，小组内确定任务分工。

(3) 选择实践形式：利用假期回到家乡收集资料。

(4) 收集采访资料，总结整理，形成结论。

(5) 撰写访谈总结，由教师进行评阅。

(6) 选择本实践项目中表现优异学生进行课堂汇报。

7. 实践成绩评定　根据学生实践态度、搜集资料、撰写总结、课堂汇报的情况，评定优、良、中、差4个等级，作为平时表现和实践成绩的依据。

8. 参考资料

在武昌、深圳、珠海、上海等地的谈话要点（节选）

（一九九二年一月十八日——二月二十一日）

邓小平

……

（一）

在这短短的十几年内，我们国家发展得这么快，使人民高兴，世界瞩目，这就足以证明三中全会以来路线、方针、政策的正确性，谁想变也变不了。说过去说过来，就是一句话，坚持这个路线、方针、政策不变。改革开放以来，我们立的章程并不少，而且是全方位的。经济、政治、科技、教育、文化、军事、外交等各个方面都有明确的方针和政策，而且有准确的表述语言。这次十三届八中全会开得好，肯定农村家庭联产承包责任制不变。一变就人心不安，人们就会说中央的政策变了。农村改革初期，安徽出了个“傻子瓜子”问题。当时许多人不舒服，说他赚了一百万，主张动他。我说不能动，一动人们就会说政策变了，得不偿失。像这一类的问题还有不少，如果处理不当，就很容易动摇我们的方针，影响改革的全局。城乡改革的基本政策，一定要长期保持稳定。当然，随着实践的发展，该完善的完善，该修补的修补，但总的要坚定不移。即使没有新的主意也可以，就是不要变，不要使人们感到政策变了。有了这一条，中国就大有希望。

（二）

改革开放胆子要大一些，敢于试验，不能像小脚女人一样。看准了的，就大胆地试，大胆地闯。深圳的重要经验就是敢闯。没有一点闯的精神，没有一点“冒”的精神，没有一股气呀、劲呀，就走不出一条好路，走不出一条新路，就干不出新的事业。不冒点风险，办什么事情都有百分之百的把握，万无一失，谁敢说这样的话？一开始就自以为是，认为百分之百正确，没那么回事，我就从来没有那么认为。每年领导层都要总结经验，对的就坚持，不对的赶快改，新问题出来抓紧解决。恐怕再有三十年的时间，我们才会在各方面形成一整套更加成熟、更加定型的制度。在这个制度下的方针、政策，也将更加定型化。现在建设中国式的社会主义，经验一天比一天丰富。经验很多，从各省的报刊材料看，都有自己的特色。这样好嘛，就是要有创造性。

改革开放迈不开步子，不敢闯，说来说去就是怕资本主义的东西多了，走了资本主义道路。要害是姓“资”还是姓“社”的问题。判断的标准，应该主要看是否有利于发展社会主义社会的生产力，是否有利于增强社会主义国家的综合国力，是否有利于提高人民的生活水平。对办特区，从一开始就有不同意见，担心是不是搞资本主义。深圳的建设成就，明确回答了那些有这样那样担心的人。特区姓“社”不姓“资”。从深圳的情况看，公有制是主体，外商投资只占四分之一，就是外资部分，我们还可以从税收、劳务等方面得到益处嘛！多搞点“三资”企业，不要怕。只要我们头脑清醒，就不怕。我们有优势，有国营大中型企业，有乡镇企业，更重要的是政权在我们手里。有的人认为，多一分外资，就多一分资本主义，“三资”企业多了，就是资本主义的东西多了，就是发展了资本主义，这些人连基本常识都没有。我国现阶段的“三资”企业，按照现行的法规政策，外商总是要赚一些钱。但是，国家还要拿回税收，工人还要拿回工资，我们还可以学习技术和管理，还可以得到信息、打开市场。因此，“三资”企业受到我国整个政治、经济条件的制约，是社会主义经济的有益补充，归根到底是有利于社会主义的。

计划多一点还是市场多一点，不是社会主义与资本主义的本质区别。计划经济不等于社会主义，资本主义也有计划；市场经济不等于资本主义，社会主义也有市场，计划和市场都是经济手段。社会主义的本质，是解放生产力，发展生产力，消灭剥削，消除两极分化，最终达到共同富裕。就是要对大家讲这个道理。证券、股市，这些东西究竟好不好，有没有危险，是不是资本主义独有的东西，社会主义能不能用？允许看，但要坚决地试。看对了，搞一两年对了，放开；错了，纠正，关了就是了。关，也可以快关，也可以慢关，也可以留一点尾巴。怕什么，坚持这种态度就不要紧，就不会犯大错误。总之，社会主义要赢得与资本主义相比较的优势，就必须大胆吸收和借鉴人类社会创造的一切文明成果，吸收和借鉴当今世界各国包括资本主义发达国家的一切反映现代社会化生产规律的先进经营方式、管理方法。

走社会主义道路，就是要逐步实现共同富裕。共同富裕的构想是这样提出的：一部分地区有条件先发展起来，一部分地区发展慢点，先发展起来的地区带动后发展的地区，最终达到共同富裕。如果富的愈来愈富，穷的愈来愈穷，两极分化就会产生，而社会主义制度就应该而且能够避免两极分化。解决的办法之一，就是先富起来的地区多交点利税，支持贫困地区的发展。当然，太早这样办也不行，现在不能削弱发达地区的活力，也不能鼓励吃“大锅饭”。什么时候突出地提出和解决这个问题，在什么基础上提出和解决这个问题，要研究。可以设想，在本世纪末达到小康水平的时候，就要突出地提出和解决这个问题。到那个时候，发达地区要继续发展，并通过多交利税和技术转让等方式大力支持不发达地区。不发达地区又大都是拥有丰富资源的地区，发展潜力是很大的。总之，就全国范围来说，我们一定能够逐步顺利解决沿海同内地贫富差距的问题。

对改革开放，一开始就有不同意见，这是正常的。不只是经济特区问题，更大的问题是农村改革，搞农村家庭联产承包，废除人民公社制度。开始的时候只有三分之一的省干起来，第二年超过三分之二，第三年才差不多全部跟上，这是就全国范围讲的，开始搞并不踊跃呀，好多人在看。我们的政策就是允许看。允许看，比强制好得多。我们推行三中全会以来的路线、方针、政策，不搞强迫，不搞运动，愿意干就干，干多少是多少，这样慢慢就跟上来了。不搞争论，是我的一个发明。不争论，是为了争取时间干。一争论就复杂了，把时间都争掉了，什么也干不成，不争论，大胆地试，大胆地闯。农村改革是如此，城市改革也应如此。

现在，有右的东西影响我们，也有“左”的东西影响我们，但根深蒂固的还是“左”的东西。有些理论家、政治家，拿大帽子吓唬人的，不是右，而是“左”。“左”带有革命的色彩，好像越“左”越革命，“左”的东西在我们党的历史上可怕呀！一个好好的东西，一下子被他搞掉了。右可以葬送社会主义，“左”也可以葬送社会主义。中国要警惕右，但主要是防止“左”。右的东西有，动乱就是右的！“左”的东西也有。把改革开放说成是引进和发展资本主义，认为和平演变的主要危险来自经济领域，这些就是“左”。我们必须保持清醒的头脑，这样就不会犯大错误，出现问题也容易纠正和改正。

（三）

抓住时机，发展自己，关键是发展经济。现在，周边一些国家和地区经济发展比我们快，如果我们不发展或发展得太慢，老百姓一比较就有问题了。所以，能发展就不要阻挡，有条件的地方要尽可能搞快点，只要是讲效益，讲质量，搞外向型经济，就没有什么可以担心的。低速度就等于停步，甚至等于后退。要抓机会，现在就是好机会。我就担心丧失机会。不抓呀，看到的机会就丢掉了，时间一晃就过去了。

我国的经济发展，总要力争隔几年上一个台阶。当然，不是鼓励不切实际的高速度，还是要扎扎实实，讲求效益，稳步协调地发展。比如广东，要上几个台阶，力争用二十年的时间赶上亚洲“四小龙”。比如江苏等发展比较好的地区，就应该比全国平均速度快。又比如上海，目前完全有条件搞得更快一点。上海在人才、技术和管理方面都有明显的优势，辐射面宽。回过头看，我的一个大失误就是搞四个经济特区时没有加上上海。要不然，现在长江三角洲，整个长江流域，乃至全国改革开放的局面，都会不一样。

从我们自己这些年的经验来看，经济发展隔几年上一个台阶，是能够办得到的。我们真正干起来是一九八〇年。一九八一、一九八二、一九八三这三年，改革主要在农村进行。一九八四年重点转入城市改革。经济发展比较快的是一九八四年至一九八八年。这五年，首先是农村改革带来许多新的变化，农作物大幅度增产，农民收入大幅度增加，乡镇企业异军突起。广大农民购买力增加了，不仅盖了大批新房子，而且自行车、缝纫机、收音机、手表“四大件”和一些高档消费品进入普通农民家庭。农副产品的增加，农村市场的扩大，农村剩余劳动力的转移，又强有力地推动了工业的发展。这五年，共创造工业总产值六万多亿元，平均每年增长百分之二十一点七。吃、穿、住、行、用等各方面的工业品，包括彩电、冰箱、洗衣机，都大幅度增长。钢材、水泥等生产资料也大幅度增长。农业和工业，农村和城市，就是这样相互影响、相互促进。这是一个非常生动、非常有说服力的发展过程。可以说，这个期间我国财富有了巨额增加，整个国民经济上了一个新的台阶。一九八九年开始治理整顿。治理整顿，我是赞成的，而且确实需要。经济“过热”，确实带来一些问题。比如，票子发得多了一点，物价波动大了一点，重复建设比较严重，造成了一些浪费。但是，怎样全面地来看那五年的加速发展？那五年的加速发展，也可以称作一种飞跃，但与“大跃进”不同，没有伤害整个发展的机体、机制。那五年的加速发展功劳不小，这是我的评价。治理整顿有成绩，但评价功劳，只算稳的功劳，还是那五年加速发展也算一功？或者至少算是一方面的功？如果不是那几年跳跃一下，整个经济上了一个台阶，后来三年治理整顿不可能顺利进行。看起来我们的发展，总是要在某一个阶段，抓住时机，加速搞几年，发现问题及时加以治理，尔后继续前进。从根本上说，手头东西多了，我们在处理各种矛盾和问题时就立于主动地位。对于我们这样发展中的大国来说，经济要发展得快一点，不可能总是那么平平静静、稳稳当当。要注意经济稳定、协调地发展，但稳定和协调也是相对的，不是绝对的。发展才是硬道理。这个问题要搞清楚。如果分析不当，造成误解，就会变得谨小慎微，不敢解放思想，不敢放开手脚，结果是丧失时机，犹如逆水行舟，不进则退。

从国际经验来看，一些国家在发展过程中，都曾经有过高速发展时期，或若干高速发展阶段。日本、东南亚一些国家和地区，就是如此。现在，我们国内条件具备，国际环境有利，再加上发挥社会主义制度能够集中力量办大事的优势，在今后的现代化建设过程中，出现若干个发展速度比较快、效益比较好的阶段，是必要的，也是能够办到的，我们就是要有这个雄心壮志！

经济发展得快一点，必须依靠科技和教育。我说科学技术是第一生产力。近一二十年来，世界科学技术发展得多快啊！高科技领域的一个突破，带动一批产业的发展。我们自己这几年，离开科学技术能增长得这么快吗？要提倡科学，靠科学才有希望。近十几年来我国科技进步不小，希望在九十年代，进步得更快。每一行都树立一个明确的战略目标，一定要打赢。高科技领域，中国也要在世界占有一席之地，我是个外行，但我要感谢科技工作者为国家作出的贡献和争得的荣誉。大家要记住那个年代，钱学森、李四光、钱三强那一批老科学家，在那么困难的条件下，把两弹一星和好多高科技搞起来。应该说，现在的科学家更幸福，因此对他们的要求会更多。我说过，知识分子是工人阶级的一部分。老科学家、中年科学家很重要，青年科学家也很重要。希望所有出国学习的人回来。不管他们过去的政治态度怎么样，都可以回来，回来后妥善安排。这个政策不能变。告诉他们，要做出贡献，还是回国好。希望大家通力合作，为加快发展我国科技和教育事业多做实事。搞科技，越高越好，越新越好，越高越新，我们也就越高兴。不止我们高兴，人民高兴，国家高兴。对我们的国家要爱，要让我们的国家发达起来。

（四）

要坚持两手抓，一手抓改革开放，一手抓打击各种犯罪活动。这两只手都要硬。打击各种犯罪活动，扫除各种丑恶现象，手软不得。广东二十年赶上亚洲“四小龙”，不仅经济要上去，社会秩序、社会风气也要搞好，两个文明建设都要超过他们，这才是有中国特色的社会主义。新加坡的社会秩序算是好的，他们管得严，我们应当借鉴他们的经验，而且比他们管得更好。开放以后，一些腐朽的东西也跟着进来了，中国的一些地方也出现了丑恶的现象，如吸毒、嫖娼、经济犯罪等。要注意很好地抓，坚决取缔和打击，决不能任其发展。新中国成立以后，只花了三年时间，这些东西就一扫而光。吸鸦片烟、吃白面，世界上谁能消灭得了？资本主义办不到，事实证明，共产党能够消灭丑恶的东西。在整个改革开放过程中都要反对腐败。对干部和共产党员来说，廉政建设要作为大事来抓。还是要靠法制，搞法制靠得住些。总之，只要我们的生产力发展，保持一定的经济增长速度，坚持两手抓，社会主义精神文明建设就可以搞上去。

在整个改革开放的过程中，必须始终注意坚持四项基本原则。十二届六中全会我提出反对资产阶级自由化还要搞二十年，现在看起来还不只二十年。资产阶级自由化泛滥，后果极其严重。特区搞建设，花了十几年时间才有这个样子，垮起来可是一夜之间啊，垮起来容易，建设就很难。在苗头出现时不注意，就会出事。

依靠无产阶级专政保卫社会主义制度，这是马克思主义的一个基本观点。马克思说过，阶级斗争学说不是他的发明，真正的发明是关于无产阶级专政的理论。历史经验证明，刚刚掌握政权的新兴阶级，一般来说，总是弱于敌对阶级的力量，因此要用专政的手段来巩固政权。对人民实行民主，对敌人实行专政，这就是人民民主专政。运用人民民主专政的力量，巩固人民的政权，是正义的事情，没有什么梳理的地方。我们搞社会主义才几十年，还处在初级阶段。巩固和发展社会主义制度，还需要一个很长的历史阶段，需要我们几代人、十几代人，甚至几十代人坚持不懈地努力奋斗，决不能掉以轻心。

（五）

正确的政治路线要靠正确的组织路线来保证。中国的事情能不能办好，社会主义和改革开放能不能坚持，经济能不能快一点发展起来，国家能不能长治久安，从一定意义上说，关键在人。

帝国主义搞和平演变，把希望寄托在我们以后的几代人身上。江泽民同志他们这一代可以算是第三代，还有第四代、第五代。我们这些老一辈的人在，有分量，敌对势力知道变不了。但我们这些老人呜呼哀哉后，谁来保险？所以，要把我们的军队教育好，把我们的专政机构教育好，把共产党员教育好，把人民和青年教育好。中国要出问题，还是出在共产党内部。对这个问题要清醒，要注意培养人，要按照“革命化、年轻化、知识化、专业化”的标准，选拔德才兼备的人进班子。我们说党的基本路线要管一百年，要长治久安，就要靠这一条。真正关系到大局的是这个事。这是眼前的一个问题，并不是已经顺利解决了，希望解决得好。“文化大革命”结束，我出来后，就注意这个问题。我们发现靠我们这老一代解决不了长治久安的问题，于是我们推荐别的人，真正要找第三代。但是没有解决问题，两个人都失败了，而且不是在经济上出现问题，都是在反对资产阶级自由化的问题上栽跟头。这就不能让了。我在一九八九年五月底还说过，现在就是要选人民公认是坚持改革开放路线并有政绩的人，大胆地放进新的领导机构里，使人民感到我们真心诚意搞改革开放。人民，是看实践。人民一看，还是社会主义好，还是改革开放好，我们的事业就会万古长青！

……

——邓小平：《在武昌、深圳、珠海、上海等地的谈话要点》，《邓小平文选》（第3卷），北京：人民出版社，1993年.

◆ **实践项目三：**

1. 实践项目主题 “‘解放思想，实事求是’与当代大学生”讨论会。

2. 实践项目形式 班会形式。

3. 实践项目目的 要求学生体会分析解放思想、实事求是在马克思主义中国化进程中的重要理论意义与作用，并分析解放思想、实事求是思想路线在当代的价值与意义，通过讨论，使当代大学生将这条思想路线内化为自己的行为准则，做一个懂实事求是、会实事求是的合格的社会主义接班人。

4. 实践项目时间与地点 工作日；课堂。

5. 理论要点衔接 解放思想，实事求是是我们党的思想路线，搞革命，要解放思想，实事求是；建设社会主义，也要解放思想，实事求是。党的十一届三中全会果断作出了把党和国家工作重点转移到社会主义现代化建设上来的战略决策，提出了一系列有利于增强党的团结和调动一切积极因素的方针政策，标志着党重新确立了马克思主义的思想路线。在改革开放和现代化建设进程中，邓小平在关键时刻作出的每一项重大决策，都体现了解放思想、实事求是的思想路线。解放思想、实事求是的思想路线有力地推动和保证了改革开放的进行，体现了辩证唯物主义和历史唯物主义的世界观和方法论，体现了革命胆略和科学精神的统一，是邓小平理论的活的灵魂，是邓小平理论的精髓。

6. 实践项目具体步骤

（1）布置主题，分组，小组内确定任务分工。

（2）初选：学生提交关于学习党的思想路线的心得体会，由思政课教师进行初选。

（3）讨论会：邀请辅导员、思政课教师，以班会形式，共同参与讨论。

（4）由思政课教师、辅导员共同为参与讨论的学生打分，选出优秀讨论参与者。

7. 实践成绩评定　根据学生实践态度、搜集资料、撰写总结、课堂汇报的情况，评定优、良、中、差4个等级，作为平时表现和实践成绩的依据。

8. 参考资料

解放思想，实事求是，团结一致向前看（节选）

（一九七八年十二月十三日）

邓小平

今天，我主要讲一个问题，就是解放思想，开动脑筋，实事求是，团结一致向前看。

一　解放思想是当前的一个重大政治问题

解放思想，开动脑筋，实事求是，团结一致向前看，首先是解放思想。只有思想解放了，我们才能正确地以马列主义、毛泽东思想为指导，解决过去遗留的问题，解决新出现的一系列问题，正确地改革同生产力迅速发展不相适应的生产关系和上层建筑，根据我国的实际情况，确定实现四个现代化的具体道路、方针、方法和措施。

在我们的干部特别是领导干部中间，解放思想这个问题并没有完全解决。不少同志的思想还很不解放，脑筋还没有开动起来，也可以说，还处在僵化或半僵化的状态。这并不是因为他们不是好同志。这种状态是在一定历史条件下形成的。

一是因为十多年来，林彪、“四人帮”大搞禁区、禁令，制造迷信，把人们的思想封闭在他们假马克思主义的禁锢圈内，不准越雷池一步。否则，就要追查，就要扣帽子、打棍子。在这种情况下，一些人就只好不去开动脑筋，不去想问题了。

二是因为民主集中制受到破坏，党内确实存在权力过分集中的官僚主义。这种官僚主义常常以“党的领导”、“党的指示”、“党的利益”、“党的纪律”的面貌出现，这是真正的管、卡、压。许多重大问题往往是一两个人说了算，别人只能奉命行事。这样，大家就什么问题都用不着思考了。

三是因为是非功过不清，赏罚不明，干和不干一个样，甚至干得好的反而受打击，什么事不干的，四平八稳的，却成了“不倒翁”。在这种不成文法底下，人们就不愿意去动脑筋了。

四是因为小生产的习惯势力还在影响着人们。这种习惯势力的一个显著特点，就是因循守旧，安于现状，不求发展，不求进步，不愿接受新事物。

思想不解放，思想僵化，很多的怪现象就产生了。

思想一僵化，条条、框框就多起来了。比如说，加强党的领导，变成了党去包办一切、干预一切；实行一元化领导，变成了党政不分、以党代政；坚持中央的统一领导，变成了“一切统一口径”。违反中央政策根本原则的“土政策”要反对，但是也有的“土政策”确是从实际出发的，是得到群众拥护的。这些正确政策现在往往也受到指责，因为它“不合统一口径”。

思想一僵化，随风倒的现象就多起来了。不讲党性，不讲原则，说话做事看来头、看风向，满以为这样不会犯错误。其实随风倒本身就是一个违反共产党员党性的大错误。独立思考，敢想、敢说、敢做，固然也难免犯错误，但那是错在明处，容易纠正。

思想一僵化，不从实际出发的本本主义也就严重起来了。书上没有的，文件上没有的，领导人没有讲过的，就不敢多说一句话，多做一件事，一切照抄照搬照转。把对上级负责和对人民负责对立起来。

不打破思想僵化，不大大解放干部和群众的思想，四个现代化就没有希望。

目前进行的关于实践是检验真理的唯一标准问题的讨论，实际上也是要不要解放思想的争论。大家认为进行这个争论很有必要，意义很大。从争论的情况来看，越看越重要。一个党，一个国家，一个民族，如果一切从本本出发，思想僵化，迷信盛行，那它就不能前进，它的生机就停止了，就要亡党亡国。这是毛泽东同志在整风运动中反复讲过的。只有解放思想，坚持实事求是，一切从实际出发，理论联系实际，我们的社会主义现代化建设才能顺利进行，我们党的马列主义、毛泽东思想的理论也才能顺利发展。从这个意义上说，关于真理标准问题的争论，的确是个思想路线问题，是个政治问题，是个关系到党和国家的前途和命运的问题。

实事求是，是无产阶级世界观的基础，是马克思主义的思想基础。过去我们搞革命所取得的一切胜利，是靠实事求是；现在我们要实现四个现代化，同样要靠实事求是。不但中央、省委、地委、县委、公社党委，就是一个工厂、一个机关、一个学校、一个商店、一个生产队，也都要实事求是，都要解放思想，开动脑筋想问题、办事情。

在党内和人民群众中，肯动脑筋、肯想问题的人愈多，对我们的事业就愈有利。干革命、搞建设，都要有一批勇于思考、勇于探索、勇于创新的闯将。没有这样一大批闯将，我们就无法摆脱贫穷落后的状况，就无法赶上更谈不到超过国际先进水平。我们希望各级党委和每个党支部，都来鼓励、支持党员和群众勇于思考、勇于探索、勇于创新，都来做促进群众解放思想、开动脑筋的工作。

——邓小平：《邓小平文选》（第 2 卷），北京：人民出版社，1994 年，第 140 - 144 页 .

三、拓展资源

（一）阅读书目

1. 邓小平：《邓小平文选》（共 3 卷），北京：人民出版社，1994 年

本套书收录了从 1983 年至 1992 年，邓小平的重要文章与讲话，展现了邓小平作为一位马克思主义者对革命以及建设的思考，展现了建设有中国特色社会主义理论体系逐步形成的历史全貌，集中体现了当代中国马克思主义的精华。

2. 肖贵清：《马克思主义中国化史》（第3卷），北京：中国人民大学出版社，2015年

本书比较系统地分析和研究了从1976年粉碎“四人帮”、结束十年“文化大革命”，到1992年初邓小平发表南方谈话期间，以邓小平为核心的党的第二代中央领导集体，在领导当代中国的改革开放和社会主义现代化建设实践中，解放思想，把马克思主义基本原理与中国实际和时代特征相结合，围绕建设和发展中国特色社会主义这一主题，开创中国特色社会主义道路，不断实现马克思主义中国化的历史进程；论述了在不断总结经验的基础上形成的马克思主义中国化的理论成果——邓小平理论的主要内容和历史地位；分析了这一时期马克思主义中国化的基本经验。

（二）红色光影

1. 纪录片《邓小平》

本片采访了上百位当事人，展示了大量珍贵的影视资料和文献档案，以邓小平富有传奇色彩的生活活动为线索，第一次形象、全面地反映了他作为改革开放的总设计师和中国特色社会主义理论创立者的重大历史贡献，以及他平凡而伟大的高尚品格和特殊的个性气质。

2. 纪录片《突围》

本片根据李岚清同志同名著作《突围・国门初开的岁月》改编。本片充分反映了20世纪70年代末到80年代中期，以邓小平同志为核心的党的第二代中央领导集体带领全国人民解放思想、突破重重障碍，进行对外开放的伟大实践。

3. 纪录片《百年小平》

本片通过105位历史亲历者的口述，全面展示了邓小平博大精深的政治思想、传奇的人生经历和丰富的情感世界，既有生动的故事，又表达了深刻的思想内涵，被称为国内第一部口述历史纪录片，更是第一部口述体的伟人纪录片。

4. 纪录片《邓小平遗物的故事》

本片充分运用影视、照片、第一手档案和资料，特别是第一次公开披露的资料，以纪实手法深入发掘遗物背后鲜为人知的感人故事。通过100多位亲历者和见证人的深情回忆，用真实感人的讲述、生动珍贵的画面和独特的表现形式，全面真实地展现了小平同志崇高的精神风范、鲜明的革命风格、高尚的品德情操和独特的人格魅力。

5. 纪录片《改革开放30年纪实》

这是一部全景式记录中国改革开放30年伟大成就的大型电视系列片，它高度浓缩了30年来中国在农村、国企、经济体制、收入分配、金融、对外经贸、政治体制、干部人事制度、文化、科技、教育、医疗卫生、社会发展、社会保障、就业体制、国防军事、统一大业、对外交往及党的建设等各方面所发生的重要变化，从经济、政治、文化、社会等多个层面向世人展示出“中国道路”的独特魅力与精神内涵。

6. 纪录片《伟大的历程》

7集大型纪录片《伟大的历程》，遵循历史脉络，浓缩时代精神，以典型生动的事例、翔实丰富的文献、形象厚重的表达，讴歌中国共产党领导中国人民在现代化建设和民族复兴道路上缔造的丰功伟业，重温中国人的时代记忆，回顾改革开放30年风云激荡的伟大历程。

7. 纪录片《国家记忆》之《小岗人家四十年》

本片以“一声惊雷”“岗上情深”“希望田野”“振兴之路”“小岗大道”为主题，分5集全方位、高视角回顾中国农村改革历程，用鲜活、生动的故事展现小岗人民“敢闯、敢试、敢为人先”的改革精神。

8. 纪录片《中国 1978》

该片为纪念中国改革开放 30 周年，从人民生活、科学教育、干部路线、思想路线、政治路线等方面全面回顾了 1978 年这一年里中国所发生的变化，介绍了老百姓密切相关的生活故事。该片用大量鲜为人知的史料和资料，揭示了党和国家领导人在历史发展的重要关头对中国未来的思考，反映了人民群众在那样一个特殊的年代里的喜怒哀乐和生活情感的变迁。

专题六 TOPIC 6

"三个代表"重要思想

一、理论基础

本专题内容"'三个代表'重要思想"，是在对冷战结束后国际局势科学判断的基础上，在科学判断党的历史方位，总结党成立以来的奋斗历程和历史经验的基础上，在建设中国特色社会主义伟大实践的基础上形成的。"三个代表"重要思想提出的一系列关于中国特色社会主义的发展道路、发展阶段、发展战略、根本目的、根本任务、发展动力、依靠力量、国际战略等重要思想，是完整科学的理论体系，是中国特色社会主义理论体系重要组成部分，是我们党必须坚持的指导思想。中国共产党必须始终代表中国先进生产力的发展要求，代表中国先进文化的前进方向，代表中国最广大人民的根本利益，这是我们党的立党之本、执政之基、力量之源。

（一）知识框架

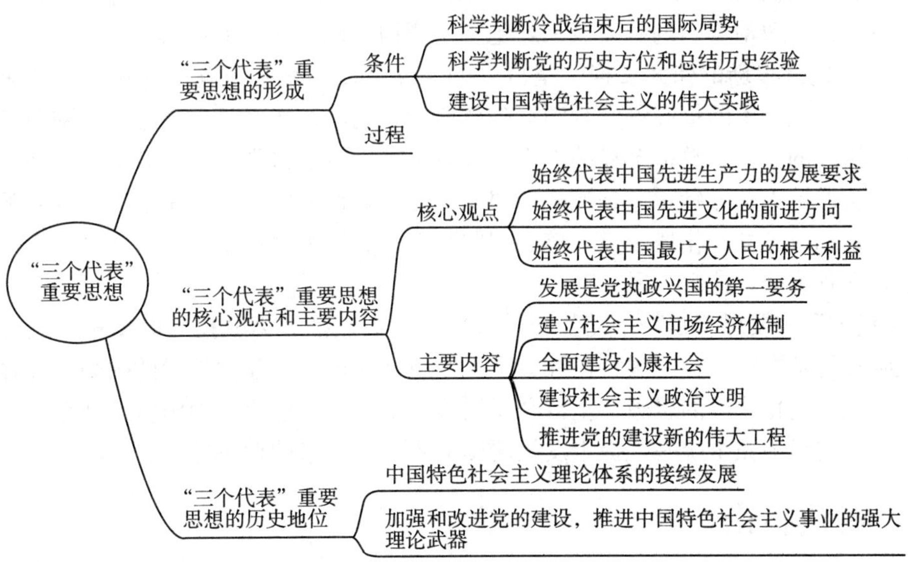

（二）理论要点

"建设什么样的党、怎样建设党"是"三个代表"重要思想的核心问题。"中国共产党必须始终代表中国先进生产力的发展要求，代表中国先进文化的前进方向，代表中国最广大人民的根本利益。”这是对“三个代表”重要思想的集中概括。

1. 发展是党执政兴国的第一要务 社会主义要强大，体现优越性，关键在发展。党要承担起推动中国社会进步的历史责任，必须始终把坚持党的先进性和发挥社会主义制度的优越性，落实到发展生产力、发展先进文化、实现最广大人民的根本利益上来，推动社会全面进步，促进人的全面发展。

2. 建立社会主义市场经济体制 必须坚持和完善公有制为主体、多种所有制经济共同发展的社会主义基本经济制度。进一步探索公有制特别是国有制的多种有效实现形式。发挥市场机制的作用和国家宏观调控，在更大程度上发挥市场在资源配置中的基础性作用，健全统一、开放、竞争、有序的现代市场体系。理顺分配关系，坚持效率优先、兼顾公平。建立和完善社会主义保障体系。

3. 全面建设小康社会 21 世纪头二十年是全面建设小康社会的阶段。党的十五大报告勾画了战略蓝图：21 世纪第一个十年实现了国民生产总值比 2000 年翻一番，使人民的小康生活更加宽裕，形成比较完善的社会主义市场经济体制；再经过十年的努力，到建党一百年时，使国民经济更加发展，各项制度更加完善；到 21 世纪中叶新中国成立一百年时，基本实现现代化，建成富强民主文明的社会主义国家。这是一个既体现时代精神，又具有中国特色，既实事求是、切实可行，又鼓舞人心、催人奋进的目标，这是一个能够充分体现社会主义制度优越性的目标。

4. 建设社会主义政治文明 党的十六大报告把社会主义物质文明、政治文明、精神文明一起确立为社会主义现代化全面发展的三大基本目标，从而使中国特色社会主义的理论和实践进一步走向成熟和完善。建设社会主义政治文明，最根本的是要坚持党的领导、人民当家作主和依法治国的有机统一。进行政治体制改革，要坚持从我国国情出发，总结实践经验，同时借鉴人类政治文明的有益成果，绝不照搬西方政治制度的模式。

5. 推进党的建设新的伟大工程 坚持党的领导，核心是坚持党的先进性，要重点加强党的执政能力建设，不断提高科学判断形势的能力、驾驭市场经济的能力、应对复杂局面的能力、依法执政的能力、总揽全局的能力。领导干部一定要讲学习、讲政治、讲正气。坚持党要管党、从严治党的方针，做到严格按照党章办事，按照党内政治生活准则和党的各项规定办事。加强和改进党的作风建设，核心问题是保持党同人民群众的血肉联系。全心全意为人民服务，立党为公，执政为民。

“三个代表”重要思想是一个完整的科学体系，还包括大力弘扬与时俱进的精神；社会主义初级阶段的基本纲领；中国特色社会主义改革开放理论；建立巩固的国防、加强军队的革命化现代化正规化建设的思想；坚持和发展爱国统一战线理论；中国特色社会主义外交和国际战略；推进祖国完全统一，提出发展两岸关系八项主张的理论等。

二、实践指南

（一）实践目的与要求

“三个代表”重要思想的形成背景是在我们党和国家处在决定前途命运的重大历史关头，世界社会主义出现严重曲折，我国社会主义事业的发展面临空前巨大的困难和压力下，以江泽民为主要代表的中国共产党人，科学判断形势，全面把握大局，进行艰辛探索，从容应对困难和风险，坚决捍卫中国特色社会主义，并成功推向21世纪，本专题的实践项目设计，主要是推动学生在理论学习的基础上，去深刻体会世纪之交时国情、世情、党情发生的变化，体会中国共产党这样一个领导着近14亿人口的社会主义大国的执政党所必须正确回应和解决的重大问题。

（二）实践项目设计

◆ **实践项目一：**

1. 实践项目主题 “与时俱进”讨论会。

2. 实践项目形式 班会形式。

3. 实践项目目的 讨论“与时俱进”的词源与当代意义，使学生了解党的实事求是的思想路线是开放的、不断发展着的，从而了解中国特色社会主义理论体系的开放性与发展性。

4. 实践项目时间与地点 工作日；课堂。

5. 理论要点衔接 世界多极化和经济全球化的趋势在曲折中发展，和平与发展仍是时代主题，但是世界并不安宁，中国作为世界上最大的社会主义国家，实际上处于两种社会制度对立、斗争的最前沿。党所处的地位和环境、党所肩负的历史任务、党的自身状况，都发生了新的重大变化。这要求我们党坚持从新的实际出发，以改革的精神加强和改进党的建设，使党在世界形势深刻变化的历史进程中始终走在时代前列，在建设中国特色社会主义的历史进程中始终成为坚强的领导核心，应对中国社会经济发展中出现的各种实际问题。

6. 实践项目具体步骤

（1）布置主题，分组，由小组确定任务分工，撰写学习体会。

（2）选择实践形式：班会形式。

（3）教师评阅学习体会。

（4）选择本实践过程中表现优异学生进行课堂汇报。

7. 实践成绩评定 根据学生实践态度、搜集资料、撰写学习体会、课堂汇报的情况，评定优、良、中、差4个等级，作为平时表现和实践成绩的依据。

8. 参考资料

在庆祝中国共产党成立八十周年大会上的讲话（节选）

（2001年7月1日）

江泽民

三 按照“三个代表”要求加强和改进党的建设

在我们这样一个多民族的发展中大国，要把十二亿多人的力量凝聚起来，向着社会主义现代化的目标前进，必须有中国共产党的坚强领导。否则，就会成为一盘散沙，四分五裂，不仅现代化实现不了，而且必然陷入混乱的深渊。这是总结近代以来中国发展的历程得出的结论，也是分析许多国家发展的经验教训得出的结论。

要坚持党的领导，必须改善党的领导。必须贯彻党的基本理论和基本路线，按照“三个代表”要求，全面深入地加强和改进党的建设，使我们党在世界形势深刻变化的历史进程中始终走在时代前列，在应对国内外各种风险考验的历史进程中始终成为全国人民的主心骨，在建设有中国特色社会主义的历史进程中始终成为坚强的领导核心。

经过八十年的发展，我们的党员队伍，党所处的地位和环境，党所肩负的任务，都发生了重大变化。我们党已经从一个领导人民为夺取全国政权而奋斗的党，成为一个领导人民掌握着全国政权并长期执政的党；已经从一个在受到外部封锁的状态下领导国家建设的党，成为在全面改革开放条件下领导国家建设的党。新党员的数量大幅度增加，干部队伍新老交替不断进行，一大批年轻干部走上领导岗位。这给党的发展带来了新活力，也提出了新挑战。

全党同志要坚持从新的实际出发，以改革的精神研究和解决党的建设面临的重大理论和现实问题，使党始终保持先进性和纯洁性，充满创造力、凝聚力和战斗力。

（一）贯彻“三个代表”要求，我们必须坚持党的解放思想、实事求是的思想路线，大力发扬求真务实、勇于创新的精神，创造性地推进党和国家的各项工作，在实践中不断丰富和发展马克思主义。

马克思主义是我们立党立国的根本指导思想，是全国各族人民团结奋斗的共同理论基础。马克思主义的基本原理任何时候都要坚持，否则我们的事业就会因为没有正确的理论基础和思想灵魂而迷失方向，就会归于失败。这就是我们为什么必须始终坚持马克思主义基本原理的道理所在。马克思主义具有与时俱进的理论品质。如果不顾历史条件和现实情况的变化，拘泥于马克思主义经典作家在特定历史条件下、针对具体情况作出的某些个别论断和具体行动纲领，我们就会因为思想脱离实际而不能顺利前进，甚至发生失误。这就是我们为什么必须始终反对以教条主义的态度对待马克思主义理论的道理所在。我们党在历史上的一些时期曾经犯过错误，甚至遇到严重挫折，根本原因就在于当时的指导思想脱离了中国的实际。我们党能够依靠自己和人民的力量纠正错误，战胜挫折，继续胜利前进，根本原因就在于重新恢复和坚持贯彻了解放思想、实事求是的思想路线。这方面的经验教训，我们党在《关于若干历史问题的决议》和《关于建国以来党的若干历史问题的决议》中进行了系统的总结，大家必须牢牢记取。全党同志要坚持马克思主义的科学原理和科学精神，善于把握客观情况的变化，善于总结人民群众在实践中创造的新鲜经验，不断丰富和发展马克思主义理论。

马克思、恩格斯、列宁和毛泽东同志、邓小平同志，都为我们作出了理论联系实际和理论创新的光辉典范。马克思、恩格斯广泛研究前人的思想材料，批判地吸取前人的思想成果而形成超越前人的学说，为无产阶级和全人类的解放运动创建了科学的思想体系。列宁揭示了世界资本主义经济政治发展不平衡的规律，提出社会主义革命可以在一个国家或几个国家首先获得成功，并且领导十月革命取得了胜利。毛泽东同志把马克思列宁主义基本原理同中国革命具体实际相结合，创立了新民主主义革命理论，指导中国革命取得了胜利，并领导中国人民走上社会主义道路。邓小平同志总结国内外社会主义发展的经验和教训，提出建设有中国特色社会主义理论，指引我国社会主义事业进入蓬勃发展的新时期。

马克思主义的发展史充分说明：解放思想、实事求是，是引导社会前进的强大力量。社会实践是不断发展的，我们的思想认识也应不断前进，应勇于和善于根据实践的要求进行创新。要坚持实践是检验真理的唯一标准，在党的基本理论指导下，一切从实际出发，自觉地把思想认识从那些不合时宜的观念、做法和体制中解放出来，从对马克思主义的错误的和教条式的理解中解放出来，从主观主义和形而上学的桎梏中解放出来。坚持科学态度，大胆进行探索，使我们的思想和行动更加符合客观实际，更加符合社会主义初级阶段的国情和时代发展的要求。

我们党有八十年的奋斗历史，有创立和发展毛泽东思想、邓小平理论的伟大实践，有国内外发展社会主义事业正反两方面的历史经验，只要我们站在时代前列，立足于新的实践，把握住时代特点，运用马克思主义基本理论研究现实中的重大问题，不断深化对共产党执政的规律、对社会主义建设的规律、对人类社会发展的规律的认识，不断吸取一切科学的新经验、新思想、新成果，我们就能够对丰富和发展马克思主义作出新的贡献。

（二）贯彻“三个代表”要求，我们必须坚持党的工人阶级先锋队的性质，始终保持党的先进性，同时要根据经济发展和社会进步的实际，不断增强党的阶级基础和扩大党的群众基础，不断提高党的社会影响力。

我国工人阶级是近代以来我国社会发展特别是社会化大生产发展的产物，具有严格的组织性纪律性和革命的坚定性彻底性等品格。我们党从成立之日起，就把自己定为中国工人阶级的政党，始终坚持工人阶级先锋队的性质，为保持自身的先进性奠定了坚实的阶级基础。

随着改革开放和现代化建设的发展，我国工人阶级队伍不断壮大，思想道德素质和科学文化素质日益提高，工人阶级的先进性也在发展，党的阶级基础不断增强。知识分子作为工人阶级的一部分，大大增强了工人阶级的科技文化素质。由于我们实行公有制为主体、多种所有制经济共同发展的基本经济制度，发展社会主义市场经济，实行经济结构的战略性调整，一些工人群众的工作岗位发生变化。这并没有改变我国工人阶级的地位，而且从长远看有利于提高工人阶级的整体素质，发挥工人阶级的整体优势。中国工人阶级始终是推动中国先进生产力发展的基本力量。我们党必须始终坚持工人阶级先锋队的性质，始终全心全意依靠工人阶级。

看一个政党是否先进，是不是工人阶级先锋队，主要应看它的理论和纲领是不是马克思主义的，是不是代表社会发展的正确方向，是不是代表最广大人民的根本利益。我们党是马克思列宁主义与中国工人运动相结合的产物。工人阶级的形成是建党的根本条件。民主革命时期，由于当时中国社会的特点，我们党的绝大多数党员来自农民和其他劳动者，也有不少来自知识分子，还有来自非劳动者阶层的革命分子。但是，我们党的理论和纲领是马克思主义的，代表了中国社会发展的正确方向，我们党高度重视在思想上建党，坚持用马克思主义理论教育和武装全体党员，不仅要求党员在组织上入党，而且要求党员首先在思想上入党，指导他们为实现党的纲领和任务而奋斗，因而保持了党的工人阶级先锋队性质。

改革开放以来，我国的社会阶层构成发生了新的变化，出现了民营科技企业的创业人员和技术人员、受聘于外资企业的管理技术人员、个体户、私营企业主、中介组织的从业人员、自由职业人员等社会阶层。而且，许多人在不同所有制、不同行业、不同地域之间流动频繁，人们的职业、身份经常变动。这种变化还会继续下去。在党的路线方针政策指引下，这些新的社会阶层中的广大人员，通过诚实劳动和工作，通过合法经营，为发展社会主义社会的生产力和其他事业作出了贡献。他们与工人、农民、知识分子、干部和解放军指战员团结在一起，他们也是有中国特色社会主义事业的建设者。

伟大而艰巨的建设有中国特色社会主义事业，需要全社会各个方面忠诚于祖国和社会主义的优秀分子，以自己的实际行动带领群众共同加以推进。能否自觉地为实现党的路线和纲领而奋斗，是否符合党员条件，是吸收新党员的主要标准。来自工人、农民、知识分子、军人、干部的党员是党的队伍最基本的组成部分和骨干力量，同时也应该把承认党的纲领和章程、自觉为党的路线和纲领而奋斗、经过长期考验、符合党员条件的社会其他方面的优秀分子吸收到党内来，并通过党这个大熔炉不断提高广大党员的思想政治觉悟，从而不断增强我们党在全社会的影响力和凝聚力。

马克思主义经典作家关于资本主义社会的劳动和劳动价值的理论，揭示了当时资本主义生产方式的运行特点和基本矛盾。现在，我们发展社会主义市场经济，与马克思主义创始人当时所面对和研究的情况有很大不同。我们应该结合新的实际，深化对社会主义社会劳动和劳动价值理论的研究和认识。实现人民的富裕幸福，是我们建设社会主义的根本目的。随着经济的发展，广大人民群众的生活水平不断提高，个人的财产也逐渐增加。在这种情况下，不能简单地把有没有财产、有多少财产当作判断人们政治上先进与落后的标准，而主要应该看他们的思想政治状况和现实表现，看他们的财产是怎么得来的以及对财产怎么支配和使用，看他们以自己的劳动对建设有中国特色社会主义事业所作的贡献。

（三）贯彻“三个代表”要求，我们必须坚持民主集中制，建立健全科学的领导体制和工作机制，充分发扬党内民主，坚决维护党的集中统一，保持并不断增强党的活力。

民主集中制是我们党的根本组织制度和领导制度。我们坚持和完善民主集中制的基本要求和目标，就是要努力在全党造成又有集中又有民主，又有纪律又有自由，又有统一意志又有个人心情舒畅、生动活泼的政治局面。

发展党内民主，充分发挥广大党员和各级党组织的积极性主动性创造性，是党的事业兴旺发达的重要保证。要切实保障党员的民主权利，拓宽党内民主渠道，加强党员对党内事务的了解和参与。凡属党组织工作中的重大问题都应力求组织广大党员讨论，充分听取各种意见。通过建立有效机制，保证基层党员和下级党组织的意见能及时反映到上级党组织中来。上级党组织应充分听取党员和下级党组织的意见，集思广益，不断推进决策的科学化、民主化。按照集体领导、民主集中、个别酝酿、会议决定的原则，进一步完善党委内部的议事和决策机制，发挥好党的委员会全体会议的作用，健全党委常委会的决策程序。凡属重大决策，都必须由党委集体讨论，不允许个人说了算。进一步完善集体领导下的个人分工负责制，提高工作效率。集体领导和个人负责，二者不可偏废。通过发展党内民主，积极推动人民民主的发展。

要按照总揽全局、协调各方的原则，进一步加强和完善党的领导体制，改进党的领导方式和执政方式，既保证党委的领导核心作用，又充分发挥人大、政府、政协以及人民团体和其他方面的职能作用。党委要通过科学化、规范化、制度化的机制，加强对人大、政府、政协、人民团体的领导，人大、政府、政协、人民团体的党组以及担任领导职务的党员干部，在依法进行职责范围的工作中，必须坚决贯彻党的路线方针政策和党委的决定。各级领导干部都必须坚决贯彻中央的大政方针和工作部署。

全党同志都要增强民主集中制的观念，严格执行民主集中制原则，提高贯彻民主集中制的本领，努力掌握适应新形势新任务要求的领导艺术、领导方式和领导方法，把坚持党的领导同发扬人民民主、严格依法办事、尊重客观规律有机地统一起来。制度建设更带有根本性、全局性、稳定性和长期性。要进一步完善民主集中制的各项制度，进一步完善党的领导制度和工作机制，从制度体系上保证民主集中制的正确执行。坚决抵制西方多党制和三权鼎立等政治模式的影响。坚决克服违反民主集中制原则的个人独断专行和软弱涣散现象。

由于实行改革开放和发展社会主义市场经济，我国社会经济成分、组织形式、就业方式、利益关系和分配方式日益多样化。如果我们思想上不清醒，工作中不注意，是很容易搞散的。维护党和国家的集中统一，维护中央的权威，是极端重要的。党和国家的指导思想、奋斗目标、大政方针和法律制度，以及重要工作部署等，必须统一，各个地方、部门和单位绝不能各行其是。党的基层组织是党的全部工作和战斗力的基础，要适应新形势新任务的要求，不断加强和改进基层组织建设。

（四）贯彻“三个代表”要求，我们必须全面贯彻干部队伍革命化、年轻化、知识化、专业化的方针和德才兼备的原则，深化干部人事制度改革，努力建设一支高素质的、能够担当重任、经得起风浪考验的干部队伍。

政治路线确定之后，干部就是决定因素。培养讲政治、懂全局、善于治党治国的领导人才尤为重要。中国的社会主义事业能不能巩固和发展下去，中国能不能在激烈的国际竞争中始终强盛不衰，关键看我们能不能不断培养造就一大批高素质的领导人才。

要坚持党管干部的原则，改进干部管理方法，加快干部人事制度改革步伐，努力推进干部工作的科学化、民主化、制度化。坚持扩大干部工作中的民主，落实群众对干部选拔任用的知情权、参与权、选择权和监督权。坚持公开、平等、竞争、择优的原则，积极推行公开选拔、竞争上岗等措施，促进干部奋发工作、能上能下。加强对干部选拔任用工作的监督，完善干部考核制度和方法。坚决防止和纠正用人上的不正之风。

加强对年轻干部的培养，是保证党和国家长治久安的战略任务。年轻干部要担当起领导重任，必须努力提高马克思主义理论水平和思想修养水平，不断增强为人民服务的本领，善于从政治上正确判断形势和把握大局，善于在复杂条件下开展工作。各级党委都要支持、鼓励和安排年轻干部到艰苦环境中去，到重大斗争的第一线去经受锻炼和考验。

时代在前进，事业在发展，党和国家对各方面人才的需求必然越来越大。要抓紧做好培养、吸引和用好各方面人才的工作。进一步在全党全社会形成尊重知识、尊重人才，促进优秀人才脱颖而出的良好风气。领导干部要有识才的慧眼、用才的气魄、爱才的感情、聚才的方法，知人善任，广纳群贤。要用崇高的理想、高尚的精神引导和激励各种人才为国家为人民建功立业，同时要关心和信任他们，尽力为他们创造良好的工作条件。加快建立有利于留住人才和人尽其才的收入分配机制，从制度上保证各类人才得到与他们的劳动和贡献相适应的报酬。通过各项工作，努力开创人才辈出的局面。

（五）贯彻“三个代表”要求，我们必须坚持党要管党的原则和从严治党的方针，各级党组织必须对党员干部严格要求、严格教育、严格管理、严格监督，坚决克服党内存在的消极腐败现象。

党要管党，从严治党，是保持党的先进性和纯洁性，巩固党的执政地位的重要保证。治国必先治党，治党必须从严。要深刻认识和吸取世界上一些长期执政的共产党丧失政权的教训。党执政的时间越长，越要抓紧自身建设，越要从严要求党员和干部。

从严治党，必须全面贯彻于党的思想、政治、组织、作风建设，切实体现到对各级党组织、广大党员和干部进行教育、管理、监督的各个环节中去。各级党组织和每个党员都要严格按照党的章程和党内法规行事，严格遵守党的纪律。各级领导干部都要自重、自省、自警、自励，始终注意讲学习、讲政治、讲正气。要经常运用批评和自我批评的武器，开展积极的思想斗争，坚持真理，修正错误。各级党组织都要努力增强解决自身矛盾的能力，勇于正视和解决存在的问题，决不回避和粉饰。

党的作风，关系党的形象，关系人心向背，关系党的生命。要全面加强党的思想作风、学风、工作作风、领导作风和干部生活作风建设。要结合新的实际，努力发扬党的理论联系实际、密切联系群众、批评和自我批评的优良作风，同时要总结新的实践经验努力培育新的作风。一切不符合党的事业发展要求、不符合人民利益的不良风气，都应坚决克服。当前，特别要注意克服不思进取、无所作为的思想状况，克服种种严重脱离群众的现象，坚决反对形式主义和官僚主义的歪风。各级干部必须时时处处重实际、求实效，创造性地开展工作，想群众之所想，急群众之所急，忠诚地为群众谋利益。

全党同志一定要从党和国家生死存亡的高度，充分认识反腐倡廉工作的重大意义，把党风廉政建设和反腐败斗争进行到底。要深刻认识反腐败工作的长期性、艰巨性和复杂性，既要树立持久作战的思想，又要抓紧当前的工作。坚持标本兼治、综合治理的方针，从思想上筑牢拒腐防变的堤防，同时通过体制创新努力铲除腐败现象滋生的土壤和条件，加大从源头上预防和解决腐败问题的力度。我们手中的权力都是人民赋予的，各级干部都是人民的公仆，必须受到人民和法律的监督。要通过加强党内监督、法律监督、群众监督，建立健全依法行使权力的制约机制和监督机制。关键要加强对领导干部的监督，保证他们正确运用手中的权力。全体党员特别是领导干部，都必须始终坚持清正廉洁，一身正气，经得起改革开放和执政的考验，经得起权力、金钱、美色的考验，绝不允许以权谋私、贪赃枉法。各级党组织和领导干部都要旗帜鲜明地反对腐败。对任何腐败行为和腐败分子，都必须一查到底，决不姑息，决不手软。党内不允许有腐败分子的藏身之地。我们一定要以党风廉政建设的实际成果取信于人民。

总之，面对我们肩负的历史重任，面对国际国内各种复杂因素的影响和各种风险的考验，我们党要始终成为中国工人阶级先锋队，同时成为中国人民和中华民族的先锋队，成为中国先进生产力的发展要求、中国先进文化的前进方向和中国最广大人民的根本利益的忠实代表，成为建设有中国特色社会主义事业的领导核心，就必须不断加强和改进党的建设，努力把全体党员锻炼成坚定的共产党人。

——江泽民：《江泽民文选》（第 3 卷），北京：人民出版社，2006 年，第 281－292 页.

◆ **实践项目二：**

1. 实践项目主题 “全面建设小康社会”资料展。

2. 实践项目形式 资料展。

3. 实践项目目的 使学生认识全面建设小康社会的时代意义；既是实现现代化建设第三步战略目标必经的承上启下的发展阶段，也是完善社会主义市场经济体制和扩大对外开放的关键阶段。

4. 实践项目时间与地点 周末；校园内。

5. 理论要点衔接 党中央提出 21 世纪头二十年是全面建设小康社会的阶段，形成了“两个一百年”的奋斗目标，深化了邓小平关于分阶段、有步骤地实现现代化的战略思想，丰富了我们党关于社会主义初级阶段的理论，符合我国国情，符合人民愿望，有利于最广泛最充分地调动一切积极因素为实现中华民族的伟大复兴而奋斗。全面建设小康社会的奋斗目标，是立足于我国的基本国情提出的。到 20 世纪末，我们已经胜利实现了现代化建设“三步走”战略的第一步、第二步目标，人民生活水平总体上达到小康水平。但是，这个小康还是低水平的、不全面的、不平衡的。劳动生产率较低，发展性消费还得不到有效满足。城乡二元经济结构还没有改变，地区差距扩大的趋势尚未扭转，发展不平衡问题依然十分严峻，贫困人口还为数不少；人口总量继续增加，老龄人口比重上升，就业和社会保障压力增大；生态环境、自然资源和经济社会发展的矛盾日益突出；我们仍然面临发达国家在经济科技等方面占优势的压力；经济体制和其他方面的管理体制还不完善；民主法制建设和思想道德建设等方面还存在一些不容忽视的问题。巩固和提高达到的小康水平，还需要进行长时期的艰苦奋斗。

6. 实践项目具体步骤

（1）布置主题，分组，由小组确定任务分工。

（2）选择实践形式：资料展，可以是个案资料、图片资料、视频资料等。

(3) 学生撰写资料展观后感。

(4) 对资料展参与学生和学生资料展观后感进行评定。

7. 实践成绩评定 根据学生实践态度、搜集资料、撰写观后感的情况，评定优、良、中、差4个等级，作为平时表现和实践成绩的依据。

8. 参考资料

全面建设小康社会，开创中国特色社会主义事业新局面

——在中国共产党第十六次全国代表大会上的报告

(2002年11月8日)

江泽民

……

三、全面建设小康社会的奋斗目标

经过全党和全国各族人民的共同努力，我们胜利实现了现代化建设“三步走”战略的第一步、第二步目标，人民生活总体上达到小康水平。这是社会主义制度的伟大胜利，是中华民族发展史上一个新的里程碑。

必须看到，我国正处于并将长期处于社会主义初级阶段，现在达到的小康还是低水平的、不全面的、发展很不平衡的小康，人民日益增长的物质文化需要同落后的社会生产之间的矛盾仍然是我国社会的主要矛盾。我国生产力和科技、教育还比较落后，实现工业化和现代化还有很长的路要走；城乡二元经济结构还没有改变，地区差距扩大的趋势尚未扭转，贫困人口还为数不少；人口总量继续增加，老龄人口比重上升，就业和社会保障压力增大；生态环境、自然资源和经济社会发展的矛盾日益突出；我们仍然面临发达国家在经济科技等方面占优势的压力；经济体制和其他方面的管理体制还不完善；民主法制建设和思想道德建设等方面还存在一些不容忽视的问题。巩固和提高目前达到的小康水平，还需要进行长时期的艰苦奋斗。

综观全局，二十一世纪头二十年，对我国来说，是一个必须紧紧抓住并且可以大有作为的重要战略机遇期。根据十五大提出的到二〇一〇年、建党一百年和新中国成立一百年的发展目标，我们要在本世纪头二十年，集中力量，全面建设惠及十几亿人口的更高水平的小康社会，使经济更加发展、民主更加健全、科教更加进步、文化更加繁荣、社会更加和谐、人民生活更加殷实。这是实现现代化建设第三步战略目标必经的承上启下的发展阶段，也是完善社会主义市场经济体制和扩大对外开放的关键阶段。经过这个阶段的建设，再继续奋斗几十年，到本世纪中叶基本实现现代化，把我国建成富强民主文明的社会主义国家。

全面建设小康社会的目标是：

——在优化结构和提高效益的基础上，国内生产总值到二〇二〇年力争比二〇〇〇年翻两番，综合国力和国际竞争力明显增强。基本实现工业化，建成完善的社会主义市场经济体制和更具活力、更加开放的经济体系。城镇人口的比重较大幅度提高，工农差别、城乡差别和地区差别扩大的趋势逐步扭转。社会保障体系比较健全，社会就业比较充分，家庭财产普遍增加，人民过上更加富足的

生活。

——社会主义民主更加完善，社会主义法制更加完备，依法治国基本方略得到全面落实，人民的政治、经济和文化权益得到切实尊重和保障。基层民主更加健全，社会秩序良好，人民安居乐业。

——全民族的思想道德素质、科学文化素质和健康素质明显提高，形成比较完善的现代国民教育体系、科技和文化创新体系、全民健身和医疗卫生体系。人民享有接受良好教育的机会，基本普及高中阶段教育，消除文盲。形成全民学习、终身学习的学习型社会，促进人的全面发展。

——可持续发展能力不断增强，生态环境得到改善，资源利用效率显著提高，促进人与自然的和谐，推动整个社会走上生产发展、生活富裕、生态良好的文明发展道路。

这次大会确立的全面建设小康社会的目标，是中国特色社会主义经济、政治、文化全面发展的目标，是与加快推进现代化相统一的目标，符合我国国情和现代化建设的实际，符合人民的愿望，意义十分重大。为完成党在新世纪新阶段的这个奋斗目标，发展要有新思路，改革要有新突破，开放要有新局面，各项工作要有新举措。各地各部门都要从实际出发，采取切实有效的措施，努力实现这个目标。有条件的地方可以发展得更快一些，在全面建设小康社会的基础上，率先基本实现现代化。可以肯定，实现了全面建设小康社会的目标，我们的祖国必将更加繁荣富强，人民的生活必将更加幸福美好，中国特色社会主义必将进一步显示出巨大的优越性。

……

——江泽民：《江泽民文选》（第 3 卷），北京：人民出版社，2006 年，第 542 - 544 页 .

三、拓展资源

（一）阅读书目

1. 江泽民：《江泽民文选》，北京：人民出版社，2006 年

本套书收录了从 1980 年至 2004 年，江泽民的重要著作，包含报告、讲话、谈话、信件、批示、批语等，展现了建设有中国特色社会主义事业在全面推向 21 世纪的过程中，马克思主义基本原理与中国实际相结合，党在理论和实践上的不断探索和开拓。

2. 中国社会科学院邓小平理论研究中心组：《“三个代表”重要思想与若干重大理论问题研究》，北京：社会科学文献出版社，2002 年

本书由时任中共中央政治局委员李铁映同志作序，主要收录了中国社科院学者学习研究“三个代表”重要思想的理论文章和对当前中国一些重大理论问题的研究报告，全方位解读了“三个代表”与中国共产党、与时俱进与马克思主义中国化以及若干重大理论问题。

3. 本书编写组：《全面建设小康社会学习读本》，北京：中共中央党校出版社，2002 年

本书紧紧围绕党的十六大提出的全面建设小康社会的奋斗目标，以及报告中根据这一目标对经济、政治、文化、建设和改革作出的全面部署，进行了深入浅出的阐释和论述。本书梳理了“小康社会”思想的源流和演变，全面建设小康社会的历史前提，全面建设小康社会的奋斗目标以及有关的一系列领域里的建设与改革。

（二）红色光影

纪录片《十年·变迁》

9集系列纪录片《十年·变迁》反映了西部大开发十年内蒙古呈现出的经济快速发展、社会和谐进步、民族团结和睦、边疆安宁稳定和美好局面。

专题七 TOPIC 7

科学发展观

一、理论基础

科学发展观是我们党在准确把握世界发展趋势、认真总结我国发展经验、深入分析我国发展阶段性特征的基础上提出的重大战略思想。科学发展观是关于发展的世界观和方法论的集中体现，是中国特色社会主义理论体系的重要组成部分，是发展中国特色社会主义必须长期坚持的指导思想。

（一）知识框架

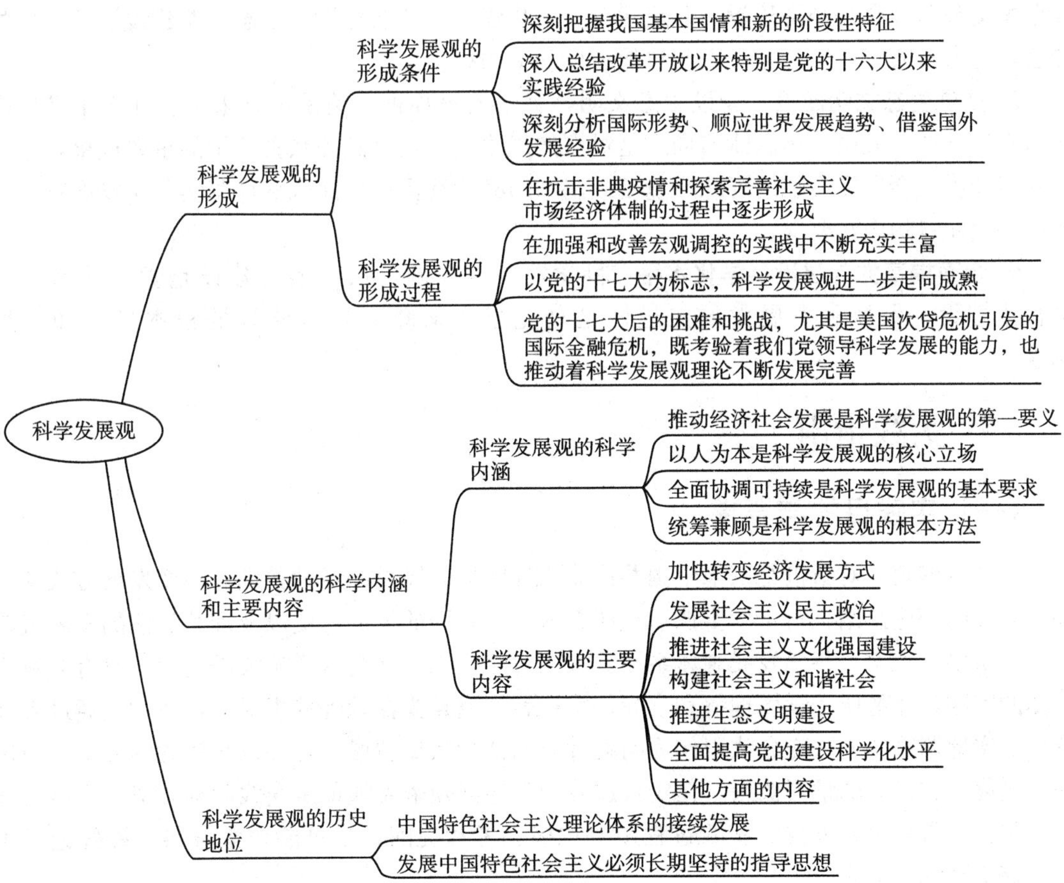

（二）理论要点

科学发展观第一要义是推动经济社会发展，核心立场是以人为本，基本要求是全面协调可持续，根本方法是统筹兼顾。

1. 加快转变经济发展方式 转变经济发展方式，一要全面深化经济体制改革，二要实施创新驱动发展战略，三要推动经济结构战略性调整，四要促进区域协调发展，五要积极稳妥推进城镇化，六要推动城乡发展一体化，七要实现工业化、信息化、城镇化、农业现代化。

2. 发展社会主义民主政治 科学发展观强调，社会主义民主政治的本质和核心是人民当家作主。发展社会主义民主政治，必须坚定不移地走中国特色社会主义政治发展道路，坚持党的领导、人民当家作主、依法治国的有机统一。

3. 推进社会主义文化强国建设 当今时代，文化越来越成为民族凝聚力和创造力的重要源泉、越来越成为综合国力竞争的重要因素、越来越成为经济社会发展的重要支撑。国家富强、民族振兴、人民生活幸福安康，需要强大的经济力量，也需要强大的文化力量。物质贫乏不是社会主义，精神空虚也不是社会主义。没有社会主义文化繁荣发展，就没有社会主义现代化。

4. 构建社会主义和谐社会 社会和谐是中国特色社会主义的本质属性。我们要构建的社会主义和谐社会是经济建设、政治建设、文化建设、社会建设、生态文明建设协调发展的社会，是人与人、人与社会、人与自然整体和谐的社会。

5. 推进生态文明建设 建设生态文明，关系人民福祉，关乎民族未来。社会主义生态文明建设被纳入五位一体总体布局，是对自然规律及人与自然关系再认识的重要成果，是破解我国经济社会发展面临的资源环境瓶颈制约的必然选择，是深入贯彻落实科学发展观、实现可持续发展的内在要求。

6. 全面提高党的建设科学化水平 科学发展观强调，执政能力建设是党执政后的一项根本建设，保持和发展党的先进性是马克思主义政党自身建设的根本任务和永恒课题。

二、实践指南

（一）实践目的与要求

科学发展观是对新世纪以来中国共产党领导中国人民总结经验教训、转变发展方式这一伟大实践的理论总结，对于学生认识改革开放以来我国的发展历史以及理解目前的发展战略有十分重要的意义。科学发展观体系涵盖人与自然、人与社会这样宏大的问题，只有分解为具体的问题，才能便于学生理解和掌握。实践教学就是要在教师的指引下，让学生通过查阅资料、实地调查等方法充分认识作为问题背景的社会历史情形，进而以情景化的方式呈现出来，最终达成良好的学习效果。在实践过程中学生必须事先须拟定实践活动方案，严格遵守实践纪律，服从组织安排，实践过程中要积极思考和提问，尽可能搜集资料，做好记录工作，提交活动方案和成果。

（二）实践项目设计

◆ **实践项目一：**

1. 实践项目主题　绿色发展知识宣传。

2. 实践项目形式　在校园内或校园周边进行绿色发展知识宣传。

3. 实践项目目的　通过活动的准备与组织实施，加深学生对绿色发展的理解，通过学生的宣传，加强民众对绿色发展理念的理解，并最终促成更多的人践行绿色发展理念。

4. 实践项目地点　校园内或校园周边。

5. 理论要点衔接　因发展方式相对粗放、资源利用效率不够高、资源利用方式对生态环境不够友好而带来的能源资源紧张和生态环境恶化的问题是提出科学发展观、转变经济发展方式的动因之一。全面协调可持续是科学发展观的基本要求，转变经济发展方式和推进生态文明建设也是科学发展观的重要内容。加强生态文明宣传教育，增强全民节约意识、环保意识、生态意识，形成合理消费的社会风尚，营造爱护生态环境的良好风气，是推进生态文明建设的重要任务。

6. 实践项目具体步骤

（1）初步规划，分解任务模块。

（2）组织团队，明确分工。

（3）资料搜集与整理。分条目搜集和整理，比如按生产环节和生活环节分类，则需搜集绿色生产案例（如清洁发电，生产过程高效利用资源、高标准处理废水、废气、废渣等方面的案例）、绿色生活案例（如绿色出行方式，合理规划以节约照明、空调用电，废旧物再利用，垃圾分类，环保塑料袋使用等方面的案例）。

（4）确定宣传与展示的形式，制作所需物料。

（5）开展宣传活动。

（6）总结活动，提交报告。

7. 实践成绩评定　成绩由教师和学生共同评定。教师依据团队提交的活动方案、活动真实效果证明、书面报告等综合评定成绩；学生依据团队成果展示评定成绩。教师评价与学生评价的比例分配可以根据具体情况灵活处理。

8. 参考资料

把科学发展观贯穿于发展的整个过程和各个方面

（2004 年 5 月 5 日）

胡锦涛

……

对我国来说，抓好资源节约和综合利用尤为重要。一方面，总体上资源紧缺是我国的一个基本国情。比如，我国人均水资源占有量仅为世界平均水平的三分之一，我国人均耕地不到世界平均水平的二分之一，矿产资源人均占有量只有世界平均水平的二分之一。另一方面，随着我国经济持续快速发展，资源压力日益增大。我国经济增长在很大程度上是靠物质资源高消耗来实现的，这种状况如不改变，经济社会发展是难以为继的。因此，我们必须大力发展循环经济，努力实现自然生态系统和社会经济系统良性循环。要在资源开采、加工、运输、消费等环节建立全过程和全面节约的管理制度，逐步形成有利于节约资源的产业结构和消费方式，构建资源节约型国民经济体系和资源节约型社会。要发挥科技进步在促进资源节约中的作用，推动节约资源的科技开发，及时推广资源节约方面的科技成果，支持和引导企业淘汰浪费资源的工艺、技术、产品。要通过经济、技术、法律等手段，推进资源利用方式根本转变，不断提高资源利用的经济、社会、生态效益。要在全社会大力宣传节约资源的重大意义，促进全民牢固树立节约资源的观念，培育人人节约资源的社会风尚，坚决遏制浪费资源、破坏资源现象。

良好生态环境是实现社会生产力持续发展和提高人们生存质量的重要基础。经过不懈努力，我们在生态环境保护和建设方面取得了不少成绩，但生态环境总体恶化趋势尚未根本扭转，环境治理任务依然艰巨繁重。要大力宣传生态环境保护和建设的重要性，增强全民族环境保护意识，营造爱护环境、保护环境、建设环境的良好风气。要加大从源头上控制污染力度，严格控制高污染项目，淘汰高污染行业，彻底改变以牺牲环境、破坏资源为代价的粗放型增长方式，决不以牺牲环境为代价去换取一时的经济增长。要尊重自然规律，根据自然的承载能力和承受能力规划经济社会发展，坚决禁止各种掠夺自然、破坏自然的做法。我们在抓发展的过程中，一定要高度重视人文自然环境保护和优化，努力使我们今天所做的一切能给后人留下赞叹，而不给后人造成遗憾。

……

——胡锦涛：《胡锦涛文选》（第 2 卷），北京：人民出版社，2016 年，第 183 - 184 页 .

推动形成绿色发展方式和生活方式

（2017 年 5 月 26 日）

习近平

……

要充分认识形成绿色发展方式和生活方式的重要性、紧迫性、艰巨性，把推动形成绿色发展方式和生活方式摆在更加突出的位置，加快构建科学适度有序的国土空间布局体系、绿色循环低碳发展的产业体系、约束和激励并举的生态文明制度体系、政府企业公众共治的绿色行动体系，加快构建生态功能保障基线、环境质量安全底线、自然资源利用上线三大红线，全方位、全地域、全过程开展生态环境保护建设。

我就推动形成绿色发展方式和生活方式提 6 项重点任务。一要加快转变经济发展方式。根本改善生态环境状况，必须改变过多依赖增加物质资源消耗、过多依赖规模粗放扩张、过多依赖高能耗高排放产业的发展模式，把发展的基点放到创新上来，塑造更多依靠创新驱动、更多发挥先发优势的引领型发展。这是供给侧结构性改革的重要任务。二要加大环境污染综合治理。要以解决大气、水、土壤污染等突出问题为重点，全面加强环境污染防治，持续实施大气污染防治行动计划，加强水污染防治，开展土壤污染治理和修复，加强农业面源污染治理，加大城乡环境综合整治力度。三要加快推进生态保护修复。要坚持保护优先、自然恢复为主，深入实施山水林田湖一体化生态保护和修复，开展大规模国土绿化行动，加快水土流失和荒漠化石漠化综合治理。四要全面促进资源节约集约利用。生态环境问题，归根到底是资源过度开发、粗放利用、奢侈消费造成的。资源开发利用既要支撑当代人过上幸福生活，也要为子孙后代留下生存根基。要树立节约集约循环利用的资源观，用最少的资源环境代价取得最大的经济社会效益。五要倡导推广绿色消费。生态文明建设同每个人息息相关，每个人都应该做践行者、推动者。要加强生态文明宣传教育，强化公民环境意识，推动形成节约适度、绿色低碳、文明健康的生活方式和消费模式，形成全社会共同参与的良好风尚。六要完善生态文明制度体系。推动绿色发展，建设生态文明，重在建章立制，用最严格的制度、最严密的法治保护生态环境，健全自然资源资产管理体制，加强自然资源和生态环境监管，推进环境保护督察，落实生态环境损害赔偿制度，完善环境保护公众参与制度。

……

——习近平：《习近平谈治国理政》（第 2 卷），北京：外文出版社，2017 年，第 395 - 396 页 .

◆ **实践项目二：**

1. 实践项目主题　生活垃圾产生及处理情况调查。

2. 实践项目形式　在家乡、校园或校园周边对生活垃圾产生及处理情况进行调查。

3. 实践项目目的　通过对生活垃圾产生与处理这个特定问题进行深入调查研究，学生可以更加真切地了解生态文明建设所涉及的问题的复杂性和现实困难，摆脱入眼入耳不入心的标签化认识状态。

4. 实践项目地点　家乡、校园或校园周边。

5. 理论要点衔接　科学发展观强调，建设生态文明，实质上就是要建设以资源环境承载力为基础、以自然规律为准则、以可持续发展为目标的资源节约型、环境友好型社会。建设生态文明，要加强生态文明宣传教育，增强全民节约意识、环保意识、生态意识，形成合理消费的社会风尚，营造爱护生态环境的良好风气。

6. 实践项目具体步骤

（1）在确保安全的前提下，根据信息获取的便利程度选定调查地点，拟定调查方案。

（2）组织团队，明确分工。

（3）实施调查，主要针对三大环节进行调查，即垃圾生产环节、垃圾分类情况和垃圾回收处理环节。

（4）整理调查结果，形成调查报告。

（5）选择恰当的形式展示调查成果，可以是 PPT 汇报总体调查情况，也可以针对某些焦点问题，如为什么垃圾分类推广效果不够理想等，采用情景剧等其他更具表现力的形式来展示。

7. 实践成绩评定　成绩由教师和学生共同评定。教师依据团队提交的活动方案、活动展示效果、书面报告等综合评定成绩；学生依据团队成果展示评定成绩。教师评价与学生评价的比例分配可以根据具体情况灵活处理。

8. 参考资料

论加快经济发展方式转变

（2010 年 2 月 3 日）

胡锦涛

……

要加快污染防治，提高全民族环保意识和责任，加大污染物排放控制力度，重点控制工业污染物排放，加强水污染、大气污染、固体废物污染防治，加快重点流域、重点区域、重点城市环境治理，全面治理工业污染、生活垃圾和污水污染、农业面源污染，加快环境基础设施建设。

……

——胡锦涛：《胡锦涛文选》（第 3 卷），北京：人民出版社，2016 年，第 352 页．

在中央财经领导小组第十四次会议上的讲话

（2016 年 12 月 21 日）

习近平

普遍推行垃圾分类制度。这项工作关系十三亿多人生活环境改善，关系垃圾能不能减量化、资源化、无害化处理，关系垃圾处理中的“邻避”困局能不能从根本上破解。

目前，垃圾数量增加迅速，传统填埋方式处理空间不足，而采取清洁的焚烧方式普遍受到“邻避”干扰，重要原因是没有普遍建立垃圾分类制度，垃圾分类试点试行十六年基本上仍在原地踏步。发达国家普遍实行垃圾分类制度。要研究总结浙江等地的好经验，加快在全国推广。要加快建立分类投放、分类收集、分类运输、分类处理的垃圾处理系统，形成以法治为基础、政府推动、全民参与、城乡统筹、因地制宜的垃圾分类制度，提高垃圾分类制度覆盖范围。

国家发展改革委制定了生活垃圾强制分类制度的方案，发布后各地方要认真贯彻落实。要加快研究制定生活垃圾强制分类制度的法律，鼓励有条件的地区先行制定地方性法规，像生态文明试验区、北京上海这类国际性大都市、各地新城新区等就应该向国际先进水平看齐，率先建立生活垃圾强制分类制度，为全国作出表率。要加强考核评价，建立健全激励机制，对做得好的地区要表扬，做得差的要批评。党政军机关以及学校、医院等公共机构要率先实施垃圾分类制度。要增强文明素质教育，把垃圾分类知识纳入国民教育体系，从幼儿园抓起，培养全社会良好习惯。要加强生活垃圾“四分类”处理的系统性设施建设。各地在编制市县空间规划中，要对垃圾焚烧厂提早布局、明确厂址，破解“邻避”困局。

——中共中央文献研究室：《习近平关于社会主义生态文明建设论述摘编》，北京：中央文献出版社，2017 年，第 93－94 页．

◆ **实践项目三：**

1. 实践项目主题　学校所在地居民市内出行方式调查。

2. 实践项目形式　进入小区或城市公共活动场所调查居民市内出行的常用方式，也可以使用网络问卷的方式辅助调查。

3. 实践项目目的　使学生了解学校所在地居民常用的市内出行方式的分布、原因及其与生态环境保护意识的关联。

4. 实践项目地点　学校所在地。

5. 理论要点衔接　生态文明建设需要加强生态文明宣传教育，增强全民节约意识、环保意识、生态意识，形成合理消费的社会风尚，营造爱护生态环境的良好风气，努力走向社会主义生态文明新时代。

6. 实践项目具体步骤

（1）综合考虑安全和成本，确定调查方案。调查要弄清楚以下几个问题：①居民市内出行常见方式（公交、自行车、电动车、自驾车、步行等）及其分布特征；②影响居民出行方式选择的核心因素（时间、成本、健康、便利度、环保意识等）；③居民是否意识到出行方式选择与生态环境保护的关系；④影响公交出行率的核心因素。

（2）组织团队，明确分工。

（3）围绕出行方式与生态环境保护之间的相互关系研读相关理论资料，明确不同出行方式对生态环境的影响程度，同时了解不同类型城市居民的出行方式选择。

（4）实施调查。通过实地问卷、访谈或网络问卷的方式，收集适量的样本资料。

（5）整理调查资料，厘清调查地居民常用出行方式的分布、动因，尤其是绿色出行方式所占的比重，并依据资料评估居民在出行问题上的环境意识，提出提高绿色出行率的合理建议，形成调查报告。

（6）总结活动，展示调查结果并提交报告。

7. 实践成绩评定　教师依据团队提交的活动方案、活动展示效果、书面报告等综合评定成绩；学生依据团队成果展示评定成绩。教师评价与学生评价的比例分配可以根据具体情况灵活处理。

8. 参考资料

坚决打好污染防治攻坚战

（2018年5月18日）

习近平

……

绿色生活方式涉及老百姓的衣食住行。要倡导简约适度、绿色低碳的生活方式，反对奢侈浪费和不合理消费。广泛开展节约型机关、绿色家庭、绿色学校、绿色社区创建活动，推广绿色出行，通过生活方式绿色革命，倒逼生产方式绿色转型。

……

——习近平：《习近平谈治国理政》（第3卷），北京：外文出版社，2020年，第367－368页．

（2）在2009年年初，奥斯陆气候和环境国际研究中心发表的研究报告指出：过去10年，全球二氧化碳排放总量增加了13%，而其中源自交通工具的碳排放增幅达到25%，交通的碳排放，成为全球变暖主要原因之一。据测算，一辆普通小轿车的排碳量需要十多亩人工林才能吸收。现在，私家车只有增加的趋势，而没有减少的动向，所以低碳交通的推行面临着非常大的压力。

……

交通运输是目前能源消耗量最大、能源消耗增长最快的行业。发达国家交通运输业能耗占全社会能源消耗的比例一般在1/4～1/3之间。2000年，我国交通运输业能源消耗量为9 721万吨标准煤，2004年上升到14 783万吨标准煤，年均增长11%，占全社会能耗总量的7.8%，预测2020年我国交通运输能耗将是现在的2倍以上，这还不包括日益增加的私人小汽车出行的能耗。

统计显示，我国各类汽车平均每百千米油耗比发达国家高20%以上，其中卡车运输的百千米油耗较国际平均水平高出近500%。如果全行业采用节能运输模式，全国公路运输行业营业性车辆汽柴油综合能耗将降低10%，可节约燃油800万吨左右。

——冀海波：《绿色出行，你应该做的50件事》，北京：化学工业出版社，2014年，第36-37页.

◆ **实践项目四：**

1. 实践项目主题 学校所在地城市生活污水处理状况调查。

2. 实践项目形式 赴环保部门、城建部门和污水处理厂调查城市生活污水处理状况。

3. 实践项目目的 使学生了解城市生活污水处理相关的管网建设、工艺流程、排放标准、实际困难等情况，增强学生的节约意识、环保意识、生态意识。

4. 实践项目地点 学校所在城市的环保部门、城建部门、污水处理厂。

5. 理论要点衔接 生态文明建设需要加强生态文明宣传教育，增强全民节约意识、环保意识、生态意识，形成合理消费的社会风尚，营造爱护生态环境的良好风气，努力走向社会主义生态文明新时代。

6. 实践项目具体步骤

（1）初步组织团队，研读资料，做到对污水收集、污水处理流程工艺、污泥处理、污水处理厂排放标准、雨污分流等相关知识有基本的了解。

（2）根据调查地实际情况，制订调查方案，明确团队分工。调查需要收集的主要资料包括：城市生活污水产量、污水收集管网设施建设情况、污水收集环节能否做到雨污分流、污水收集率、污水处理厂数量和设计处理能力、污水处理率、污泥无害化处理率、污水处理厂排放标准等。

（3）实地调查，到环保部门、城建部门了解城市生活污水处理的基本情况；到污水处理厂实地考察污水处理过程，了解工艺流程、处理和排放标准等；沿污水收集管线和排放管线实地考察污水收集和排放情况。

（4）整理调查资料，厘清城市生活污水生产、收集、处理、排放各环节的基本情况，了解实际存在的困难，给出合理化建议，形成调查报告。

（5）总结活动，展示调查结果并提交报告。

7. 实践成绩评定　教师依据团队提交的活动方案、活动展示效果、书面报告等综合评定成绩；学生依据团队成果展示评定成绩。教师评价与学生评价的比例分配可以根据具体情况灵活处理。

8. 参考资料

坚决打好污染防治攻坚战

（2018年5月18日）

习近平

……

要深入实施水污染防治行动计划，打好水源地保护、城市黑臭水体治理、渤海综合治理、长江保护修复攻坚战，保障饮用水安全，基本消灭城市黑臭水体，还给老百姓清水绿岸、鱼翔浅底的景象。在治水上有不少问题要解决，其中有一个问题非常迫切，就是要加快补齐城镇污水收集和处理设施短板。这方面欠账太多。根据中央环境保护督察提供的情况，甚至一些直辖市、沿海发达省份、经济特区都有大量污水直排。要定个硬目标，全力攻克，尽快实现污水管网全覆盖、全收集、全处理。否则，一边治，一边排，效果就会事倍功半。

……

——习近平：《习近平谈治国理政》（第3卷），北京：外文出版社，2020年，第369页．

◆ **实践项目五：**

1. 实践项目主题　地区经济发展质量评价。

2. 实践项目形式　使用相关指标，尝试评估学校所在区域一定时期内的经济发展质量。常用的相关指标有：科技进步贡献率、研发投入占国内生产总值（GDP）的比重、发明专利数量、单位GDP能耗、单位GDP主要污染物排放量、单位GDP水消耗量、亩均增加值、知识密集型服务业占GDP的比重、劳动收入占GDP的比重、城乡居民可支配收入比值等。学生可以根据活动时间、资料获取难易度等实际情况，选取若干指标进行估算，并进行同一区域的纵向对比和不同区域的横向对比。

3. 实践项目目的　使学生深入了解“发展”一词的含义，发展不简单等同于经济增长，还需要综合考量各种因素，发展是一个综合性的概念。

4. 实践项目地点　学校校园及附近区域。

5. 理论要点衔接　科学发展观，是以人为本、全面协调可持续的发展观。坚持科学发展观，必须加快转变经济发展方式，实现由注重经济增长速度向更加注重经济发展质量的转变。实施创新驱动发展战略，是转变经济发展方式的重大战略决策。合理的产业结构、空间格局和集约化的生产方式是构建资源节约型、环境友好型社会的必要条件。

6. 实践项目具体步骤

（1）初步组织团队，研读资料。学习和研究经济发展质量评估的基本知识，了解常用评估指标的原理、测算方法、所需资料和应当注意的问题。

（2）确定研究的地域和选用的评估指标。

（3）根据实际情况，制定研究方案，明确团队分工。

（4）收集资料，包括政府和统计部门发布的统计数据和统计公报、统计年鉴、相关行业的统计数据和公报、研究机构的相关数据和报告等。

（5）指标测算。

（6）对测算结果进行纵向和横向的比较，在此基础上对区域经济发展质量提出评估意见。

（7）总结活动，展示调查结果并提交报告。

7. 实践成绩评定 教师依据团队提交的活动方案、活动展示效果、书面报告等综合评定成绩；学生依据团队成果展示评定成绩。教师评价与学生评价的比例分配可以根据具体情况灵活处理。

8. 参考资料

论加快经济发展方式转变

（2010年2月3日）

胡锦涛

……

加快经济发展方式转变是提高可持续发展能力的必然要求。长期以来，我国经济总量在世界上的份额与我国资源消耗总量在世界上的份额不相适应，单位国内生产总值能耗明显高于发达国家水平和世界平均水平。在大量消耗资源的同时，污染排放问题日益加重。大量资源消耗和温室气体排放成为制约我国经济发展的主要瓶颈，也使我国发展面临很大国际压力。出现这种情况，固然与我国所处工业化、城镇化发展阶段有关，但我国经济结构和产业结构不合理特别是经济增长过于粗放则是重要原因。我国长期形成的主要依靠物质投入的传统经济发展方式与资源环境的矛盾日益突出，部分地区资源环境承载能力接近极限，外延型扩张模式难以为继。我们只有加快产业结构和能源结构调整，加强节能和提高能效工作，才能有效突破资源环境瓶颈制约，在经济和长远发展和国际竞争中占据主动和有利位置。

——胡锦涛：《胡锦涛文选》（第3卷），北京：人民出版社，2016年，第339-340页.

◆ **实践项目六：**

1. 实践项目主题 城乡公共服务水平对比调查。

2. 实践项目形式 对比调查学校所在区域的城乡公共服务水平。调查的主题主要包括基础教育、医疗卫生、社会保障、基础设施等，针对每一主题选择若干可以量化的指标进行调查。调查的方式可以有两种，一种是充分搜集各级政府部门公布的数据，二是实地走访、调查、估算。根据实际情况，可以选择一个或几个主题进行调查。

3. 实践项目目的 公共服务均等化是社会主义现代化的重要内容，也是落实科学发展观的重要支撑。通过调查，学生可以更加真切地了解我国公共服务均等化相关问题的背景、进展和问题，对科学发展观的意义有更加深入的理解。

4. 实践项目地点　学校所在地附近城区和乡村。

5. 理论要点衔接　以人为本是科学发展观的核心立场，全面协调可持续是科学发展观的基本要求，统筹兼顾是科学发展观的根本方法。要推动科学发展、促进社会和谐，必须更加自觉地运用统筹兼顾的根本方法，正确反映和兼顾不同方面的利益。

6. 实践项目具体步骤

(1) 初步组织团队，研读资料。了解城乡二元体制以及由此造成的城乡公共服务水平的差异；了解我国推进城乡一体化发展的进程；了解我国推进公共服务均等化的进展和困难；了解公共服务水平的评价指标体系和指标测算办法。

(2) 选定调查样本，制订调查方案，明确分工。

(3) 充分搜集各级政府或其他机构已公布的相关数据。

(4) 根据选定的指标进行实地走访、调查、测算。

(5) 总结调查资料，进行数据汇总、测算、比对，得出基本结论。根据调查见闻尝试解释造成调查结论的原因，并提出合理化建议。

(6) 总结活动，展示调查结果并提交报告。

7. 实践成绩评定　教师依据团队提交的活动方案、活动展示效果、书面报告等综合评定成绩；学生依据团队成果展示评定成绩。教师评价与学生评价的比例分配可以根据具体情况灵活处理。

8. 参考资料

三十年农村改革发展的成功经验

(2008年9月9日)

胡锦涛

……

统筹城乡经济社会发展，就是要充分发挥城市对农村的带动作用、农村对城市的促进作用，实现城乡经济社会发展一体化。这既是解决农业、农村、农民问题的重大举措，又是增强城市发展后劲的有效措施。我们要坚持把统筹城乡发展作为社会主义现代化建设的重大战略，把农村改革发展纳入整个国家改革发展的框架内统筹谋划，推动农村改革发展和城市改革发展相互促进，协调推进工业化、城镇化、农业现代化，推动公共资源在城乡之间均衡配置、生产要素在城乡之间自由流动，实现城乡经济社会协调发展。要坚持工业反哺农业、城市支持农村和多予少取放活方针，建立健全以工促农、以城带乡长效机制，调整国民收入分配格局，按照逐步实现城乡基本公共服务均等化要求，在经济社会发展和国家财力增强的基础上，切实把国家基础设施建设和社会事业发展的重点放在农村，不断加大对农村社会事业发展的投入，推动构建新型工农、城乡关系，加快形成城乡经济社会发展一体化的新格局。

……

——胡锦涛：《胡锦涛文选》(第3卷)，北京：人民出版社，2016年，第91页.

习近平总书记"三农"思想在浙江的形成与实践

中央农村工作领导小组办公室

……

在公共服务供给上，习近平同志针对农民公共服务需求日益增长而农村公共服务发展明显滞后的问题，强调"要加大公共财政向农村倾斜的力度，把基础设施建设和发展教科文卫体等社会事业的重点放到农村，全面改善农村的供水、供电、环保、交通、通讯、广播电视、信息网络等公共服务的基础条件，继续大力实施城乡教育均衡工程、农民健康工程、农村文化建设工程、小康健身工程，全面提高农村社会事业发展水平；建立健全多层次、普惠性的农村社保体系，不断提高农村社保水平，逐步缩小城乡公共服务的差距"（2006 年 3 月 23 日在省委建设社会主义新农村专题学习会上的讲话），在 2004 年率先建立为民办实事长效机制，每年办好 10 方面民生实事。这是对统筹城乡发展和统筹经济社会发展战略思想的生动诠释，是调整国民收入分配格局的率先探索，推动了浙江省农村公共服务的加快发展和城乡一体公共服务制度体系的加快构建。这些年来，浙江坚持把基本公共服务均等化作为统筹城乡发展的战略重点，完善城乡一体公共服务体制机制，加快城乡公共服务制度接轨、质量均衡、水平均等。2015 年底，全省基本公共服务均等化实现度为 90.7%，5 年提高 8 个百分点。2016 年，县县建成国家义务教育发展基本均衡县，国家卫生城市、卫生县城实现全覆盖，全省农村基础养老金每月 135 元，城乡基本医疗保险人均筹资标准每年 859 元，农村低保平均标准每月 631 元，68 个县（市、区）实现城乡低保同标。

……

——《人民日报》2018 年 1 月 21 日第 1 版.

三、拓展资源

（一）阅读书目

1. 胡锦涛:《胡锦涛文选》，北京：人民出版社，2016 年

《胡锦涛文选》生动记录了以胡锦涛同志为总书记的党中央团结带领全党全国各族人民在新的起点上坚持和发展中国特色社会主义的历史进程，科学总结了我们党依靠人民战胜一系列重大挑战、推动改革开放和社会主义现代化建设取得新的重大成就的宝贵经验，集中反映了我们党坚持以马克思列宁主义、毛泽东思想、邓小平理论、"三个代表"重要思想、科学发展观为指导，坚持把马克思主义基本原理同当代中国实际和时代特征相结合创造性提出的重大理论成果。

2. 中共中央宣传部:《科学发展观学习纲要》，北京：学习出版社，2013 年

《科学发展观学习纲要》比较全面、准确反映了科学发展观的基本内容，有助于读者更好地把握科学发展观这一中国特色社会主义理论体系最新成果，是学习和掌握科学发展观的权威参考资料。

3. 本书编写组：《科学发展观重要论述摘编学习辅导读本》，北京：人民日报出版社，2008 年

《科学发展观重要论述摘编学习辅导读本》收录了党的十六大以来胡锦涛同志、中央文件中关于科学发展观的重要论述，集中体现了科学发展观是对党的三代中央领导集体关于发展的重要思想的继承和发展，是马克思主义关于发展的世界观和方法论的集中体现，是同马克思列宁主义、毛泽东思想、邓小平理论和“三个代表”重要思想既一脉相承又与时俱进的科学理论，是我国经济社会发展的重要指导方针，是发展中国特色社会主义必须坚持和贯彻的重大战略思想。

4. 王伟光：《科学发展观的研究与实践》，北京：中共中央党校出版社，2004 年

《科学发展观的研究与实践》是著名马克思主义理论专家王伟光教授关于科学发展观的思考与研究成果的结集，是学习科学发展观的很好的参考资料。

（二）红色光影

1. 政论片《沧桑正道——科学发展观纵横谈》

《沧桑正道——科学发展观纵横谈》是江西电视台在中共江西省委宣传部、江西省广电局领导策划组织下拍摄的一部重点理论片，该片以高度的政治洞察力和政治敏锐性把握了时代脉搏，适时、准确、生动、形象地宣传了科学发展观，为普及宣传科学发展观作出了贡献。

2. 纪录片《大国治贫》

《大国治贫》系列微视频遴选 10 个脱贫样本，展示中国扶贫的智慧、奇迹和贡献。

3. 纪录片《将改革进行到底》

《将改革进行到底》首次对全面深化改革进行权威、全景报道，展现经济、政治、司法、文化、生态文明、国防军队建设、党的建设、民生等领域的改革成就。

4. 时政片《不忘初心　继续前进》

《不忘初心　继续前进》是由中共中央宣传部、中共中央文献研究室、中共中央党史研究室、国家发展和改革委员会、国家新闻出版广电总局、中央军委政治工作部、中央电视台联合摄制的 7 集政论专题片。该片围绕以习近平同志为核心的党中央五年来治国理政的伟大实践，展现决策理念、重要顶层设计酝酿提出的时代背景、深刻内涵和奋力推进过程，展示五年来中国经济社会全面发展的实践和成就。

5. 纪录片《法治中国》

《法治中国》全面总结展示了全面依法治国的历史性变革和辉煌成就。

6. 电影《可可西里》

《可可西里》被誉为中国最成功的生态电影，影片以写实报道的手法，借助记者的眼睛展现可可西里令人敬畏的纯净之美，直观地再现了巡山队员为保护藏羚羊，与盗猎分子浴血奋战，以生命换取人与自然和谐的感人事迹。

专题八 TOPIC 8

习近平新时代中国特色社会主义思想及其历史地位

一、理论基础

本专题内容“习近平新时代中国特色社会主义思想及其历史地位”，讲授的是马克思主义中国化的最新理论成果——习近平新时代中国特色社会主义思想，主要回答了“如何理解新时代”“如何把握新思想”“如何实现新目标”等问题。

通过本专题学习使学生从宏观上、整体上了解新时代的伟大思想，认识新时代的主要矛盾和新时代的重大意义，掌握习近平新时代中国特色社会主义思想的主要内容，把握这一思想的历史地位。

（一）知识框架

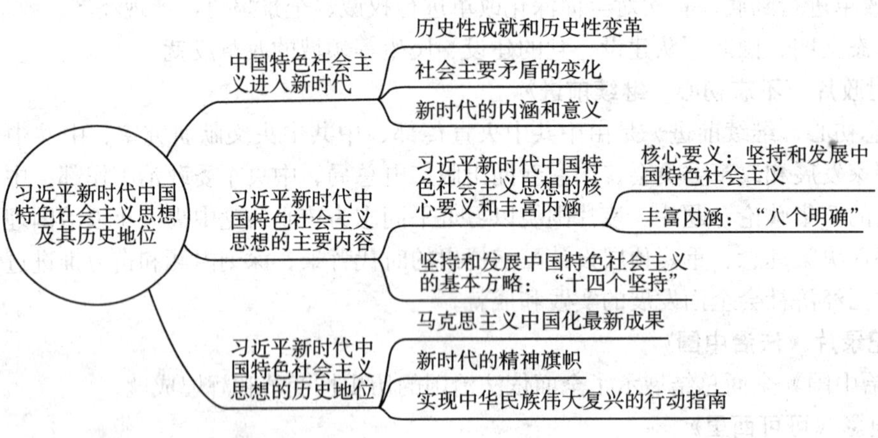

（二）理论要点

1. 社会主要矛盾的变化 主要矛盾决定事物的性质特征和发展方向，在社会发展中处于支配地位，起主导作用。抓住了主要矛盾，一切问题迎刃而解。事实已经证明，新民主主义革命就是因为抓住了“中华民族与帝国主义”“人民大众和封建主义”的主要矛盾才取得了成功，建立了新的国家；土地改革完成后，也正是因为抓住了“工人阶级和资产阶级”这一主要矛盾才完成了社会主义改造，社会主义制度才在我国确立；改革开放以来，也正是因为抓住了“人民日益增长的物质文化需要和落后的社会生产”这一主要矛盾，社会主义现代化建设才取得了辉煌成果。

主要矛盾随着实践的发展不断变化，党对社会主要矛盾的认识也会随之调整和深化。党的十八大以来，我国在经济发展、民主政治、文化软实力、人民生活、美丽中国、强军兴军、大国外交、从严治党等方面取得了开创性的历史成就，这些成就带来了社会全方位的变革。十九大对我国社会主要矛盾“人民日益增长的美好生活需要和不平衡不充分发展之间的矛盾”的科学判断，是根据实践需要和发展进行的与时俱进的理论创新。这一理论创新是党制定路线方针政策的基本依据。

在新时代社会主要矛盾中，我国经过40年的改革开放，社会生产力水平总体上显著提高，“落后的社会生产”已发生了新的阶段性变化。在这一变化中，人民生活水平显著提高，不仅对物质生活水平这些客观“硬需要”提出了更高要求，而且对民主、法治、公平、正义及生活的获得感、幸福感等“软需要”也提出了更高要求。进入新时代，需要对人民所期盼的更高质量的生活、更满意的工作、更可靠的社会保障、更丰富的文化生活等“硬需要”持续满足。更为重要的是通过深化改革、依法治国、从严治党等战略的实施，在解决社会深层次的问题中、在推进社会民主法治的过程中不断满足人民的“软需要”。

发展不平衡不充分是影响人民对美好生活需要的主要根源。发展不平衡，主要指各区域各领域各方面发展不平衡，包括区域、领域、收入分配、供需的不平衡。区域发展不平衡主要表现为东中西部发展不平衡、城乡发展不平衡等；领域发展不平衡主要表现为产业发展不平衡，政治、文化、社会、生态建设与经济建设的不平衡等；收入分配不平衡主要表现为地区收入、城乡收入、行业收入等方面的不平衡；供需不平衡指供给和需求之间的结构性失衡，主要表现为人民多样化多层次的需求与单一化重复化的供给之间的失衡，还有传统产业的过剩供给、新兴产业的旺盛需求，低端供给过剩、高端供给不足等。发展不充分指一些地区、领域、方面等存在发展不足的问题。比如农村发展还不充分，农业生产效率还很低，土地的生产再生产的能力还未有效提升，农民的生产积极性还未充分释放等；再如，我国已是制造大国，但还不是制造强国，还需要通过科学发展、技术革新、深化改革等向创造、智造等升级。

社会主要矛盾的内涵外延虽然发生了变化，但我国生产力的整体发展水平与社会主义现代化还有一定距离，商品经济还不发达，市场经济的活力还未充分展现出来，科技创新能力还不强，社会创新治理体制还不强，现代化的国家治理体系和治理能力还未建立等等，这些都表明我国并未超越社会主义初级阶段，因而我国仍处于并将长期处于社会主义初级阶段的基本国情没有变；经过40年的改革开放，我国社会生产力虽有了较大提升，经济总量已跃居世界第二，成为世界经济发展的主要贡献者，但与发达国家相比，在创新能力、现代化管理、公共服务、产业多样化高层次化发展等方面还存在相当大的差距，这些表明我国作为世界上最大的发展中国家的国际地位没有变。

2. 新时代的内涵 在党的十九大上，习近平总书记宣布：“经过长期努力，中国特色社会主义进入了新时代，这是我国发展新的历史方位。”[①] 党中央对当前所处的历史方位作出

① 习近平：《决胜全面建成小康社会 夺取新时代特色社会主义伟大胜利——在中国共产党第十九次全国代表大会上的报告（2017年10月18日）》. 北京：人民出版社，2017年，第10页．

的重大战略判断，是基于改革开放以来尤其是十八大以来历史变革的必然结果，是基于历史变革基础上的社会主要矛盾运动的必然结果，是基于实现现代化强国的必然要求。

社会主要矛盾的变化是新时代新的历史方位判断的重要基础。在新时代，以“创新、协调、绿色、开放、共享”的新发展理念，在促进社会全面进步、满足人的美好生活的需求中实现人的全面发展。让人民充分体会到在社会主义国家的生活的满足感、获得感。

这个新时代，不是别的什么新时代，是中国特色社会主义新时代。这是个承前启后、继往开来，奋力实现中华民族伟大复兴中国梦的时代。习近平强调“现在，我们比历史上任何时期都更接近中华民族伟大复兴的目标，比历史上任何时期都更有信心、有能力实现这个目标”①。但是，离目标越近，矛盾问题越是可能集中爆发。从国家建设来看，我国历经站起来到富起来的伟大飞跃，现阶段正处于强起来的关键时期。当前，妨碍经济及社会全面建设的各种体制机制依然存在，发展的不平衡性不充分性问题凸显，一些损害人民利益、破坏民族团结、妨碍国家主权利益的威胁依旧存在。能否防范风险、化解矛盾，直接关系到国家富强、民族复兴、人民幸福目标的实现。从党的建设来看，党的事业正处于发展关键期。但由于党执政环境的复杂性，各种新老问题交织，使党的建设事业面临诸多挑战，能否解决好问题直接关系到国家和民族的发展。

中国特色社会主义进入新时代，在中华民族发展史上、世界社会主义发展史上，尤其是人类社会发展史上具有重大的意义。我国的中国特色社会主义道路，是马克思主义基本原理与中国实际结合的产物，是基于我国国情进行的探索实践。此道路探索取得的辉煌成就为其他国家尤其是发展中社会主义国家开拓现代化建设之路提供了丰富经验；进入新时代，随着我党对社会主义建设规律、人类社会发展规律的认识进一步深化，社会主义道路、理论及制度建设不断发展，拓展了发展中国家走向现代化的建设途径，给希望保持独立的国家和民族提供全新的选择，为解决人类问题提供了中国智慧和方案。

3. 习近平新时代中国特色社会主义思想的核心要义 习近平总书记在庆祝改革开放40周年大会上指出：“40年的实践充分证明，改革开放是党和人民大踏步赶上时代的重要法宝，是坚持和发展中国特色社会主义的必由之路，是决定当代中国命运的关键一招，也是决定实现‘两个一百年’奋斗目标、实现中华民族伟大复兴的关键一招。”坚持和发展中国特色社会主义，是改革开放以来我们党全部理论和实践探索的主题。党的十八大以来，我们党的全部理论和实践探索也都是围绕这一主题展开并深化发展的。这一主题就是习近平新时代中国特色社会主义思想的核心要义。

坚持和发展中国特色社会主义是中国化的马克思主义研究的永恒主题。以毛泽东为代表的共产党人，在社会主义改造完成后，“以苏为鉴”，开启了社会主义建设之路的探索，今天的人民代表大会制度、政党制度及民族区域制度等都是在这个时候奠定的；以邓小平为代表的共产党人，开启了“走自己的路，建设有中国特色社会主义”之路的探索，在逐渐认识社会主义建设规律的过程中，回答了“什么是社会主义，怎样建设社会主义”这一首要的基本的理论问题；以江泽民为代表的共产党人，在探索共产党执政规律的过程中，主要回答了“建设什么样的党，怎样建设党”的问题；以胡锦涛为代表的共产党

① 习近平：《习近平谈治国理政》. 北京：外文出版社，2014年，第37页 .

人，在探索社会发展规律的过程中，主要回答了“什么是发展，怎样实现科学发展”的问题。党的十八大以来，以习近平为代表的共产党人，以毛泽东思想、邓小平理论、“三个代表”重要思想、科学发展观为指导，采用马克思主义的世界观和方法论，不断深化认识共产党执政规律、社会主义建设规律及人类社会发展规律，在继承前人的基础上不断创新，回答了“坚持和发展什么样的中国特色社会主义，怎样坚持和发展中国特色社会主义”这一时代问题。

在改革开放中坚持和发展中国特色社会主义。改革开放40年的辉煌事实说明没有改革开放就没有中国特色社会主义的形成和发展。中国特色社会主义的坚持和发展需要在全面深化改革开放中推进。改革开放是党领导人民进行的伟大实践，目的是进行社会主义的自我调整、自我发展和自我完善。这一伟大实践最大的历史功绩就是在坚持社会主义基本制度的基础上，成功开辟了一条独具中国特色的社会主义道路，逐步确立了中国特色社会主义制度的整体框架。进入新时代，在国际国内形势发生深刻变化的背景下，中国特色社会主义的坚持和发展需要继续深化改革、扩大开放。

二、实践指南

（一）实践目的与要求

社会实践是理论联系实际的关键环节，根本目的在于提升学生运用理论解决实际问题的能力。通过本专题的实践，加深学生对习近平新时代中国特色社会主义思想的理解，自觉贯彻执行党中央的方针政策，自觉抵制国内外各种错误思潮的干扰，紧紧团结在以习近平同志为核心的党中央周围，为中国特色社会主义现代化建设积极贡献力量。

（二）实践项目设计

◆ **实践项目：**

1. 实践主题　十八大以来我国建设辉煌成果展。

党的十八大以来，在以习近平为核心的党中央集体领导下，我国经济、政治、文化、社会、生态、人民生活、国防军队、港澳台工作、大国外交、全面从严治党等各项事业均取得了全方位、开创性的历史性成果。主要表现在经济总量稳居世界第二位、中国特色社会主义法治体系日益完善、文化走出去的步伐加快、创新性的社会管理体制及方式正在创建、人民生活不断改善、绿色发展理念逐渐融入生产生活、强军梦正在实现、港澳持续繁荣稳定、台海和平稳定、构建人类命运共同体逐渐成为国际共识、全面从严治党成效显著、反腐败斗争形成了压倒性态势等。

2. 实践项目形式　手抄报比赛。

学生以组为单位，选择党的十八大以来我国某一领域或方面的建设成果，通过设计、绘制手抄报来展现和表达。

3. 实践项目目的　通过亲手设计、绘制手抄报，学生既可以锻炼查阅资料、总结资料、独立思考、创新性表达等能力，又可以在这一过程中深深体会建设成果的来之不易，更加珍惜今天的学习和生活。通过这一方式，各组把建设成果真实客观地传递给班级同学，让更多学生感悟坚持和发展中国特色社会主义的重要性。

4. 实践项目时间与地点 学生设计、绘制手抄报在课下自由完成；手抄报比赛在课上完成。

5. 理论要点衔接 在党的十九大报告中，习近平总书记总结了十八大以来五年的历史性成果。这五年国际经济复苏乏力，世界并不太平，我国经济发展又呈现新常态，但我国依然在各领域各方面取得了历史性成就，所以，这五年是党和国家发展进程中极不平凡的五年。

五年来的成就是全方位的，五年来的变革是深层次的，五年来党中央提出了一系列新举措、出台了一系列新方针、解决了一系列新难题，推进了社会的历史性变革。

五年来的历史性成就，带来了中国社会的变革。我国进入了新时代，这一时代是十八大以来我国社会取得的历史性成就、发生的历史性变革的必然结果。

6. 实践项目具体步骤

（1）划分小组。以班为单位，每5人一组，选组长1名，组长统领手抄报任务，如有问题及时与任课教师沟通。

（2）设计手抄报。各组学生在查阅资料的基础上，确定手抄报要表达的主题，并把主题思想及设计思路与任课教师进行汇报沟通，在获得任课教师肯定的前提下着手下一环节。

（3）绘制手抄报。各组学生在组长的统一协调下，发挥自身特长，为本组手抄报的完成尽最大努力。

（4）呈交手抄报。各组把绘制好的手抄报交给任课教师，任课教师按照制定的统一标准进行评判。

（5）课堂解读手抄报。选择课内实践的某一时间，任课教师组织各组解读手抄报，各组选派1名代表进行解读。在各组解读后，由其余几组对手抄报进行点评打分。

7. 实践成绩评定

手抄报评分表

评价项目	分值	得分
选题新颖、符合主题、有创意、选材典型、表达正确	50	
设计合理、布局美观、表达流畅、给人美感	20	
手抄报解读人表达流畅、有理有据	20	
手抄报解读人总结的实践活动收获深刻	10	
总分	100	

8. 参考资料

伟大的变革　庆祝改革开放40周年大型展览

这次大型展览由中共中央宣传部等主办，展出地点在国家博物馆一层大厅，展出时间从2018年11月13日持续到2019年3月20日。

展览主要展现了：中国共产党创立后，中国发生了翻天覆地的变化。以毛泽东为代表的共产党人，带领中国人民经过浴血奋战，中国人民终于站起来了；以邓小平为代表的共产党人，带领中国人民经过改革开放的伟大实践，中国人民终于富起来了；以江泽民为代表的共产党人、以胡锦涛为代表的共产党人团结带领全国各族人民，使中国人民在富裕的道路上继续向前；十八大以来，以习近平为代表的共产党人坚持以人民为中心，坚持和发展中国特色社会主义，迎来了中华民族复兴的伟大前景。

习近平总书记强调："总结好改革开放经验和启示，不仅是对40年艰辛探索和实践的最好庆祝，而且能为新时代推进中国特色社会主义伟大事业提供强大动力。"

——http://www.chnmuseum.cn/Portals/0/web/zt/20181113ggkf40/.

"砥砺奋进的五年"　大型成就展

这次大型展览由中共中央宣传部等主办，展出地点在北京展览馆，展出时间从2017年9月25日持续到2017年12月31日。

党的十八大以来，以习近平同志为核心的党中央团结带领全党全国各族人民取得了历史性的辉煌成就。展出首先展现的是十八大以来，党中央推出的一系列重大举措、重大方针、重大部署及取得的重大成果。另外还展现了在经济新常态下，践行新发展理念取得的现代化成就；坚持中国特色社会主义的政治制度，不断推进国家治理现代化取得的重大突破；坚持发展先进文化，坚定文化自信取得的辉煌成就；坚持在发展中不断改善民生，发展成果惠及人民的重大成果；坚持绿色发展理念，美丽中国建设迈出了重大步伐；坚持兴军强军，中国军队建设迈出了坚实步伐；坚持"一国两制"，不断丰富其理论和实践，祖国和平统一奋力推进；坚持独立自主的和平外交政策，积极推进人类命运共同体；坚持全面从严治党，管党治党进入新境界等成果。

展览通过线上线下方式展开，人民群众积极参与其中，有到现场参观的，有通过网上展馆参观的。通过参观，人民群众直观真实地感受了我国五年的变化。

——http://dlfj5.cctv.com/tour.html.

三、拓展资源

（一）阅读书目

1. 习近平：《决胜全面建成小康社会　夺取新时代中国特色社会主义伟大胜利——在中国共产党第十九次全国代表大会上的报告（2017年10月18日）》，北京：人民出版社，2017年

党的十九大报告是对十八大以来五年的总结和对未来的展望。十八大以来以习近平同志为核心的党中央的思想不断成熟，十九大报告就是对成熟的习近平新时代中国特色社会主义思想最好的阐释。

报告共分13部分：过去五年的工作和历史性变革；新时代中国共产党的历史使命；新时代中国特色社会主义思想和基本方略；决胜全面建成小康社会，开启全面建设社会主义现代化国家新征程；贯彻新发展理念，建设现代化经济体系；健全人民当家作主制度体系，发展社会主义民主政治；坚定文化自信，推动社会主义文化繁荣兴盛；提高保障和改善民生水平，加强和创新社会治理；加快生态文明体制改革，建设美丽中国；坚持走中国特色强军之路，全面推进国防和军队现代化；坚持“一国两制”，推进祖国统一；坚持和平发展道路，推进构建人类命运共同体；坚定不移全面从严治党，不断提高党的执政能力和领导水平。

2. 中共中央宣传部：《习近平新时代中国特色社会主义思想三十讲》，北京：学习出版社，2018 年

本书分专题对习近平新时代中国特色社会主义思想进行了深入分析，是广大干部群众深刻理解和准确把握习近平新时代中国特色社会主义思想丰富内涵的专业性著作。

本书分 30 讲，详尽阐释了：习近平新时代中国特色社会主义思想是当代中国马克思主义，是党和国家必须长期坚持的指导思想；中国特色社会主义是党和人民历尽千辛万苦的宝贵成果，新时代必须一以贯之的坚持和发展；中华民族伟大复兴是几代中国人的夙愿，中国共产党应义无反顾地带领全国各族人民通过伟大斗争、建设伟大工程、推进伟大事业来实现伟大梦想；充分认识十八大以来历史性成就取得的根本原因，正确理解新时代的丰富内涵和重大意义，深刻认识我国社会主要矛盾变化的主要依据和实践要求；中国特色社会主义最本质特征是中国共产党的领导，根本立场是以人民为中心；建设现代化国家需要以新发展理念为指导，将改革开放进行到底，加快全面依法治国，加强全面从严治党，实现我国经济高质量发展，保证人民当家作主，推动文化大发展大繁荣尤其是加强意识形态建设，打造共建共享的社会治理格局并在发展中保障和改善民生，协调人与自然关系建设美丽中国。还阐释了总体国家安全观、国防军队建设、祖国和平统一进程的推进、“一带一路”人类命运共同体构建等。最后阐释了掌握马克思主义思想方法和工作方式的途径，用这些方法途径深化对习近平新时代中国特色社会主义思想的认识，并坚持用习近平新时代中国特色社会主义思想武装全党。

3. 人民日报理论部：《深刻把握习近平新时代中国特色社会主义思想的精髓》，北京：人民日报出版社，2019 年

十九大后《人民日报》开设“深入学习贯彻新时代中国特色社会主义思想”专栏，刊发了省部级以上领导干部和专家学者深入学习贯彻新时代中国特色社会主义思想的重要理论文章。人民日报理论部对专栏文章进行分类编选后汇集成册，是广大党员干部群众深入学习理解习近平新时代中国特色社会主义思想重要的参考资料。

本书与《习近平新时代中国特色社会主义思想三十讲》前后承接，以习近平新时代中国特色社会主义思想的精髓就是为人民谋幸福、为民族谋复兴、为世界作贡献为主线，主要阐述了如何深刻领会新时代中国特色社会主义思想的核心要义和创新观点，如何为人民谋幸福等内容。

（二）红色光影

时政片《不忘初心　继续前进》

该片由中共中央宣传部、中共中央文献研究室、中共中央党史研究室、国家发展和改革委员会、国家新闻出版广电总局、中央军委政治工作部、中央电视台联合摄制，全景展现了十八大以来党中央在治国理政新理念新思想新战略指引下进行社会全方位建设的生动实践，充分展现了以习近平同志为核心的党中央不忘初心、砥砺奋进的壮阔征程。

该片共7集，包括《举旗定向》《人民至上》《攻坚克难》《凝心铸魂》《强军路上》《合作共赢》《永立潮头》。旗帜是什么？是方向、是力量，是中国共产党带领全国各族人民近百年来为了争取民族独立、人民解放和实现国家富强、人民富裕的初心。新时代下，不忘初心，才能坚定走中国特色社会主义道路，才能不断满足人民群众对美好生活的向往，才能推进新型国际关系的建立，促进世界的和平与发展。

专题九 TOPIC 9

坚持和发展中国特色社会主义的总任务

一、理论基础

2012年11月29日，习近平率中央政治局常委和中央书记处的同志来到国家博物馆，参观《复兴之路》展览，首次提出中国梦。此后，他又在国内外很多重要场合，对中国梦进行了深刻阐述。中华民族伟大复兴的中国梦一经提出，就产生了强大的号召力和感染力。中国梦成为中国走向未来的鲜明指引，成为激励中华儿女团结奋进、开辟未来的一面精神旗帜。今日中国，前所未有地接近民族复兴伟大梦想的实现。在新征程上，按照什么样的时间表、路线图，进一步追梦圆梦，实现关键一跃，这是中国特色社会主义总任务所需要回答的问题。

（一）知识框架

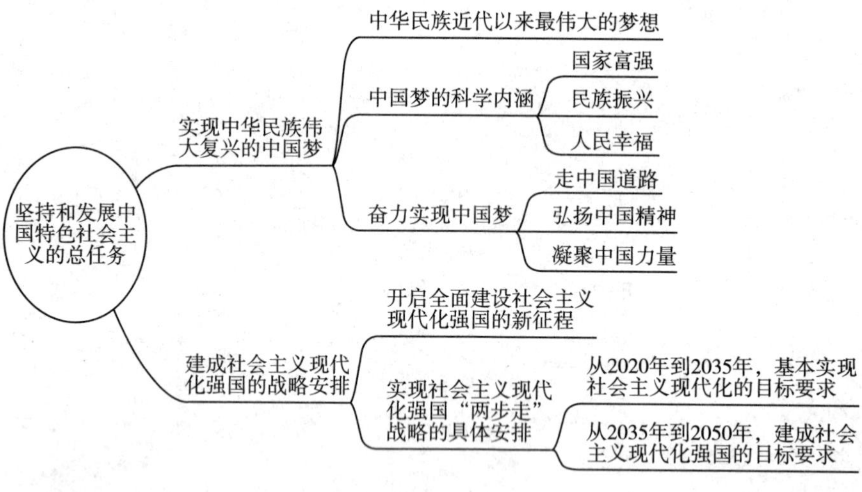

（二）理论要点

1. 中华民族伟大复兴的历史进程　坚持和发展中国特色社会主义的总任务，是实现社会主义现代化和中华民族伟大复兴，在全面建成小康社会的基础上，分两步走在本世纪中叶建成富强民主文明和谐美丽的社会主义现代化强国。中国梦是中华民族伟大复兴的形象表达。

中华民族的昨天，“雄关漫道真如铁”；中华民族的今天，“人间正道是沧桑”；中华民族的明天，“长风破浪会有时”。这三句诗将中华民族的昨天、今天和明天，熔铸于百余年中国波澜壮阔、沧桑巨变的历史图景，镌刻于几代人为民族复兴奋斗的艰辛历程，发人深省、催人奋进。中国梦，反映了近代以来一代又一代中国人的美好夙愿，进一步揭示了中华民族的历史命运和当代中国的发展走向，指明了全党全国各族人民共同的奋斗目标。这一重要战略思想，是以习近平同志为核心的党中央对全体人民的庄严承诺，是党和国家面向未来的政治宣言，充分体现了我们党高度的历史担当和使命追求，为坚持和发展中国特色社会主义注入了崭新内涵。

2. 中国梦的科学内涵　中国梦的本质是国家富强、民族振兴、人民幸福。国家富强，是指我国综合国力进一步增强，中国特色社会主义事业进一步发展和完善。经济更加发达，科技创新在经济发展中的驱动力更加强劲，政治更加民主，文化更加繁荣，社会更加和谐，生态更加美好。民族振兴，就是通过自身的不断发展与强大，继承并创造中华民族的优秀文化以及先进的文明成果，进而使中华民族再次处于世界领先的地位，再次以高昂的姿态屹立于世界民族之林。民族振兴，也会更好地造福世界人民，共创世界美好的未来。人民幸福，就是人民权利保障更加充分、人人得享共同发展，生活在伟大祖国和伟大时代的中国人民，共同享有人生出彩的机会，共同享有梦想成真的机会，共同享有同祖国和时代一起成长与进步的机会。国家富强、民族振兴是人民幸福的基础和保障，人民幸福是国家富强、民族振兴的题中之义和必然要求，是国家富强、民族振兴的根本出发点和落脚点。

中国梦把国家的追求、民族的向往、人民的期盼融为一体，体现了中华民族和中国人民的整体利益，表达了每一个中华儿女的共同愿景，具有广泛的包容性。中国梦是国家情怀、民族情怀、人民情怀相统一的梦。中国梦的最大特点，就是把国家、民族和个人作为一个命运共同体，把国家利益、民族利益和个人的具体利益紧紧联系在一起，体现了中华民族的“家国天下”情怀。中国梦归根到底是人民的梦。人民是中国梦的主体，是中国梦的创造者和享有者。中国梦是国家的梦、民族的梦，也是每一个中国人的梦。中国梦与世界各国人民的美好梦想相通。

3. 奋力实现中国梦　实现中国梦必须走中国道路，这就是中国特色社会主义道路。只有中国特色社会主义道路才能发展中国、稳定中国，这是一条通往复兴梦想的康庄大道、人间正道。要增强对中国特色社会主义的道路自信、理论自信、制度自信、文化自信，坚定不移沿着正确的中国道路奋勇前进。

实现中国梦必须弘扬中国精神，这就是以爱国主义为核心的民族精神和以改革创新为核心的时代精神。实现中国梦，要求我们不仅在物质上强大起来，而且在精神上强大起来。爱国主义是中华民族的精神基因，维系着华夏大地上各个民族的团结统一，激励着一代又一代中华儿女为祖国发展繁荣而不懈奋斗；改革创新体现了中华民族最深沉的民族禀赋，反映了当代中国发展进步的要求，始终是鞭策我们在改革开放中与时俱进的精神力量。

实现中国梦必须凝聚中国力量，这就是全国各族人民大团结的力量。我国 56 个民族都是中华民族大家庭的平等一员，共同构成了你中有我、我中有你、谁也离不开谁的中华民族命运共同体。各族人民大团结的力量，是克服各种困难、战胜风险挑战的决定性因素。只要我们紧密团结，万众一心，为实现共同梦想而奋斗，实现梦想的力量就无比强大，我们每个人为实现自己梦想的努力就拥有广阔的空间。

实现中华民族伟大复兴是海内外中华儿女的共同梦想。只要海内外中华儿女紧密团结起来，有力出力，有智出智，团结一心奋斗，就一定能够共同书写中华民族发展的时代华章。实干才能梦想成真。空谈误国，实干兴邦。要在全社会大力弘扬真抓实干、埋头苦干的良好风尚，出实策、鼓实劲、办实事，不图虚名，不务虚功。实现中国梦任重而道远，需要锲而不舍、驰而不息的艰苦努力。实现中国梦需要和平，只有和平才能实现梦想。我们将坚定不移走和平发展道路，既努力争取和平的国际环境发展自己，又以自身的发展促进世界和平。随着国力不断增强，中国将进一步发挥负责任大国的作用，在力所能及的范围内承担更多国际责任和义务，为人类和平与发展的崇高事业作出更大贡献。

4. 决胜全面建成小康社会，开启全面建设社会主义现代化的新征程

（1）从2020年到2035年，基本实现社会主义现代化。在经济建设方面，我国经济实力、科技实力将大幅跃升，跻身创新型国家前列。在政治建设方面，人民平等参与、平等发展权利得到充分保障，法治国家、法治政府、法治社会基本建成，各方面制度更加完善，国家治理体系和治理能力现代化基本实现。在文化建设方面，社会文明程度达到新的高度，国家文化软实力显著增强，中华文化影响更加广泛深入。在民生和社会建设方面，人民生活更为宽裕，中等收入群体比例明显提高，城乡区域发展差距和居民生活水平差距显著缩小，基本公共服务均等化基本实现，全体人民共同富裕迈出坚实步伐。在生态文明建设方面，生态环境根本好转，美丽中国目标基本实现。

（2）从2035年到2050年，建成社会主义现代化强国。在这一阶段，我们将在基本实现现代化的基础上全面提升我国社会主义物质文明、政治文明、精神文明、社会文明、生态文明，建成富强民主文明和谐美丽的社会主义现代化强国。这一阶段的目标要求是：一是我国将拥有高度的物质文明，社会生产力水平大幅提高，核心竞争力名列世界前茅，经济总量和市场规模超越其他国家，建成富强的社会主义现代化强国。二是我国将拥有高度的政治文明，形成又有集中又有民主、又有纪律又有自由、又有统一意志又有个人心情舒畅生动活泼的政治局面，依法治国和以德治国有机结合，建成民主的社会主义现代化强国。三是我国将拥有高度的精神文明，践行社会主义核心价值观成为全社会自觉行动，国民素质显著提高，中国精神、中国价值、中国力量成为中国发展的重要影响力和推动力，建成文明的社会主义现代化强国。四是我国将拥有高度的社会文明，城乡居民将普遍拥有较高的收入、富裕的生活、健全的基本公共服务，享有更加幸福安康的生活，全体人民共同富裕基本实现，公平正义普遍彰显，社会充满活力而又规范有序，建成和谐的社会主义现代化强国。五是我国将拥有高度的生态文明，天蓝、地绿、水清的优美生态环境成为普遍常态，开创人与自然和谐共生新境界，建成美丽的社会主义现代化强国。

二、实践指南

（一）实践目的与要求

实践教学是提高教学实效、增强学生思政课获得感、并进一步深化理论教学的重要环节。通过开展形式多样的实践教学，让学生深刻理解中国梦的科学内涵，自觉投身于中华民族伟大复兴中国梦的光辉事业中。同时，帮助学生了解我国实现社会主义现代化强国的战略安排，明确基本实现社会主义现代化和建成社会主义现代化强国的目标要求，将学生个人成长成才与国家前途命运紧密结合起来，为实现梦想努力学习、热情奋斗，将美丽憧憬转化为现实生活的前进力量。

为达到实践目的和实现良好的实践效果，任课教师要提前安排，统筹谋划，根据学生的实际情况选择适宜的实践项目，并做好以下几项工作：一是做好沟通协调工作，确保满足实践教学开展需要的各项条件。二是精心组织，做好预案，随时应对实践教学过程中出现的各种问题。三是做好教学反思和经验总结工作，不断完善实践教学方案，为下次活动更好地开展提供借鉴。参与实践的学生应按照教师的要求认真准备、积极参与，有疑问随时与指导教师沟通，在实践活动中深化理论认识，努力做到知行合一。

（二）实践项目设计

◆ **实践项目一：**

1. 实践项目主题　“中国梦·我的梦”主题演讲。

2. 实践项目形式　演讲。

3. 实践项目目的　通过举办主题演讲活动，促使学生进一步理解中国梦的科学内涵，进一步思考中国梦与每一个中国人未来发展的紧密联系，在实现中华民族伟大复兴的道路上勤奋学习，争做德智体美劳全面发展的社会主义建设者和接班人。

4. 实践项目地点　教室。

5. 理论要点衔接　中国梦是国家的梦、民族的梦，也是每一个中国人的梦。“宏大叙事”的国家梦，也是“具体而微”的个人梦。历史告诉我们，每个人的前途命运都与国家和民族的前途命运紧密相连。国家好，民族好，大家才会好。中国这么大一个国家，就像是在大海中航行的一艘超级巨轮，在这艘巨轮上，我们每个人都是“梦之队”的一员，都是中国梦的参与者、书写者，都应当同舟共济、齐心协力、奋勇前行。当今时代是放飞梦想的时代，每个人都有自己的美好梦想。中国梦的广阔舞台，为个人梦想提供了蓬勃生长的空间；每个人向着梦想的不断努力，又都是实现伟大中国梦的一份力量。

6. 实践项目具体步骤

（1）全面学习领会习近平总书记关于中国梦的系列重要讲话精神，深入理解中国梦提出的伟大意义和科学内涵。

（2）认真准备演讲稿，既要有国家梦、民族梦的深入思考，也要结合个人梦展开论述。

（3）课堂上按照教师要求在规定时间内完成演讲。

（4）演讲结束后由任课教师或指导教师进行点评和总结。

（5）实践活动总结：演讲活动结束以后，认真进行总结，撰写实践报告和心得体会。

7. 实践成绩评定　根据学生的知识掌握、演讲稿撰写、演讲表现和上交的心得体会等情况，综合评定实践教学环节成绩。

8. 参考资料

在同各界优秀青年代表座谈时的讲话

（2013 年 5 月 4 日）

习近平

……

人的一生只有一次青春。现在，青春是用来奋斗的；将来，青春是用来回忆的。人生之路，有坦途也有陡坡，有平川也有险滩，有直道也有弯路。青年面临的选择很多，关键是要以正确的世界观、人生观、价值观来指导自己的选择。无数人生成功的事实表明，青年时代，选择吃苦也就选择了收获，选择奉献也就选择了高尚。青年时期多经历一点摔打、挫折、考验，有利于走好一生的路。要历练宠辱不惊的心理素质，坚定百折不挠的进取意志，保持乐观向上的精神状态，变挫折为动力，用从挫折中吸取的教训启迪人生，使人生获得升华和超越。总之，只有进行了激情奋斗的青春，只有进行了顽强拼搏的青春，只有为人民作出了奉献的青春，才会留下充实、温暖、持久、无悔的青春回忆。

青年朋友们，我坚信，在党的领导下，只要全国各族人民紧密团结，脚踏实地、开拓进取，到本世纪中叶，我们必将建成富强民主文明和谐的社会主义现代化国家，我国广大青年必将同全国各族人民一道共同见证、共同享有中国梦的实现！

——中国政府网，http://www.gov.cn/ldhd/2013-05/05/content_2395892.htm.

在会见第一届全国文明家庭代表时的讲话

（2016 年 12 月 12 日）

习近平

……

家庭是社会的细胞。家庭和睦则社会安定，家庭幸福则社会祥和，家庭文明则社会文明。历史和现实告诉我们，家庭的前途命运同国家和民族的前途命运紧密相连。我们要认识到，千家万户都好，国家才能好，民族才能好。国家富强，民族复兴，人民幸福，不是抽象的，最终要体现在千千万万个家庭都幸福美满上，体现在亿万人民生活不断改善上。同时，我们还要认识到，国家好，民族好，家庭才能好。当前，全党全国各族人民正在实现“两个一百年”奋斗目标、实现中华民族伟大复兴中国梦的新长征路上砥砺前行。只有实现中华民族伟大复兴的中国梦，家庭梦才能梦想成真。中国人历来讲求精忠报国，革命战争年代母亲教儿打东洋、妻子送郎上战场，社会主义建设时期先大家后小家、为大家舍小家，都体现着向上的家庭追求，体现着高尚的家国情怀。广大家庭都要把爱家和爱国统一起来，把实现家庭梦融入民族梦之中，心往一处想，劲往一处使，用我们 4 亿多家庭、13 亿多人民的智慧和热情汇聚起实现“两个一百年”奋斗目标、实现中华民族伟大复兴中国梦的磅礴力量。

……

——新华网，http://www.xinhuanet.com/politics/2016-12/15/c_1120127183.htm.

决胜全面建成小康社会　夺取新时代中国特色社会主义伟大胜利

（2017 年 10 月 18 日）

习近平

……

青年强则国家强。青年一代有理想、有本领、有担当，国家就有前途，民族就有希望。中国梦是历史的、现实的，也是未来的；是我们这一代的，更是青年一代的。中华民族伟大复兴的中国梦终将在一代代青年的接力奋斗中变为现实。全党要关心和爱护青年，为他们实现人生出彩搭建舞台。广大青年要坚定理想信念，志存高远，脚踏实地，勇做时代的弄潮儿，在实现中国梦的生动实践中放飞青春梦想，在为人民利益的不懈奋斗中书写人生华章！

大道之行，天下为公。站立在九百六十多万平方公里的广袤土地上，吸吮着五千多年中华民族漫长奋斗积累的文化养分，拥有十三亿多中国人民聚合的磅礴之力，我们走中国特色社会主义道路，具有无比广阔的时代舞台，具有无比深厚的历史底蕴，具有无比强大的前进定力。全党全国各族人民要紧密团结在党中央周围，高举中国特色社会主义伟大旗帜，锐意进取，埋头苦干，为实现推进现代化建设、完成祖国统一、维护世界和平与促进共同发展三大历史任务，为决胜全面建成小康社会、夺取新时代中国特色社会主义伟大胜利、实现中华民族伟大复兴的中国梦、实现人民对美好生活的向往继续奋斗！

——习近平：《在中国共产党第十九次全国代表大会上的报告》，北京：人民出版社，2017 年，第 70 页 .

◆ **实践项目二：**

1. 实践项目主题　“中国现代化历程”主题读书分享会。

2. 实践项目形式　文献阅读与汇报。

3. 实践项目目的　通过文献查找、阅读、梳理、概括和读书分享活动，学生可以对我国现代化的历程和发展战略有更为清晰的认识，帮助学生深刻理解社会主义发展的计划性和社会主义制度的优越性。

4. 实践项目地点　教室。

5. 理论要点衔接　新中国成立以后，为了实现“四个现代化”的战略目标，三届全国人大一次会议提出了“两步走”的发展战略。改革开放之后，我们党对我国社会主义现代化建设作出战略安排，提出“三步走”战略目标。1997 年党的十五大把“三步走”战略的第三步进一步具体化，提出了三个阶段性目标。2002 年党的十六大提出了全面建设小康社会的奋斗目标，党的十七大、十八大对全面建成小康社会提出了新的要求，作出了新的部署。综合分析国际国内形势和我国发展条件，习近平在党的十九大报告中提出，我们要全面建成小康社会、实现第一个百年奋斗目标，然后再乘势而上开启全面建设社会主义现代化国家新征程，向第二个百年奋斗目标进军。党在不同历史时期的发展战略，把我国社会主义现代化建设的目标具体化为切实可行的步骤，为实现现代化明确了发展方向，展现了美好的发展前景，成为全国人民为共同理想而努力奋斗的行动纲领，充分体现了社会主义制度的优越性。

6. 实践项目具体步骤

（1）搜集、整理、汇总新中国成立以来中央领导人关于社会主义发展战略的重要讲话；党的十三个五年计划（规划）纲要、草案、报告；党的历次全国代表大会政治报告；历年政府工作报告。

（2）分时期梳理我国社会主义的发展战略、目标、任务及实现情况。

（3）课堂进行阅读分享与展示活动。

（4）任课教师进行点评，其他同学补充发言并开展讨论。

（5）活动总结：分享活动结束以后，认真进行资料和知识总结。

7. 实践成绩评定 根据学生的资料搜集、文献阅读、知识掌握、活动表现和上交的心得体会等情况，综合评定实践教学环节成绩。

8. 参考资料

决胜全面建成小康社会　夺取新时代中国特色社会主义伟大胜利

（2017年10月18日）

习近平

……

改革开放之后，我们党对我国社会主义现代化建设作出战略安排，提出“三步走”战略目标。解决人民温饱问题、人民生活总体上达到小康水平这两个目标已提前实现。在这个基础上，我们党提出，到建党一百年时建成经济更加发展、民主更加健全、科教更加进步、文化更加繁荣、社会更加和谐、人民生活更加殷实的小康社会，然后再奋斗三十年，到新中国成立一百年时，基本实现现代化，把我国建成社会主义现代化国家。

从现在到二〇二〇年，是全面建成小康社会决胜期。要按照十六大、十七大、十八大提出的全面建成小康社会各项要求，紧扣我国社会主要矛盾变化，统筹推进经济建设、政治建设、文化建设、社会建设、生态文明建设，坚定实施科教兴国战略、人才强国战略、创新驱动发展战略、乡村振兴战略、区域协调发展战略、可持续发展战略、军民融合发展战略，突出抓重点、补短板、强弱项，特别是要坚决打好防范化解重大风险、精准脱贫、污染防治的攻坚战，使全面建成小康社会得到人民认可、经得起历史检验。

从十九大到二十大，是“两个一百年”奋斗目标的历史交汇期。我们既要全面建成小康社会、实现第一个百年奋斗目标，又要乘势而上开启全面建设社会主义现代化国家新征程，向第二个百年奋斗目标进军。

综合分析国际国内形势和我国发展条件，从二〇二〇年到本世纪中叶可以分两个阶段来安排。

第一个阶段，从二〇二〇年到二〇三五年，在全面建成小康社会的基础上，再奋斗十五年，基本实现社会主义现代化。到那时，我国经济实力、科技实力将大幅跃升，跻身创新型国家前列；人民平等参与、平等发展权利得到充分保障，法治国家、法治政府、法治社会基本建成，各方面制度更加完善，国家治理体系和治理能力现代化基本实现；社会文明程度达到新的高度，国家文化软实力显著增强，中华文化影响更加广泛深入；人民生活更为宽裕，中等收入群体比例明显提高，城乡区域发展差距和居民生活水平差距显著缩小，基本公共服务均等化基本实现，全体人民共同富裕迈出坚实步伐；现代社会治理格局基本形成，社会充满活力又和谐有序；生态环境根本好转，美丽中国目标基本实现。

第二个阶段，从二〇三五年到本世纪中叶，在基本实现现代化的基础上，再奋斗十五年，把我国建成富强民主文明和谐美丽的社会主义现代化强国。到那时，我国物质文明、政治文明、精神文明、社会文明、生态文明将全面提升，实现国家治理体系和治理能力现代化，成为综合国力和国际影响力领先的国家，全体人民共同富裕基本实现，我国人民将享有更加幸福安康的生活，中华民族将以更加昂扬的姿态屹立于世界民族之林。

……

——习近平：《在中国共产党第十九次全国代表大会上的报告》，北京：人民出版社，2017 年，第 27－29 页 .

◆ 实践项目三：

1. 实践项目主题　“中国道路·中国精神·中国力量”主题讨论。

2. 实践项目形式　分组讨论。

3. 实践项目目的　通过主题讨论，促使学生深入理解中国道路、中国精神、中国力量的科学内涵和丰富内容，自觉地把课堂理论学习结合实际进行思考，提高认识，坚定中国特色社会主义的道路自信、理论自信、制度自信和文化自信。

4. 实践项目地点　教室。

5. 理论要点衔接　实现中国梦必须走中国道路，这就是中国特色社会主义道路。实现中国梦必须弘扬中国精神，这就是以爱国主义为核心的民族精神和以改革创新为核心的时代精神。实现中国梦必须凝聚中国力量，这就是全国各族人民大团结的力量。这三个方面为我们党团结带领人民继续把中国特色社会主义事业推向前进，为实现中华民族伟大复兴的中国梦而努力奋斗指明了方向。

6. 实践项目具体步骤

（1）课前认真查阅有关中国道路、中国精神和中国力量的权威资料，搜集相关典型案例。

（2）课堂上以小组为单位进行分组讨论，形成核心共识。

（3）小组派出代表将本组的核心观点和相关案例进行全班分享。

（4）任课教师及其他同学进行提问和补充发言。

（5）小组讨论结束以后由教师进行总结点评。

7. 实践成绩评定　根据学生的资料搜集、文献阅读、知识掌握、活动表现等情况，综合评定实践教学环节成绩。

8. 参考资料

高扬凝心聚力的中国精神——二论同心共筑中国梦

人民日报评论员

……

人总是需要一点精神的，一个国家和民族更是这样。没有人的精神的有力支撑，就没有全民族精神力量的充分发挥，一个国家一个民族就不可能屹立于世界民族之林。物质贫乏不是社会主义，精神空虚也不是社会主义。实现中国梦，要求我们不仅在物质上强大起来，也要在精神上强大起来。

中华文明源远流长，中国精神生生不息，成为照耀我们民族奋勇前进的不灭灯塔。今天，中国进入社会转型期、改革攻坚期，精神力量的作用也愈加凸显。面对纷繁复杂的观念世界，如何在多元中立主导，在多样中谋共识？面对艰巨繁重的改革发展任务，如何以更大智慧与勇气啃硬骨头、涉险滩？离梦想越近，就越需要不断增强团结一心的精神纽带，越需要持续激发自强不息的精神动力。

爱国主义始终是把中华民族坚强团结在一起的精神力量。不管是民族危亡关头的同仇敌忾，还是众志成城抵御重大灾害，凝聚在爱国主义旗帜下，个人命运才会与民族命运紧密相连，滴水之微才能汇聚成无坚不摧的磅礴力量。家是最小国，国是最大家，中国梦的本质内涵就是国家富强、民族振兴、人民幸福。在实现中国梦的征程中，大力弘扬爱国主义精神，就能最大限度凝聚共识，团结一切可以团结的力量，汇聚每个人的梦想成就伟大的中国梦，形成推动社会发展进步的强大正能量。

改革创新始终是激励我们在时代发展中与时俱进的精神力量。30 多年来，从农村改革的兴起，到深圳等特区的创立，从社会主义市场经济体制的发展，到中国特色社会主义多项事业的开拓，改革创新精神激荡神州，造就了历史的巨变，成就了今天的中国。改革没有完成时，站在新起点上的中国，无论是冲破思想观念障碍，还是打破利益固化藩篱，无论是破解发展难题，还是释放改革红利，都需要继续发扬改革创新精神，逢山开路、遇水搭桥，迈过沟沟坎坎、越过发展陷阱，才能赢得更加光明的前景。

……

——中国共产党新闻网，http://theory.people.com.cn/n/2013/0320/c49150-20846829.html.

为实现中国梦凝聚中国力量

广东省中国特色社会主义理论体系研究中心

……

凝聚中国力量，就是凝聚全国各族人民团结奋斗的力量，就是使 13 亿中国人心往一处想、劲往一处使，汇聚起不可战胜的磅礴力量。

中国力量是个体力量与整体力量的有机结合。中国力量的基础是 13 亿中国人每个个体的力量。中国梦是民族复兴之梦，也是在复兴过程中每个个体自我实现之梦。因此，凝聚中国力量，应激发每个个体积极向上的力量，让每个人都享有人生出彩的机会，享有梦想成真的机会，享有同祖国和时代一起成长与进步的机会。同时，中国梦是 13 亿中国人的共同理想信念，中国力量是来自中国特色社会主义事业各个领域、各条战线、各行各业的共同力量。广大工人、农民、知识分子以及新的社会阶层人士等，都是推动我国经济社会发展的主体。凝聚中国力量，必须把全体中国人的力量汇聚成一个整体。

中国力量是国内各族人民大团结与全体中华儿女大团结的有机结合。实现中华民族伟大复兴的中国梦，首先要依靠国内力量，即国内各族人民在理想、目标、利益一致基础上所聚合起来的强大而深厚的力量，同时也需要凝聚全体中华儿女的力量。长期以来，港澳台同胞和海外中华儿女凭着对中华民族的深厚感情，积极支持、参与中华民族伟大复兴事业，作出了积极贡献。今天，实现中华民族伟大复兴这一神圣而艰巨的历史使命，仍然需要发挥港澳台同胞和海外中华儿女的作用，实现海内外全体中华儿女的大团结。

中国力量是硬实力与软实力的有机结合。硬实力是指看得见、摸得着的物质力量，包括基本资源（如土地、人口、自然资源等）、军事力量、经济力量和科技力量等；软实力指的是精神力量，包括政治力、文化力、外交力等，是国家制度、文化和理念等的影响力、吸引力、竞争力。实现中国梦既需要坚强的硬实力作后盾，也需要深厚的软实力作支撑，两者紧密联系、相辅相成。凝聚中国力量，必须把两者有机结合起来，在增强我国硬实力的同时，不断提升我国软实力。

中国力量是传统力量与现实力量的有机结合。实现中国梦，既是一个历史命题，更是一个时代命题。同样，凝聚中国力量，既要倚重传统力量，更要倚重现实力量。在五千年的文明史中，中华民族不仅创造了灿烂的物质文明，也创造了辉煌的精神文明，培育了自强不息的民族精神，这些传统力量是中国力量的重要组成部分。同时，我们在改革开放新时期所形成的以改革创新为核心的时代精神，以及在探索中国特色社会主义实践中所积累的宝贵经验和物质基础，是实现中国梦的现实力量。实现中国梦，必须在继承中创新、在创新中发展，在凝聚传统力量与现实力量中不断前行。

……

——人民网，http://theory.people.com.cn/n/2013/0712/c40531-22170793.html.

三、拓展资源

（一）阅读书目

1. 中共中央文献研究室：《习近平关于实现中华民族伟大复兴的中国梦论述摘编》，北京：中央文献出版社，2013 年

本书内容摘自习近平总书记 2012 年 11 月 15 日至 2013 年 11 月 2 日期间的讲话、演讲、谈话、书信、批示等 50 多篇重要文献，共计 146 段论述，从 8 个方面对中国梦进行了阐释：实现中华民族伟大复兴的中国梦；中国梦归根到底是人民的梦；实现中国梦必须走中国道路；实现中国梦必须弘扬中国精神；实现中国梦必须凝聚中国力量；共圆中华民族伟大复兴的中国梦；中国梦是和平、发展、合作、共赢的梦；实干才能梦想成真。习近平总书记提出的中国梦，既为实现中华民族伟大复兴明确了奋斗目标，也反映了中国人民包括海外同胞、全世界华人的共同心声、共同愿景、共同意志。

2. 王英梅：《“中国梦”学习读本》，北京：国家行政学院出版社，2013 年

本书以习近平总书记关于中国梦的论述为基础，采用史论结合的方式，以朴实的文风阐述了 6 个部分的内容：即百年追梦与民族自强；中华民族最伟大的“中国梦”；中国特色社会主义的艰辛探索；道路决定命运，发展才能自强；用实干托起“中国梦”；有梦想就有希望，有信心才有力量。

3. 许海清：《习近平总书记中国梦思想学习读本》，北京：中共中央党校出版社，2014 年

本书除对习近平总书记关于中国梦重要论述进行详细解读外，还论述了中国梦与全面深化改革的关系，即“实现中国梦的过程，就是全面深化改革的过程。实现中国梦与推进改革开放是一个问题的两面，改革开放的成功就是中国梦的实现”。同时也论述了中国梦与加强党的建设的关系，即“在复杂多变的国际形势和艰巨繁重的国内改革发展任务面前，进行具有许多新的历史特点的伟大斗争，进而实现中国梦，必须切实加强党的建设，改善党的领导，确保党在发展中国特色社会主义历史进程中始终成为坚强领导核心”。

4. 中共中央宣传部理论局：《奋力谱写共筑中国梦的新篇章：学习习近平总书记一系列重要讲话文章选》，北京：学习出版社，2013 年

本书是中共中央宣传部理论局将中央主要报刊上刊发的一批重点阐释文章汇编而成，分别从中国特色社会主义理论体系研究、军队建设、法治国家建设、外交理论和实践创新、地方工作实践等方面对中国梦进行详细阐述，并指出：中国梦为推动中国各个方面的发展注入了新内涵，增添了新动力。

5. 任仲文：《深入学习习近平同志关于实现中华民族伟大复兴的中国梦重要论述：人民日报重要文章选》，北京：人民日报出版社，2014 年

本书汇集了中央部委、地方负责同志及理论研究部门、专家学者对中国梦的研究成果。这些文章围绕习近平总书记关于中国梦的 8 个方面论述分别进行阐述，指出中国梦的提出体现了我们党对中华民族近现代发展历史逻辑的科学把握，彰显了中国共产党在民族复兴道路上所取得的丰功伟绩，抒发了为人民谋福利、为民族图富强的壮志豪情，体现了中国共产党人的共产主义理想与中国特色社会主义共同理想的高度统一。

6.《在实现中国梦征途上昂扬奋进——以习近平同志为总书记的党中央十八大以来治国理政纪实》，北京：人民出版社，2014 年

本书详细论述了以下几个方面内容：“实现中华民族伟大复兴的中国梦，是中国各族人民的共同愿景”“把握好稳中求进的工作总基调，立足全局，突出重点，扎扎实实开好局”“必须保持强烈的进取意识，打好全面深化改革这场攻坚战”“坚持开放的发展、合作的发展、共赢的发展，扩大同各方利益汇合点，推动建设持久和平、共同繁荣的和谐世界”“把人民对我们党的‘考试’、把我们党正在经受和将要经受各种考验的‘考试’考好，努力交出优异的答卷”及“人民对美好生活的向往，就是我们的奋斗目标”，从而体现了以习近平同志为核心的党中央正带领全体人民在实现中国梦征途上昂扬奋进。

（二）红色光影

1. 纪录片《筑梦路上》

为庆祝中国共产党成立 95 周年，中央宣传部、中央文献研究室、中央党史研究室等部门联合摄制了 32 集文献纪录片《筑梦路上》。该片紧紧围绕近代以来实现中华民族伟大复兴中国梦这一主题，以 95 年来中国共产党领导人民大众进行的革命、建设、改革的伟大历程为叙事线索，撷取党史上数十件大事，充分反映了中国共产党为中华民族和中国人民立下的丰功伟绩。

2. 纪录片《百年潮・中国梦》

该片是由学习出版社、中央电视台联合拍摄的大型纪录片。《百年潮・中国梦》共分 5

集：《百年追梦》《中国道路》《中国精神》《中国力量》《筑梦天下》。本片多维度诠释了中国梦的历史成因和时代内涵，是全面、生动解读中国梦的精品力作。它告诉人们：中国梦连接着过去与现在、历史与未来，连接着国家与个人、中国与世界，传导出13亿中国人民为实现中华民族伟大复兴而勃发的正能量。

3. 微纪录片《中国梦365个故事》

本片由中共北京市委宣传部策划推出，北京电视台等单位制作，是国内唯一一部每集3分钟、以365集为单元、集中表现中国人梦想故事的大型系列微纪录片。本片定位于“人文生态的真实记录、普通百姓的心灵之光”，每集通过3分钟的人物故事，以原生态的纪实形态，全景式、多层面、多角度地展示发生在老百姓身边丰富多彩的美好人物和故事，对中国梦的价值理念进行来自民间的、具有生命活力和感染力的新鲜阐释，成为核心价值观通俗化、形象化传播的生动实践。

4. 纪录片《辉煌中国》

本片是由中共中央宣传部、中央电视台联合制作的6集电视纪录片，2017年9月在中央电视台综合频道晚间黄金时间播出。该片以创新、协调、绿色、开放、共享的新发展理念为脉络，全面反映党的十八大以来中国经济社会发展取得的巨大成就。

专题十 TOPIC 10

“五位一体”总体布局之建设现代化经济体系

一、理论基础

本专题主要讲述我国“五位一体”总体布局中的“建设现代化经济体系”，党的十八届五中全会坚持以人民为中心的发展思想，鲜明提出了创新、协调、绿色、开放、共享的新发展理念。创新是引领发展的第一动力，协调是持续健康发展的内在要求，绿色是永续发展的必要条件，开放是国家繁荣发展的必由之路，共享是中国特色社会主义的本质要求。贯彻新发展理念、建设现代化经济体系必须坚持供给侧结构性改革。建设现代化经济体系，还需要扎实管用的举措。

（一）知识框架

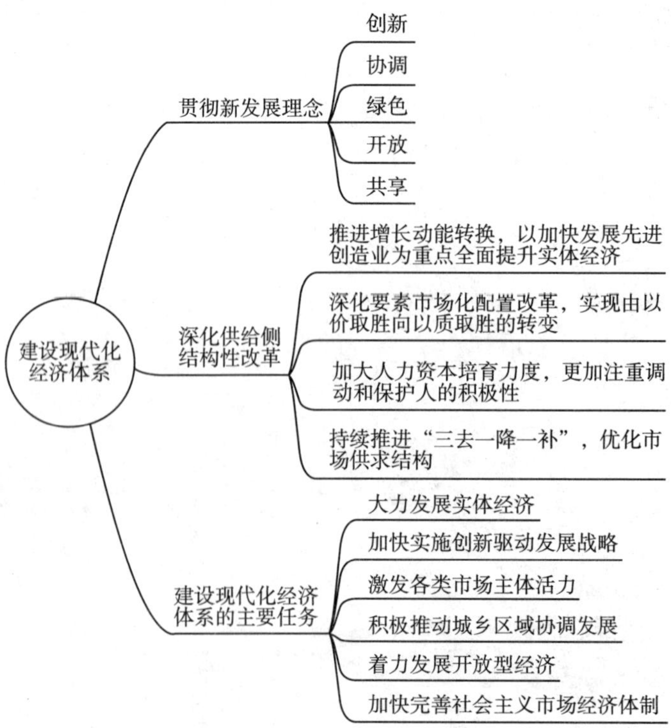

（二）理论要点

1. 贯彻新发展理念

（1）新发展理念的提出。党的十八届五中全会坚持以人民为中心的发展思想，鲜明提出了创新、协调、绿色、开放、共享的新发展理念。新发展理念是习近平新时代中国特色社会主义经济思想的主要内容。

（2）新发展理念的科学内涵。创新是引领发展的第一动力。创新注重的是解决发展动力问题，也是国家综合国力和核心竞争力的最关键因素。协调是持续健康发展的内在要求。协调注重的是解决发展不平衡问题。绿色是永续发展的必要条件。绿色注重的是解决人与自然和谐问题。开放是国家繁荣发展的必由之路。开放注重的是解决发展内外联动问题。共享是中国特色社会主义的本质要求。共享注重的是解决社会公平正义问题。共享发展理念的内涵主要有 4 个方面：全民共享、全面共享、共建共享、渐进共享。

（3）新发展理念的内在联系。创新、协调、绿色、开放、共享的新发展理念，相互贯通、相互促进，是具有内在联系的集合体。

2. 深化供给侧结构性改革 党的十九大报告把深化供给侧结构性改革摆在贯彻新发展理念、建设现代化经济体系这一重要部署的第一位，提出必须坚持质量第一、效益优先，以供给侧结构性改革为主线，推动经济发展质量变革、效率变革、动力变革，提高全要素生产率。

深化供给侧结构性改革的主要任务包括以下几个方面：

（1）推进增长动能转换，以加快发展先进制造业为重点全面提升实体经济。推进中国制造向中国创造转变，中国速度向中国质量转变，制造大国向制造强国转变，推动产业优化升级。

（2）深化要素市场化配置改革，实现由以价取胜向以质取胜的转变。

（3）加大人力资本培育力度，更加注重调动和保护人的积极性。

（4）持续推进“三去一降一补”，优化市场供求结构。坚持去产能、去库存、去杠杆、降成本、补短板，优化存量资源配置，扩大优质增量供给。

3. 建设现代化经济体系的主要任务

（1）现代化经济体系的科学内涵包括以下几个方面：

第一，建设现代化经济体系，必须坚持质量第一、效益优先，推动经济发展质量变革、效率变革、动力变革，提高全要素生产率。

第二，要建设创新引领、协同发展的产业体系。

第三，要建设统一开放、竞争有序的市场体系。

第四，要建设体现效率、促进公平的收入分配体系。

第五，要建设彰显优势、协调联动的城乡区域发展体系。

第六，要建设资源节约、环境友好的绿色发展体系。

第七，要建设多元平衡、安全高效的全面开放体系。

第八，要建设充分发挥市场作用、更好发挥政府作用的经济体制。

（2）建设现代化经济体系的主要任务要突出抓好以下几个方面工作：

第一，大力发展实体经济。实体经济是一国经济的立身之本，是财富制造的根本源泉，是国家强盛的重要支柱，是现代化经济体系的坚实基础。

第二，加快实施创新驱动发展战略。深入实施科教兴国战略、人才强国战略、创新驱动发展战略，努力实现到2035年跻身创新型国家前列的目标。

第三，激发各类市场主体活力。

第四，积极推动城乡区域协调发展。按照产业兴旺、生态宜居、乡风文明、治理有效、生活富裕的总要求，建立健全城乡融合发展体制机制和政策体系，加快推进农业农村现代化。

第五，着力发展开放型经济。提高现代化经济体系的国际竞争力，更好利用全球资源和市场，继续积极推进“一带一路”框架下的国际交流合作。

第六，加快完善社会主义市场经济体制。构建市场经济有效、微观主体有活力、宏观调控有度的经济体制。

二、实践指南

（一）实践目的与要求

通过实践活动，引导学生理论联系实际，加深对所学理论知识的理解，切实运用所学理论知识来分析和思考社会问题；提高学生关注社会实际的热情和能力，使学生了解国情、民情，并在社会实践活动中了解改革开放以来我国在中国特色社会主义经济建设方面的巨大变化和所取得的伟大成就，培养学生服务社会、服务人民的意识，增强社会责任感；提高学生的思想政治素质、观察分析社会问题的能力及解决问题的能力，培育学生阳光健康心态，树立坚定为中华民族伟大复兴努力奋斗的信念。要求学生在实践过程中切实做到安全第一，态度认真，注重实践效果，保证实践报告质量。

（二）实践项目设计

◆ **实践项目一：**

1. 实践项目主题 乡村振兴之“互联网＋农产品”——帮助农民运用互联网平台脱贫致富。

乡村振兴之“互联网＋农产品”社会实践活动旨在引导学生深入到农村一线进行社会实践，深入了解农业、农村、农民的实际状况，针对农民售卖农产品过程中遇到的问题，运用互联网手段，建立网上销售平台帮助农民脱贫致富。

2. 实践项目形式 实地调研、实地辅导。

3. 实践项目目的 通过本次社会实践活动，增强学生对农业、农村、农民状况的了解，使学生深入理解我国按照产业兴旺、生态宜居、乡风文明、治理有效、生活富裕的总要求，建立健全城乡融合发展体制机制和政策体系，加快推进农业农村现代化的路径，增强学生的使命感和提高解决问题的能力。

4. 实践项目时间与地点 暑期社会实践。

5. 理论要点衔接 协调是持续健康发展的内在要求，协调发展就是要找出短板，在补齐短板上多用力，通过补齐短板挖掘发展潜力、增强发展后劲。坚持协调发展，要着力推动区域协调发展、城乡协调发展、物质文明和精神文明协调发展，推动经济建设和国防建设融合发展。科学制定乡村振兴战略规划，建立健全城乡融合发展体制机制和政策体系，加快推进农业农村现代化，深化农业供给侧结构性改革。

6. 实践项目具体步骤

（1）社会实践活动分组。指导教师说明社会实践的目的和意义，对参与的学生进行分组，兼顾男女学生比例，各组选出组长，并进行内部分工。组长安排整体的活动开展计划，保证活动按计划有序进行。每组组长向指导教师汇报日常实践活动情况，沟通活动中存在的问题与困难并及时解决。

（2）前期社会调查。前往××县××村进行实地调查走访工作，与××村委会做好前期相关工作的对接商定，深入了解该村的生产经营状况和农产品的销售状况及所面临的问题，以此作为依据制定相关社会实践活动计划方案。

（3）开展实地调查。深入农户家中，详细了解农业、农村、农民问题，尤其是了解农产品的销售状况及面临的问题，对所有农产品销售的情况进行登记汇总，系统分析农产品的生产销售问题。参加社会实践的学生做好活动开展的拍摄记录工作和宣传报道工作，营造良好的活动氛围，树立优秀的团队形象，及时汇报工作进展。

（4）开展培训。对农民进行“互联网＋”技术培训，通过视频案例讲解宣传互联网销售平台，让农民接受网络销售方式。与每一位农民进行沟通，了解其实际需求状况，制定详细的帮扶计划。

（5）联系物流公司。与物流公司提前洽谈，共同商定运输合作方案，为产品的运输环节打好基础。

（6）做出成果。帮助××村农民在淘宝、天猫、微信、微博等网上销售平台开设店铺，为实现产销一体化打基础。

（7）后期跟踪。社会实践活动开展之后持续跟踪农民通过“互联网＋”销售农产品的状况，了解活动是否真正的解决了农民销售农产品所面临的实际问题，关注农产品的具体销售状况以及农民的生活改善状况。

（8）总结社会实践活动。对社会实践活动进行总结，主要总结自己对农业、农村、农民问题的了解；总结“互联网＋农产品”销售的特色；总结自身努力的方向并形成社会实践报告。

7. 实践成绩评定 根据学生活动表现、资料收集和上交实践报告的情况，综合评定实践教学环节成绩。

8. 参考资料

中共中央国务院关于实施乡村振兴战略的意见（节选）

……

实施农产品加工业提升行动，鼓励企业兼并重组，淘汰落后产能，支持主产区农产品就地加工转化增值。重点解决农产品销售中的突出问题，加强农产品产后分级、包装、营销，建设现代化农产品冷链仓储物流体系，打造农产品销售公共服务平台，支持供销、邮政及各类企业把服务网点延伸到乡村，健全农产品产销稳定衔接机制，大力建设具有广泛性的促进农村电子商务发展的基础设施，鼓励支持各类市场主体创新发展基于互联网的新型农业产业模式，深入实施电子商务进农村综合示范，加快推进农村流通现代化。

……

——《中共中央国务院关于实施乡村振兴战略的意见》，北京：人民出版社，2018年，第11页.

◆ **实践项目二：**

1. 实践项目主题 乡村振兴之“美丽乡村随手拍”。

党的十九大报告提出，实施乡村振兴战略。要坚持农业农村优先发展，按照产业兴旺、生态宜居、乡风文明、治理有效、生活富裕的总要求，建立健全城乡融合发展体制机制和政策体系，加快推进农业农村现代化。2018年中央1号文件又指出：乡村振兴，生态宜居是关键。要实现乡村振兴，就一定要把农村的优势资源挖掘并发挥出来，只有把农村的生态资源保护好，才会将其变成金山银山。

2. 实践项目形式 实地调研、实地辅导。

3. 实践项目目的 通过本次社会实践活动，引导学生深刻理解我国实施乡村振兴战略的重大意义，增强学生对农业、农村、农民状况的了解，使学生深入理解我国按照产业兴旺、生态宜居、乡风文明、治理有效、生活富裕的总要求，建立健全城乡融合发展体制机制和政策体系给农村带来的变化，树立“绿水青山就是金山银山”的理念。

4. 实践项目时间与地点 暑期社会实践。

5. 理论要点衔接 协调是持续健康发展的内在要求，协调发展就是要找出短板，在补齐短板上多用力，通过补齐短板挖掘发展潜力、增强发展后劲。坚持协调发展，要着力推动区域协调发展、城乡协调发展、物质文明和精神文明协调发展，推动经济建设和国防建设融合发展。科学制定乡村振兴战略规划，建立健全城乡融合发展体制机制和政策体系，加快推进农业农村现代化，深化农业供给侧结构性改革。

6. 实践项目具体步骤

（1）社会实践活动分组。指导教师说明社会实践的目的和意义，对参与的学生进行分组，兼顾男女比例，各组选出组长，并进行内部分工。组长安排整体的活动开展计划，保证活动按计划有序进行。每组组长向指导教师汇报工作情况，及时沟通活动中存在的问题与困难并及时解决。

（2）前期社会调查。前往××县农业农村局咨询美丽乡村建设的情况，并从中选择适合进行调查走访的乡村。与××村委会做好前期相关工作的对接商定。

（3）开展实地调查。前往××村进行实地调查走访工作，深入了解该村在乡村振兴战略中的情况，以此作为依据制定相关社会实践活动计划方案。深入农户家中，详细了解农业、农村、农民问题，尤其是了解美丽乡村建设过程中遇到的问题及农民对美丽乡村建设的建议。

（4）开展拍摄。针对美丽乡村建设中的亮点及需要改进地方进行拍摄。

（5）交流讨论。学生就自己的拍摄内容交流乡村振兴的成就及相关建议。

（6）做出成果。在前期交流的基础上，将本组中的拍摄作品进行筛选汇总，展示本次“美丽乡村随手拍”活动的成果。

（7）总结社会实践活动。对社会实践活动进行总结，主要总结自己对农业、农村、农民问题的了解；总结我国实施乡村振兴战略以来在生态宜居建设中的成就及建设性意见并形成社会实践报告。

7. 实践成绩评定 根据学生活动表现、资料收集和上交社会实践报告的情况，综合评定实践教学环节成绩。

8. 参考资料

中共中央国务院关于实施乡村振兴战略的意见（节选）

……

（四）增加农业生态产品和服务供给。正确处理开发与保护的关系，运用现代科技和管理手段，将乡村生态优势转化为发展生态经济的优势，提供更多更好的绿色生态产品和服务，促进生态和经济良性循环。加快发展森林草原旅游、河湖湿地观光、冰雪海上运动、野生动物驯养观赏等产业，积极开发观光农业、游憩休闲、健康养生、生态教育等服务。创建一批特色生态旅游示范村镇和精品线路，打造绿色生态环保的乡村生态旅游产业链。

——《中共中央国务院关于实施乡村振兴战略的意见》，北京：人民出版社，2018 年，第 16 页.

◆ **实践项目三：**

1. 实践项目主题 走访“时代工匠”。

2. 实践项目形式 实地调研。

3. 实践项目目的 通过本次社会实践活动，引导学生深刻理解学习贯彻习近平总书记关于现代化经济体系的重要论述，理解为什么坚定不移把发展作为党执政兴国的第一要务，坚持解放和发展社会生产力，坚持社会主义市场经济改革方向。理解为什么大力发展实体经济是建设现代化经济体系的重要内容。

4. 实践项目时间与地点 暑期社会实践。

5. 理论要点衔接 深化供给侧结构性改革，要加大人力资本培育力度，更加注重调动和保护人的积极性。人是生产力中最活跃的因素。高素质的企业家、工匠和劳模是推动供给侧结构性改革、振兴实体经济发展的重要力量。要建设知识型、技能型、创新型劳动者大军。要弘扬劳模精神和工匠精神，营造劳动光荣的社会风尚和精益求精的敬业风气。

6. 实践项目具体步骤

（1）社会实践活动分组。指导教师说明社会实践的目的和意义，对参与的学生进行分组，兼顾男女比例，各组选出组长，并进行内部分工。组长安排整体的活动开展计划，保证活动按计划有序进行。每组组长向指导教师汇报工作情况，及时沟通活动中存在的问题与困难并及时解决。

（2）前期社会调查。前往××县经信局咨询企业生产经营情况，前往××县工会咨询富有工匠精神的典型代表，并从中选择适合进行调查走访的企业和工人代表。与××企业做好前期相关工作的对接商定，并联系好采访的优秀工匠代表。

(3) 开展实地调查。前往××企业进行实地调查走访工作，深入了解该企业在建设现代化经济体系中的生产经营的情况。深入企业车间，详细了解企业生产经营情况，与工匠代表进行交流，了解我国发展实体经济中劳动者的奉献精神。

(4) 开展实践课。请“时代工匠”围绕奉献精神现场给学生讲一堂课。

(5) 交流讨论。学生针对学习交流情况开展讨论，讨论实体经济发展中存在问题和我国实体经济的优势及“时代工匠”的奉献精神。

(6) 做出成果。在前期交流的基础上，撰写本次调查的心得，展示调查成果。

(7) 总结社会实践活动。对社会实践活动进行总结，主要总结自己从微观方面对中国经济发展的认识，总结我国发展实体经济在建设现代化经济体系中的作用，总结劳动者在发展实体经济中的奉献精神。

7. 实践成绩评定 根据学生活动表现、资料收集和上交心得体会的情况，综合评定实践教学环节成绩。

8. 参考资料

决胜全面建成小康社会

夺取新时代中国特色社会主义伟大胜利（节选）

（2017 年 10 月 18 日）

习近平

……

深化供给侧结构性改革。建设现代化经济体系，必须把发展经济的着力点放在实体经济上，把提高供给体系质量作为主攻方向，显著增强我国经济质量优势。加快建设制造强国，加快发展先进制造业，推动互联网、大数据、人工智能和实体经济深度融合，在中高端消费、创新引领、绿色低碳、共享经济、现代供应链、人力资本服务等领域培育新增长点、形成新动能。……建设知识型、技能型、创新型劳动者大军，弘扬劳模精神和工匠精神，营造劳动光荣的社会风尚和精益求精的敬业风气。

——习近平：《在中国共产党第十九次全国代表大会上的报告》，北京：人民出版社，2017 年，第 30 - 31 页．

◆ **实践项目四：**

1. 实践项目主题 “贯彻新发展理念”主题演讲比赛。

我国经济已由高速增长阶段转向高质量发展阶段，正处在转变发展方式、优化经济结构、转换增长动力的攻关期，目前阶段，我们要贯彻“创新、协调、绿色、开放、共享”的新发展理念，建设现代化经济体系。坚定不移把发展作为党执政兴国的第一要务，坚持解放和发展社会生产力，坚持社会主义市场经济改革方向，推动经济持续健康发展。

2. 实践项目形式 演讲赛。

3. 实践项目目的 通过本次实践活动，引导学生深刻认识发展是解决我国一切问题的基础和关键，发展必须是科学发展，必须坚定不移贯彻创新、协调、绿色、开放、共享的发展理念，把新发展理念贯穿我国发展全过程。

4. 实践项目地点 校园内。

5. 理论要点衔接 党的十八届五中全会坚持以人民为中心的发展思想，鲜明提出了创新、协调、绿色、开放、共享的新发展理念。创新是引领发展的第一动力；协调是持续健康发展的内在要求；绿色是永续发展的必要条件；开放是国家繁荣发展的必由之路；共享是中国特色社会主义的本质要求。创新、协调、绿色、开放、共享的新发展理念，相互贯通、相互促进，是具有内在联系的集合体。

6. 实践项目具体步骤

（1）演讲比赛分组。指导教师说明本次演讲比赛的目的和意义，对参与的学生进行分组，各组选出组长，并进行内部分工。组长安排整体的活动开展计划，保证活动按计划有序进行。每组组长向指导教师汇报工作情况，以及时沟通活动中存在的问题与困难并及时解决。

（2）前期调查及材料准备。前往学校周边或者通过互联网调查我国贯彻落实创新、协调、绿色、开放、共享的发展理念的情况，以及贯彻新发展理念给我国带来的新的变化。将调查的素材进行汇总整理。

（3）小组内部演讲。小组内部围绕创新、协调、绿色、开放、共享的发展理念进行演讲，并选出代表本组参加演讲比赛的学生。被选出的学生进行第二次演讲，小组学生对演讲者进行点评，并提出完善的意见。

（4）开展演讲比赛。各小组推选出的学生围绕创新、协调、绿色、开放、共享的发展理念进行演讲，演讲结束后指导教师进行点评。

（5）交流讨论。学生围绕创新、协调、绿色、开放、共享的发展理念开展讨论，讨论我国在贯彻落实新的发展理念后各方面的变化。

（6）做出成果。将学生的演讲视频和演讲稿及学生交流发言进行收集整理，并汇编成册，形成本次贯彻落实新发展理念演讲比赛的成果。

（7）总结社会实践活动。对社会实践活动进行总结，主要总结我国贯彻落实新发展理念的原因及贯彻落实新发展理念给我国带来的巨大变化。

7. 实践成绩评定 根据学生演讲的表现、资料收集情况，综合评定实践教学环节成绩。

8. 参考资料

决胜全面建成小康社会 夺取新时代中国特色社会主义伟大胜利

（2017 年 10 月 18 日）

习近平

……

我国经济已由高速增长阶段转向高质量发展阶段，正处在转变发展方式、优化经济结构、转换增长动力的攻关期，建设现代化经济体系是跨越关口的迫切要求和我国发展的战略目标。必须坚持质量第一、效益优先，以供给侧结构性改革为主线，推动经济发展质量变革、效率变革、动力变革，提高全要素生产率，着力加快建设实体经济、科技创新、现代金融、人力资源协同发展的产业体系，着力构建市场机制有效、微观主体有活力、宏观调控有度的经济体制，不断增强我国经济创新力和竞争力。

……

——习近平：《在中国共产党第十九次全国代表大会上的报告》，北京：人民出版社 2017 年，第 30 页.

◆ 实践项目五：

1. 实践项目主题 “我心中的中国企业”手抄报比赛。

改革开放以来，尤其是近年来中国企业创新发展成效显著，随着研发投入的不断加大，自主创新能力也不断增强，创新成果不断涌现，在载人航天、深海探测、高速铁路、特高压输变电、移动通信、国产航母和大飞机等领域涌现出一大批具有世界先进水平的标志性重大创新成果，有效带动了相关产业向产业链、价值链高端发展，同时为推动就业，推动我国经济的发展壮大起到了巨大的作用。

2. 实践项目形式 手抄报比赛。

3. 实践项目目的 通过本次手抄报比赛，引导学生们了解中国企业一步步发展壮大的历程和为社会作出的贡献，了解中国企业在《中国制造 2025》的蓝图下发展的状况和肩负的使命。

4. 实践项目地点 校园内。

5. 理论要点衔接 建设现代化经济体系，要加快实施创新驱动发展战略，深入实施科教兴国战略、人才强国战略、创新驱动发展战略，努力实现到 2035 年跻身创新型国家前列的目标。要加强国家创新体系建设，强化战略科技力量，推动科技创新和经济社会发展深度融合，塑造更多依靠创新驱动、更多发挥先发优势的引领型发展。要建立以企业为主体、市场为导向、产学研深度融合的技术创新体系，促进科技成果转化。

6. 实践项目具体步骤

（1）指导教师安排实践工作。指导教师说明本次“我心中的中国企业”手抄报比赛的目的和意义，把手抄报制作的要求进行解释，并适当提供范例。学生和指导教师及时沟通制作过程中存在的问题与困难并及时解决。

（2）前期调查及材料准备。主要通过互联网调查改革开放以来我国企业发展的状况，并选择有代表性企业的生产经营状况、主要产品、创新之处进行收集整理。

（3）初步设计。对收集到的素材进行选择，对手抄报进行初步的设计，并向指导教师进行汇报，听取指导教师的修改意见。

（4）制作手抄报。在与指导教师进行充分沟通交流后，制作手抄报，手抄报要突出展现我国企业发展的历程、主要产品和创新之处。

（5）进行评比。请指导教师对手抄报进行评选，并给出分数。

（6）集中展示。对优秀的手抄报进行集中展示，同时展示我国企业的风采。

（7）总结社会实践活动。对社会实践活动进行总结，主要总结改革开放以来，随着中国特色社会主义市场经济体制的确立，我国企业的发展状况、主要产品、创新之处及参加手抄报比赛的心得体会。

7. 实践成绩评定 根据学生手抄报的效果、制作的态度等综合评定实践教学环节成绩。

8. 参考资料

决胜全面建成小康社会
夺取新时代中国特色社会主义伟大胜利（节选）

（2017 年 10 月 18 日）

习近平

……

深化供给侧结构性改革。建设现代化经济体系，必须把发展经济的着力点放在实体经济上，把提高供给体系质量作为主攻方向，显著增强我国经济质量优势。加快建设制造强国，加快发展先进制造业，推动互联网、大数据、人工智能和实体经济深度融合，在中高端消费、创新引领、绿色低碳、共享经济、现代供应链、人力资本服务等领域培育新增长点、形成新动能。……激发和保护企业家精神，鼓励更多社会主体投身创新创业。建设知识型、技能型、创新型劳动者大军，弘扬劳模精神和工匠精神，营造劳动光荣的社会风尚和精益求精的敬业风气。

……

——习近平：《在中国共产党第十九次全国代表大会上的报告》，北京：人民出版社，2017 年，第 30－31 页．

三、拓展资源

（一）阅读书目

1. 国家制造强国建设战略咨询委员会：《中国制造 2025 蓝皮书（2017）》，北京：电子工业出版社，2017 年

2017 年，国家制造强国建设战略咨询委员会在 2016 年版蓝皮书基础上，组织全体委员、国内相关领域研究机构和行业协会共同完成了《中国制造 2025 蓝皮书（2017）》。本书从综合、领域、专题、区域 4 个角度，系统梳理了过去一年我国制造业整体推进、十大重点领域突破、重点任务实施、重点区域布局的进展情况，分析了我国制造业发展面临的新机遇、新挑战，总结了我国制造强国建设两年来的成功做法和典型案例，并提出了制造强国建设的下一步重点工作和相关政策措施建议，为国家和各地推进制造业提质增效与企业创新发展提供重要参考和指引。此外，本书附录列举了美国、日本、德国等发达国家及俄罗斯、印度等新兴经济体推动制造业发展的新动态和新举措，旨在为我国推进制造强国建设提供重要借鉴。

2. 国家行政学院编写组：《中国新发展理念》，北京：人民出版社，2016 年

本书紧密结合党的十八届五中全会精神和《中华人民共和国国民经济和社会发展第十三个五年规划纲要》基本内容，针对新发展理念提出的时代背景、战略意义、丰富内涵、战略路径、政策措施等方面，进行了深入浅出的阐释，全书共分 8 章，主要包括“坚持创新发展：打造引领发展的强劲动力”“坚持协调发展：增强整体发展的综合实力”“坚持绿色发展：追求生态文明的永续发展”“坚持开放发展：拓展合作共赢的国际空间”“坚持共享发展：促进公平正义的阳光普照”“加强党的领导：贯彻落实新发展理念”等精彩内容，有助于广大干部群众及时、准确、全面理解中央精神，做好贯彻新发展理念的相关工作。

3. 国家行政学院经济学教研部：《中国供给侧结构性改革》，北京：人民出版社，2016 年

本书紧密结合习近平总书记的讲话精神和中央经济工作会议精神，从“为什么”“是什么”“怎么做”“做什么”4 个角度深入分析中国供给侧结构性改革的逻辑思路和路径，有助于广大干部群众及时、准确、全面、深入学习和理解中央提出的“推进供给侧结构性改革”的主要内容，做好供给侧结构性改革的相关工作。

4. 本书课题组：《中国梦与中国道路丛书之二：中国特色社会主义经济发展道路》，北京：中央文献出版社，2013 年

本书通过解读改革开放以来中国特色社会主义形成发展过程中的重要文献，系统阐述了中国特色社会主义道路、理论体系和制度形成发展的背景、过程、基本规律以及坚持和发展中国特色社会主义对实现中国梦的重大意义。

（二）红色光影

1. 纪录片《大国工匠》

该片讲述了为长征火箭焊接发动机的国家高级技师高凤林等 8 位不同岗位劳动者用自己的灵巧双手，匠心筑梦的故事。这群不平凡劳动者的成功之路，是通过默默坚守，孜孜以求，在平凡岗位上，追求职业技能的完美和极致，最终脱颖而出，跻身“国宝级”技工行列，成为一个领域不可或缺的人才。

2. 纪录片《超级工程》

该纪录片共 5 集，由李炳担任总导演，前后拍摄一年多。片中展现了 5 个中国重大工程项目，分别是港珠澳大桥、上海中心大厦、北京地铁网络、海上巨型风机和超级 LNG 船。该片将更多的镜头对准了参与“超级工程”建设的普通人，真实记录了他们的智慧、生活、情感和梦想，鲜活呈现了奇迹背后的艰辛历程和付出，使得这一部科学类工程题材纪录片充满了浓厚的人文情怀。

3. 纪录片《大国根基》

该片系统描绘了半个多世纪以来，尤其是改革开放以来中国农业的历史性变革和成就，探寻和回答了粮食安全、谁来种地、绿色发展等影响未来中国发展的根本性话题。该片从农业发展、农村改革、科技进步、生产经营主体变化、农业基础设施建设、农产品加工流通、电子商务以及生态文明建设等角度，反映了党的十八大以来各地“三农”领域的成功探索事例，刻画了大量具有时代特征的典型人物，如“杂交稻之父”袁隆平、中国第一位“世界粮食奖”获得者何康、治沙英雄石光银等。

4. 纪录片《中国经济大讲堂》

该片是在举国上下学习贯彻党的十九大精神的背景下策划推出的。它解读社会现象背后“因”与“果”之间的深层逻辑；它解读政策论述“简短话语”所表达的丰富内涵；它解读新技术新科技新理论可能带来的深刻社会变革。揭秘性、前瞻性、实用性、通俗性是本片的特质。

专题十一 TOPIC 11

“五位一体”总体布局之发展社会主义民主政治

一、理论基础

本专题“五位一体”总体布局之“发展社会主义民主政治”，讲授的主要内容是中国特色社会主义特色鲜明的政治制度体系，符合中国国情，反映民意，体现最广泛的民主。爱国统一战线是党的事业取得胜利的重要法宝，将继续巩固与发展。“和平统一、一国两制”是我们实现国家统一的最佳方式。

（一）知识框架

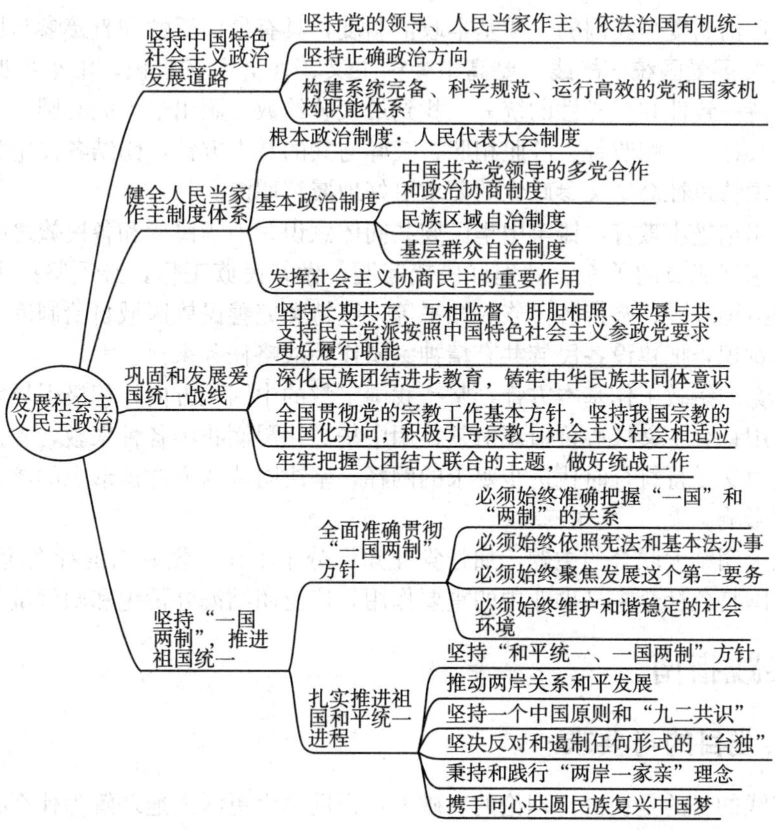

（二）理论要点

1. 中国特色社会主义政治发展道路的基本要求 新中国成立以来，尤其是改革开放以来，我们党团结带领人民在发展社会主义民主政治方面取得了重大进展，成功开辟和坚持了中国特色社会主义政治发展道路，为实现最广泛的人民民主确立了正确方向。中国特色社会主义政治发展道路是近代以来中国人民长期奋斗历史逻辑、理论逻辑、实践逻辑的必然结果，是坚持党的本质属性、践行党的根本宗旨的必然要求。走中国特色社会主义政治发展道路必须坚持党的领导、人民当家作主、依法治国的有机统一。

2. 人民当家作主的制度体系 我国是工人阶级领导的、以工农联盟为基础的人民民主专政的社会主义国家，国家一切权力属于人民。

人民代表大会制度是我国根本政治制度，是符合中国国情、体现中国社会主义国家性质、能够保证人民当家作主的根本政治制度和最高实现形式，也是党在国家政权中充分发扬民主、贯彻群众路线的最好实现形式。

中国共产党领导的多党合作和政治协商制度是我国的一项基本政治制度，人民政协是具有中国特色的制度安排，是社会主义协商民主的重要渠道和专门协商机构。

协商民主是中国社会主义民主政治的特有形式和独特优势，是实现党的领导的重要方式，丰富了民主的形式，拓展了民主的渠道，丰富了民主的内涵。发展协商民主，必须推进协商民主广泛、多层、制度化发展。

民族区域自治制度是我国的一项基本政治制度，是中国特色解决民族问题正确道路的重要内容和制度保障。

基层群众自治制度是我国的一项基本政治制度，具有最广泛性和直接参与性的特点。

3. 巩固与发展爱国统一战线 要高举爱国主义、社会主义旗帜，牢牢把握大团结大联合的主题，坚持一致性和多样性的统一，找到最大公约数，画出最大同心圆。

坚持长期共存、互相监督、肝胆相照、荣辱与共的基本方针，团结各民主党派，支持民主党派按照中国特色社会主义参政党的要求更好地履行职能。

深化民族团结进步教育，铸牢中华民族共同体意识。中华民族和各民族之间的关系，是一个大家庭和家庭成员的关系。处理好民族问题，做好民族工作，必须坚持中国共产党领导，坚持维护祖国统一，坚持各民族一律平等，坚持和完善民族区域自治制度。积极培养中华民族共同体意识，把建设各民族共有精神家园作为战略任务来抓。

全面贯彻党的宗教工作基本方针，坚持我国宗教的中国化方向，积极引导宗教与社会主义相适应。要用社会主义核心价值观引领、用中华文化浸润我国各种宗教，支持宗教界对宗教思想、教规教义进行符合时代进步要求的阐释，坚决防范西方意识形态的渗透，自觉抵御极端主义思潮影响。

牢牢把握大团结大联合的主题，加强党外知识分子工作，做好新的社会阶层人士工作，发挥他们在中国特色社会主义事业中的重要作用，广泛团结海外侨胞和归侨侨眷。

二、实践指南

（一）实践目的与要求

本专题实践的目的是在讲清理论的基础上，帮助学生更深入地理解为什么必须坚持中国特色社会主义政治发展道路，不能照搬西方的政治制度，符合中国国情的政治制度在运行过程中的特点及优势表现在哪些方面。要求学生在实践项目中了解中国政治制度发展史和我国政治制度运行的细节，认识到中国特色社会主义政治制度能更好地体现人民当家作主的性质。在发展中国特色社会主义民主政治过程中，我们需要借鉴国外政治文明的有益成果，但绝不能放弃中国政治制度的根本。

（二）实践项目设计

◆ 实践项目一：

1. 实践项目主题 思政课大班班长竞选体验会。

2. 实践项目形式 模拟形式。

3. 实践项目目的 了解民主形式细节，体会民主程序操作流程，并比较不同民主形式的优点及局限性。

4. 实践项目时间与地点 周末——校园内；工作日——课堂内。

5. 理论要点衔接 民主形式通常有选举民主和协商民主两种形式，选举民主有优点，但也有其运行过程中自身无法克服的局限性，诸如选举规则的弊端、投票者的有限理性等问题。协商民主是中国社会主义民主政治的特有形式和独特优势，可以很好地克服选举民主的局限性，能够围绕改革发展稳定重大问题和涉及群众利益的实际问题进行充分的讨论，协调各方利益，以达到维护最广大人民的根本利益、长远利益、全局利益的目的。发展协商民主，必须推进协商民主广泛、多层、制度化发展。

6. 实践项目具体步骤

（1）布置主题：由各班班长做候选人，完成竞选前的拉票活动和竞选演讲。学生进行投票。

（2）选择实践形式：与辅导员合作，采用班会形式。

（3）收集采访结果，总结整理，形成结论：由各班班长撰写竞选总结，投票学生撰写自己投票心理总结。

（4）由教师评阅实践报告。

（5）选择本实践过程中表现优异的学生和优秀实践报告并进行课堂汇报。

7. 实践成绩评定 根据学生的班会表现、实践报告的完成质量，按照优秀、良好、及格、不及格 4 个等级进行评定。

8. 参考资料

中国特色社会主义民主同西方资本主义民主的实现形式比较

民主制度的核心是尊重人民的意愿。当今社会，在体现人民意愿的形式上，主要有选举民主和协商民主两种民主形式。由于历史文化传统和现实国情的不同，在中西方国家形成了以选举民主和协商民主相结合的中国特色社会主义民主和以选举民主为主要形式的西方资本主义民主的明显差别。

坚持选举民主与协商民主相结合，是中国特色社会主义民主的一大特点，它不仅体现在我国政治制度的各领域，而且贯穿于我国政治决策的全过程。选举民主以公平竞争、投票决定为解决公共事务的民主形式，而协商民主是以平等讨论、理性协商为解决公共事务的民主形式。我国人民不仅通过选举、投票行使民主权利，而且人民内部各方面在作出重大决策之前进行充分协商，尽可能取得一致意见，这是社会主义民主的两种重要形式。从我国政治决策过程可以清楚看出两种民主形式的有机结合，我国是在充分发扬民主、协商讨论的基础上，再按照少数服从多数的原则作出决定。例如，在我国领导干部选拔任用制度中，首先是对适合条件的人选进行组织考察、民主测评，提出优秀的候选人；其次是向各民主党派、无党派人士等通报情况、听取意见等；最后由人民代表大会对推荐候选人进行选举投票，获得规定选票以上始得当选。这一决策过程既不是单纯的选举民主，也不是单纯的协商民主，而是体现了选举民主和协商民主的结合。实行选举民主与协商民主相结合，这是由我国历史传统和现实国情决定的。我国传统文化强调的是和谐而不是冲突、合作而不是竞争、说理而不是蛮缠、公共利益而不是个人利益，这为协商民主提供了良好的文化土壤和根基。同时，在我国这样一个人口众多、生产力相对落后、发展很不平衡的大国，社会矛盾、民族矛盾、宗教矛盾等在短期内难以消除，如果不顾国情而大规模推进竞争选举，必然导致社会动荡和国家分裂，更谈不上人民各项民主权利的实现了。而协商民主强调公民的和平理性、尊重包容的品质，不仅能够解决公共问题，而且有利于社会稳定和谐。我们党在长期的革命、建设和改革过程中，立足国情探索创造的选举民主与协商民主有机结合，使社会主义民主制度得以健全、民主广度得以拓宽、民主深度得以推进，大大提升了中国特色社会主义民主的品质，具有明显的优越性。

西方资本主义民主是以选举民主为主要形式的民主制度。在西方国家，选举投票贯穿政治社会的各个方面。可以说，西方资本主义民主就是以选举投票为中心的民主制度。西方国家的选举民主与资本主义高度发达的商品经济有着紧密的联系。商品是资本主义社会的“细胞”，商品关系渗透到社会生活的各个方面和各个领域，选举民主不过是商品经济在政治生活领域的反映和投射而已。商品经济中的利益原则、平等原则、竞争原则、契约原则，反映到政治领域就是公民权利平等、公平竞争、自由选择、定期选举等。毋庸讳言，选举民主确实有利于公民利益的表达，有利于人民当家作主权利的实现。但西方选举民主制度，很大程度上反映了资产阶级不同利益集团之间难以调和的矛盾和冲突。资产阶级不同利益集团之间很难通过协商一致找到解决问题的方案，选举投票成了解决各种问题的有效途径。但选举民主的弊端在资本主义社会不断得到暴露。各政党、各派别的候选人为了在竞争选举中获胜，就必须赢得多数选票，为此，就要对选民进行“切割”，强化不同群体的利益诉求，将选民利益的分歧公开化、对立化。其结果扩大了社会分歧和矛盾，造成社会对立和分裂，不利于社会共识的形成。

……

——颜晓峰：《划清“四个重大界限”辅导读本》，北京：人民日报出版社，2010年，第143-144页．

◆ **实践项目二：**

1. 实践项目主题 中华民族发展史资料展。

2. 实践项目形式 资料展或图片展。

3. 实践项目目的 通过对中华民族形成发展史的探寻，以更好地理解国家对民族共同体意识的培育要求，牢固树立正确的祖国观、历史观、民族观。

4. 实践项目时间与地点 周末——校园内。

5. 理论要点衔接 多民族是我国的一大特色。在历史演进中，我国各民族形成了你中有我、我中有你、谁也离不开谁的多元一体格局。中华民族和各民族的关系，是一个大家庭和家庭成员的关系。民族区域自治制度在维护祖国统一、领土完整，在加强民族平等团结、促进民族地区发展、增强中华民族凝聚力等方面起着重要凝聚作用。处理好民族问题、做好民族工作，必须坚持中国共产党的领导，坚持维护祖国统一，坚持各民族一律平等，坚持和完善民族区域自治制度。积极培养中华民族共同体意识，把建设各民族共同精神家园作为战略任务来抓。必须旗帜鲜明地反对各种错误思想观念，增强各民族干部群众识别大是大非、抵御国内外敌对势力思想渗透的能力。加强各民族交往交流交融，促进各民族和睦相处、和衷共济、和谐发展，巩固和发展平等团结互助和谐的社会主义民族关系。

6. 实践项目具体步骤

（1）布置主题：学生课下搜集中华民族形成和发展史过程中的重要人物和故事等资料。可以是关于中华民族形成和发展史的图片，也可以是有关中华民族发展史的文学作品。

（2）选择实践形式：在校园内进行资料展。

（3）邀请辅导员参观，记录展示情况，采访观展学生。

（4）由教师与学生共同评选最具代表性作品。

7. 实践成绩评定 根据师生共同评选结果以及学生参与度，按照优秀、良好、及格、不及格 4 个等级进行评定。

8. 参考资料

民族团结四字谣

唐平亮

广宇苍苍，天地茫茫。日出东方，神州煌煌。民族团结，渊源流长。
三皇五帝，禅让流芳。夏商周秦，诸邦叠嶂。汉晋隋唐，中华泱泱。
宋元明清，大融华疆。东联九夷，西和氐羌。南亲百越，北善狄党。
华夷五方，离暂合长。顺世洪流，一统八方。人民共和，平等磋商。
鱼水之情，并力兴旺。各族人民，共拓国疆。东海捕渔，南国农桑。
漠北狩猎，昆仑牧羊。多元一体，海纳百江。团结逸事，汗牛充梁。
茅山会盟，开启洪荒。穆王西游，瑶池引吭。张骞出使，凿空西疆。
细君西出，汉靡揄扬。北魏文帝，革新六桩。文成入藏，亲和成双。
马绢互市，茶马互商。唐蕃盟碑，雪域流光。太宗驾崩，破面殉葬。
七纵孟获，春暖南疆；黄母学技，锦被太仓。图都维稳，觐见飞骧。
土尔扈特，东归荣光。彝海结盟，假道北上。节衣缩食，协响新疆。
阿沛大义，和平入藏。都贵玛儿，育孤乳飨。文哲慈爱，百童无殇。

燕娜捐肾，情撼上苍。繁森出行，随身药箱。白克日江，淘浪托杨。
藏新学子，内高从庠。国赠宝鼎，五区云祥。举国出力，援疆援藏。
五十六柱，擎天门掌。汶川羌寨，玉树花香。团结新事，俯拾圹琅。
江河之水，湔奔绵长。兰扮乔枝，葳蕤芬芳，合欢根菌，互荣共养。
中华民族，手足情臧。你中有我，我与你绱。杂居交错，聚集互坊，
鸡犬相闻，隔圳相望，炊烟相聚，习俗相仿，门户相连，声息熟响，
命运相关，祸福同当。各族同胞，互有典长。

文房四宝，丝路陶商。（汉族） 敖包相会，长调牧羊。（蒙古族）
婀娜旗袍，含春面郎。（满族） 信步顶碗，跳板跌宕。（朝鲜族）
雪原猎鹰，曲棍之乡。（达斡尔族） 驯鹿山岭，吸气哨响。（鄂伦春族）
欢乐火舞，鸪蹈徜徉。（鄂温克族） 狗拉雪橇，鱼皮衣裳。（赫哲族）
花儿演唱，九碗三行。（回族） 木卡木曲，刀郎弹唱。（维吾尔族）
冬巴天籁，赛追姑娘。（哈萨克族） 高空铁索，角力马上。（柯尔克孜族）
西迁戎边，骑射赛枪。（锡伯族） 鹰笛点灯，鹰舞山岗。（塔吉克族）
朵皮帽子，花靴倩亮。（乌孜别克族） 童话套娃，踢踏拍响。（俄罗斯族）
犁头春耕，祈秋丰仓。（塔塔尔族） 先来发子，后来肉香。（东乡族）
双刀十景，三宝三庄。（保安族） 驼舞喜婚，驼曲传唱。（撒拉族）
壶系羚毛，三杯成祥。（土族） 羊脊肉肠，三茶一饷。（裕固族）
布达拉宫，金壁辉煌。（藏族） 木碗之乡，酒歌名扬。（门巴族）
熊盔藤帽，串珠叮当。（珞巴族） 杆杆饮酒，石碉云墙。（羌族）
凉山火把，跳菜上堂。（彝族） 三月街会，大理佛光。（白族）
哀牢梯田，水墨稻浪。（哈尼族） 泼水龙舟，孔雀屏靓。（傣族）
澡堂浴春，刀悬杆上。（傈僳族） 通天木鼓，苦茶比糖。（佤族）
胡笙齐奏，擒虎澜沧。（拉祜族） 丽江壁画，东巴跳郎。（纳西族）
目脑纵歌，竹裙飘荡。（景颇族） 竹筒烘茶，刀舞劲刚。（布朗族）
过手米线，窝罗台坊。（阿昌族） 十三乔装，琵琶肉香。（普米族）
雪山溜索，千足木房。（怒族） 腰缠藤篾，水鼓击掌。（德昂族）
毯作裘衾，路遗不亡。（独龙族） 锥冠耳佩，击鼓太阳。（基诺族）
花衣银装，吊脚楼房。（苗族） 八音座唱，石楼雪霜。（布依族）
鼓楼花桥，拦路琼浆。（侗族） 鱼包韭菜，九阡佳酿。（水族）
高台舞狮，六合茶汤。（仡佬族） 三姐歌圩，拉歌绝唱。（壮族）
盘王大歌，花包飞扬。（瑶族） 走坡相亲，象步虎掌。（仫佬族）
三酸甜薯，菜牛牛粮。（毛南族） 摆手生风，四季火塘。（土家族）
百岁绿曲，凤凰盛装。（畲族） 竹竿打舞，屋似舟舫。（黎族）
三颗珍珠，三岛罟网。（京族） 长发舞动，背篓槟榔。（高山族）

五十六族，历史久长，刀耕火种，斩棘拓荒，绿洲田园，锦绣家乡。
五十六族，文艺浩广，龙舞翩跹，锦旃画廊，三史诗典，论语山仰。

五十六族，巧工流芳，三峡金堤，三塔长墙，大江南北，建城绿荒。
五十六族，科学图强，四大发明，文明曙光，万亿国芯，天宫翱翔。
五十六族，珍馐天堂，八系盛馔，肉食酪浆。中华先贤，繁星浩荡，
叠浪击石，奋搏图强，同御外辱，共战烟狼，汗血沸土，定鼎华疆。
童叟胼胝，成就辉煌，秦汉雄风，盛唐气象，康乾盛世，共和龙骧，
洗尘步春，巨轮逐浪，兼爱各族，春晖共享。白桦椰树，同生天方，
黄鹂海鸥，天高任放，经天日月，带地河江，各族同胞，法天同长。
同心同德，同志同往，同呼同吸，同衰同昌。团结是福，分裂是殃。
孑似星沫，众如海江，融入江海，永久滉瀁。行不偾事，言不毁谤，
轻信妖言，布乱四方。阿尼帕汗，心拘庭芳，父母示范，儿孙榜样。
尊重习俗，纳赞短长，三个不离，互谅互让。平等基石，互助保障，
团结主导，和谐吉祥，四个人人，心舒情昶。各族团结，力量如钢，
和衷共济，共浴春光。爱我中华，绮丽无双。巍峨群山，壮丽海江，
宝岛日出，青藏夕阳，呼伦草原，南海波光。五十六子，为母争光，
擎天洵海，把日引航，征战宇宙，千帆云樯。复兴中华，幸臻富强。
万方乐奏，凤翥龙翔。举世侪辈，环宇抚掌。浩宇植星，万物梦想，
微生铸洲，夸克孕洋，千族携手，同享阳光。

——唐平亮：《民族团结四字谣》，乌鲁木齐：新疆青少年出版社，2015 年.

◆ **实践项目三：**

1. 实践项目主题 基层群众自治制度案例分享。

2. 实践项目形式 课堂汇报会。

3. 实践项目目的 通过案例分享，让学生了解基层群众自治制度的广泛性和直接参与性的特点，了解基层群众自治制度是健全人民当家作主制度的重要内容，也让学生树立尊重实践、尊重群众首创精神的观念。

4. 实践项目时间与地点 工作日；课堂。

5. 理论要点衔接 基层群众自治制度是我国一项基本政治制度，具有公民的广泛性和直接参与性的特点。完善基层群众自治制度，发展基层民主，是社会主义民主政治建设的基础。完善基层民主制度，畅通民主渠道，健全基层选举、议事、公开、述职、问责等机制，促进群众在城乡社区治理、基层公共事务和公益事业中依法自我管理、自我服务、自我教育、自我监督。

6. 实践项目具体步骤

（1）布置任务：学生课下搜集案例，城市以社区管理优秀案例为主，乡村以村民自治优秀案例为主，企事业单位以职工代表大会优秀案例为主，案例以文字或视频形式展现。

（2）由教师评阅，选出最具代表性资料。

（3）课堂汇报，介绍基层群众自治制度优秀案例的特点。

（4）由师生共同为汇报学生进行评价。

7. 实践成绩评定 根据师生共同评价结果以及学生参与度，按照优、良、中、差 4 个等级进行评定。

8. 参考资料

中国共产党第十九届中央委员会第四次全体会议公报（节选）

（2019年10月31日）

三、坚持和完善人民当家作主制度体系，发展社会主义民主政治

我国是工人阶级领导的、以工农联盟为基础的人民民主专政的社会主义国家，国家的一切权力属于人民。必须坚持人民主体地位，坚定不移走中国特色社会主义政治发展道路，健全民主制度，丰富民主形式，拓宽民主渠道，依法实行民主选举、民主协商、民主决策、民主管理、民主监督，使各方面制度和国家治理更好体现人民意志、保障人民权益、激发人民创造，确保人民依法通过各种途径和形式管理国家事务，管理经济文化事业，管理社会事务。

（一）坚持和完善人民代表大会制度这一根本政治制度。人民行使国家权力的机关是全国人民代表大会和地方各级人民代表大会。支持和保证人民通过人民代表大会行使国家权力，保证各级人大都由民主选举产生、对人民负责、受人民监督，保证各级国家机关都由人大产生、对人大负责、受人大监督。支持和保证人大及其常委会依法行使职权，健全人大对"一府一委两院"监督制度。密切人大代表同人民群众的联系，健全代表联络机制，更好发挥人大代表作用。健全人大组织制度、选举制度和议事规则，完善论证、评估、评议、听证制度。适当增加基层人大代表数量。加强地方人大及其常委会建设。

（二）坚持和完善中国共产党领导的多党合作和政治协商制度。贯彻长期共存、互相监督、肝胆相照、荣辱与共的方针，加强中国特色社会主义政党制度建设，健全相互监督特别是中国共产党自觉接受监督、对重大决策部署贯彻落实情况实施专项监督等机制，完善民主党派中央直接向中共中央提出建议制度，完善支持民主党派和无党派人士履行职能方法，展现我国新型政党制度优势。发挥人民政协作为政治组织和民主形式的效能，提高政治协商、民主监督、参政议政水平，更好凝聚共识。完善人民政协专门协商机构制度，丰富协商形式，健全协商规则，优化界别设置，健全发扬民主和增进团结相互贯通、建言资政和凝聚共识双向发力的程序机制。

坚持社会主义协商民主的独特优势，统筹推进政党协商、人大协商、政府协商、政协协商、人民团体协商、基层协商以及社会组织协商，构建程序合理、环节完整的协商民主体系，完善协商于决策之前和决策实施之中的落实机制，丰富有事好商量、众人的事情由众人商量的制度化实践。

（三）巩固和发展最广泛的爱国统一战线。坚持大统战工作格局，坚持一致性和多样性统一，完善照顾同盟者利益政策，做好民族工作和宗教工作，健全党外代表人士队伍建设制度，凝聚港澳同胞、台湾同胞、海外侨胞力量，谋求最大公约数，画出最大同心圆，促进政党关系、民族关系、宗教关系、阶层关系、海内外同胞关系和谐。

（四）坚持和完善民族区域自治制度。坚定不移走中国特色解决民族问题的正确道路，坚持各民族一律平等，坚持各民族共同团结奋斗、共同繁荣发展，保证民

族自治地方依法行使自治权，保障少数民族合法权益，巩固和发展平等团结互助和谐的社会主义民族关系。坚持不懈开展马克思主义祖国观、民族观、文化观、历史观宣传教育，打牢中华民族共同体思想基础。全面深入持久开展民族团结进步创建，加强各民族交往交流交融。支持和帮助民族地区加快发展，不断提高各族群众生活水平。

（五）健全充满活力的基层群众自治制度。健全基层党组织领导的基层群众自治机制，在城乡社区治理、基层公共事务和公益事业中广泛实行群众自我管理、自我服务、自我教育、自我监督，拓宽人民群众反映意见和建议的渠道，着力推进基层直接民主制度化、规范化、程序化。全心全意依靠工人阶级，健全以职工代表大会为基本形式的企事业单位民主管理制度，探索企业职工参与管理的有效方式，保障职工群众的知情权、参与权、表达权、监督权，维护职工合法权益。

——《中共中央关于坚持和完善中国特色社会主义制度 推进国家治理体系和治理能力现代化若干重大问题的决定》，北京：人民出版社，2019 年，第 10－13 页．

三、拓展资源

（一）阅读书目

1. 中共中央文献研究室：《习近平关于社会主义政治建设论述摘编》，北京：中央文献出版社，2017 年

党的十八大以来，以习近平同志为核心的党中央坚定不移走中国特色社会主义政治发展道路，坚持党的领导、人民当家作主、依法治国有机统一，积极稳妥推进政治体制改革，不断发展社会主义民主政治，建设社会主义政治文明。习近平同志围绕社会主义政治建设发表的一系列重要论述，立意高远，内涵丰富，思想深邃，深刻论述了关于中国特色社会主义政治发展道路的核心思想、主体内容、基本要求，对于进一步坚定政治自信，增强走中国特色社会主义政治发展道路的信心和决心，不断推进社会主义政治制度自我完善和发展，推进国家治理体系和治理能力现代化，实现“两个一百年”奋斗目标、实现中华民族伟大复兴的中国梦，具有十分重要的指导意义。

2. 包刚升：《民主的逻辑》，北京：社会科学文献出版社，2018 年

本书从学理逻辑和实证经验，对民主与民主化的各种关键议题进行客观的考察，把民主的好与坏、民主化的成功与失败、民主治理的高绩效与低绩效、民主前景的乐观展望与悲观预期都呈现在读者面前，使读者能较为全面、系统、深入地理解与民主有关的诸问题，进而形成一种更为清晰的民主观。

3. 韦庆远，柏桦：《中国政治制度史》，北京：中国人民大学出版社，2005 年

本书叙述了自古以来至 1949 年中国诸种重要典章制度的发展变化，以典章制度及其演变作为基干，精选不同时期不同性质的典型事件作为筋骨脉络，研究了必然要受到各时期国体和政治体制统率和制约的各种单行制度。本书根据政治制度的基本原理和基本内涵，梳理和总结了中国政治制度形成和发展的过程，借以在洞悉政治制度“来龙”的基础上，把握“去脉”。在阐述一般规律的同时，重点分析其特殊性，在叙述制度的同时，重点分析其利弊和特点，强调政治制度与国家历史的整体发展密切相关。

4. 郝时远：《中国共产党怎样解决民族问题》，南昌：江西人民出版社，2011 年

本书立足于十八大以来中央有关民族工作的理论和实践，具体以 2014 年中央民族工作会议习近平总书记的讲话为主要内容，兼及中央西藏工作座谈会、新疆工作座谈会的精神，对十八大以来民族工作创新推进的主要内容进行了概括和论说，突出了习近平新时代中国特色社会主义思想中有关民族工作思想的内容和全面建成小康社会方面的民族工作要求。

（二）红色光影

1. 纪录片《将改革进行到底》之《人民民主新境界》

2013 年 11 月，全面深化改革的号角吹响。“紧紧围绕坚持党的领导、人民当家作主、依法治国有机统一深化政治体制改革”这一目标，也向全世界传递着中国共产党推动完善社会主义政治文明的信心与决心。中国共产党人和中国人民完全有信心为人类对更好社会制度的探索提供中国方案。在不断深化的改革进程中，党的领导得以加强和改善，从根本上保证了改革的正确方向。人民代表大会制度在创新与实践当中，不断与时俱进。推进协商民主广泛多层制度化发展，以宪法为核心的中国特色社会主义法律体系不断完善。从摸着石头过河到先立后破，在法治的轨道上来推进改革。在党的领导下，全面深化改革，人民民主达到了一个新的境界。

2. 时政片《党在百姓心中》

《党在百姓心中》是北京市纪念中国共产党成立九十周年百姓宣讲优秀作品集，收录了《回家》《我心中的太阳》《我为村民致富忙》《千里送款》《没有共产党就没有我的今天》《玉兰花开》《我心向党》《幸福小院》《重新扬起生命的风帆》等优秀作品。以党的历史为生动素材，以老百姓亲闻、亲见、亲历，讲述党的辉煌历程和丰功伟绩，讲述党的优良传统和宝贵经验，讲述党的基层组织和普通党员奋斗、奉献、为民、爱民的真实故事，可以使学习党的历史、党的知识、党的理论更加生动活泼，更加贴近实际、贴近生活、贴近群众。

3. 纪录片《天平上的人权——中国人权司法保障新进展》

司法是维护社会公平正义的最后一道防线。现代司法包含着理性、公正、文明以及尊重和维护人道尊严等要义，在我国法律体系中得到遵循，成为人权保障的最坚实屏障。我国的法治文明建设依然在路上。不断改进和完善我国司法领域人权保障，仍将是我国全面推进依法治国的重要内容。国务院新闻办公室发表的《中国司法领域人权保障的新进展》白皮书，向世人展示了我国司法领域人权保障的扎实举措及取得的显著成效。

4. 纪录片《共筑辉煌》

全片按照时间顺序，分为《协商建国》《同创伟业》《伟大转折》《开拓向前》《继往开来》5 个部分。该片记录了人民政协自成立至今与新中国共同走过的辉煌历程，以大量珍贵的历史资料呈现出人民政协为推进中国革命、建设和改革事业发挥的重要作用和不可磨灭的业绩。

5. 纪录片《中英香港问题谈判始末》

1983 年，中英谈判举步维艰。谈判桌上唇枪舌剑，双方与会人员针锋相对。谈判桌外，英国人想尽办法来增加其在谈判桌上的筹码，甚至不惜牺牲香港的经济，制造了香港股市的“黑色星期六”事件。香港一片混乱、人心惶惶。本片记录了在中英谈判面临即将破裂的关键时刻所发生的重大转变。

6. 纪录片《你好，香港》

电影文献纪录片《你好，香港》以香港回归前后的一百多年的历史为线索，回顾了香港回归祖国的艰辛历程，讲述了毛泽东、周恩来、邓小平、江泽民和胡锦涛等几代中国领导集体为香港回归和繁荣稳定所作的历史贡献；并通过香港回归十年的风风雨雨，展示“一国两制”伟大构想在香港的成功实施和辉煌成果。

7. 电影《港珠澳大桥》

港珠澳大桥是在“一国两制”条件下粤港澳三地首次合作共建的超大型基础设施项目，大桥东接香港特别行政区，西接广东省（珠海市）和澳门特别行政区，全长 55 公里。因其超大的建筑规模、空前的施工难度以及顶尖的建造技术而闻名世界。本片以港珠澳大桥建设最后一节沉管 E30 号沉放安装过程为叙述主线，表现了中国桥梁建设者们自力更生、“敢为天下先”的创新精神和艰苦卓绝的奋斗历程，展示了大桥项目涉及水文、地质、白海豚、防台风和满足通航、海事、航空限高等复杂的建设难题，并将大桥主体工程桥、岛、隧三大部分的设计理念和世界领先的关键技术，如万花筒般呈现出来。

8. 《成长的澳门》

回归祖国这 20 年，是澳门有史以来成长最快的 20 年。2019 年 12 月 20 号是澳门回归祖国 20 周年的日子，为了庆祝这个特别的日子，中央广播电视总台推出特别节目《成长的澳门》，邀请多位澳门人走进演播室，回忆这 20 年澳门的成长和这 20 年里发生在澳门和澳门人身上的故事。

专题十二 TOPIC 12

“五位一体”总体布局之推动社会主义文化繁荣兴盛

一、理论基础

本专题内容“推动社会主义文化繁荣兴盛”，讲授的是建设中国特色社会主义“五位一体”总体布局文化建设的内容，主要回答了“建设什么样的中国特色社会主义文化，怎样推动社会主义文化繁荣兴盛”的问题。

通过本专题学习使学生关注和了解中国特色社会主义文化事业的发展，掌握中国特色社会主义文化建设的基本理论、发展方向、改革内容和总体要求。

（一）知识框架

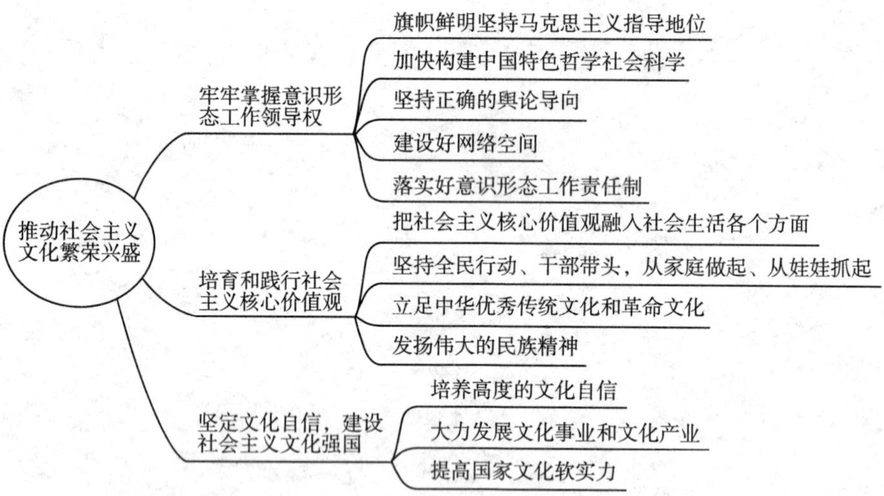

（二）理论要点

1. 关于意识形态 意识形态决定文化的前进方向和发展道路。有什么样的意识形态，就会有什么样的文化发展方向和道路。中国特色社会主义文化带有鲜明的科学化、大众化和民族化特征，唯有不断推进马克思主义的中国化、时代化、大众化，才能建设成具有强大凝聚力和引领力的社会主义意识形态，才能在理想信念、价值理念和道德观念上把全体人民紧紧团结在一起，才能为新时代中国特色社会主义造就精神合力。

党的十八大以来，以习近平同志为核心的党中央一直把抓意识形态工作作为治国理政的一个基础工程、重大战略。新时代面临新挑战、新机遇，我们应更加坚定信心，直面意识形态领域斗争依然复杂的现实，进一步牢牢掌握意识形态工作领导权，进一步努力建设具有强大凝聚力和引领力的社会主义意识形态，更加坚决落实意识形态工作责任制，坚决、有力维护包括意识形态安全、政治安全在内的国家安全。

2. 新时代掌握意识形态工作领导权的基本要求

（1）要旗帜鲜明坚持马克思主义指导地位。深化对马克思主义基本理论的学习和掌握，用马克思主义的科学理论武装头脑，推进马克思主义中国化、时代化、大众化，实现马克思主义与中国实际相结合，与时俱进地坚持和发展马克思主义，捍卫马克思主义在意识形态领域的指导地位。

（2）要加快构建中国特色哲学社会科学。构建中国特色哲学社会科学，是掌握意识形态工作领导权的内在要求，首要的是旗帜鲜明坚持以马克思主义为指导，深化马克思主义理论研究和建设，克服马克思主义在哲学社会科学学科中“失语”、教材中“失踪”、论坛上“失声”的倾向；同时，还要注重建设中国特色新型智库。

（3）要坚持正确的舆论导向。必须坚持正确舆论导向，以正确舆论引导人，提高新闻舆论传播力、引导力、影响力、公信力，让主旋律更加响亮、正能量更加强劲，文化自信得到充分彰显。

（4）要建设好网络空间。依法加强网络空间治理，建立网络综合治理体系。尤其要加强网络内容建设，做强网上正面宣传，加强网上舆论引导，把握好网上舆论引导的时、度、效，培育积极健康、向上向善的网络文化，营造一个风清气正的网络空间。

（5）要落实好意识形态工作责任制。要加强阵地建设和管理，落实谁主管谁主办和属地管理，防止给错误思想观点传播提供渠道。同时也要注意区分政治原则问题、思想认识问题、学术观点问题，旗帜鲜明反对和抵制各种错误观点。

3. 社会主义核心价值体系与社会主义核心价值观 社会主义核心价值体系的基本内容包括：马克思主义指导思想、中国特色社会主义共同理想、以爱国主义为核心的民族精神和以改革创新为核心的时代精神、社会主义荣辱观四个方面。

党的十八大首次提出，倡导富强、民主、文明、和谐，倡导自由、平等、公正、法治，倡导爱国、敬业、诚信、友善，积极培育和践行社会主义核心价值观。富强、民主、文明、和谐，是国家层面的价值目标；自由、平等、公正、法治，是社会层面的价值取向；爱国、敬业、诚信、友善，是公民个人层面的价值准则。

社会主义核心价值体系与社会主义核心价值观，既相互联系又相互区别。一方面，社会主义核心价值观与社会主义核心价值体系在本质上都体现了社会主义的核心价值追求。另一方面，社会主义核心价值观则是对社会主义核心价值体系核心内容和精神实质的高度凝练与概括，是核心价值体系的内核和精神之魂，决定核心价值体系的根本性质和方向。社会主义核心价值体系是社会主义核心价值观必然的逻辑展开，是社会主义核心价值观存在的基础和重要载体。

4. 新时代增强文化自信的基本途径 习近平总书记在党的十九大报告中深刻指出：“文化兴国运兴，文化强民族强。没有高度的文化自信，没有文化的繁荣兴盛，就没有中华民族伟大复兴。”因为“文化自信，是更基础、更广泛、更深厚的自信”。在新时代中国特色社会主义伟大事业征程中，以社会主义核心价值观为引领，发展中国特色社会主义大众文化，是增强文化自信的基本途径。社会主义核心价值观为中国特色社会主义大众文化产品提供了价值遵循。将核心价值观贯穿于大众文化产品之中，不仅能够释放出凝神聚气的正能量，而且能成为激发社会向上向善的动力源。

5. 建设社会主义文化强国

（1）建设社会主义文化强国，必须培养高度的文化自信。要清醒认识我国文化发展的历史和现状，增强文化自觉，坚定文化自信，更好地把握文化发展的规律，以主动担当的精神加快文化发展步伐，在传承中华优秀传统文化基础上发展社会主义先进文化，加快建设社会主义文化强国。

（2）建设社会主义文化强国，必须大力发展文化事业和文化产业。发展文化事业，要坚持政府主导，按照公益性、基本性、均等性、便利性的要求，加强文化基础设施建设，完善公共文化服务网络，让人民群众广泛享有免费或优惠的基本公共文化服务，在满足人民群众基本文化需求的基础上，提升国民素质。发展文化产业，要按照全面协调可持续的要求，推动文化产业跨越式发展，在满足人民多样化精神文化需求的基础上，使之成为国民经济支柱性产业，为推动科学发展提供重要支撑。

（3）建设社会主义文化强国，必须提高国家文化软实力。提高国家文化软实力，首先要努力弘扬中华文化，推进中华文化创新发展，展示中华文化魅力，夯实国家文化软实力的根基；其次要讲好中国故事，传播好中国声音，阐释好中国特色，注重国家形象塑造，增强对外话语的创造力、感召力和公信力，提高国际话语权；最后要加强当代中国价值观念的提炼与阐释，拓展对外传播平台和载体，创新对外话语表达方式和传播渠道，使当代中国价值观念走向世界，提高当代中国价值观念的国际知晓率和认同度，实现文化软实力提升“形于中”“发于外”。

二、实践指南

（一）实践目的与要求

社会实践是思想政治理论课教学的重要组成部分，根本目的和任务是引导学生理论联系实际，提高学生关注社会、关注现实的热情和能力，使学生在社会实践活动中受教育、长才干、作贡献。

通过社会实践活动，使学生关注和了解中国特色社会主义文化的发展，加深对课堂教学中所学理论知识的理解，密切联系实践，开阔视野，增长见识，增加学生对中国特色社会主义文化的感性认识，促使学生进行理性思考和总结，锻炼和提高分析问题、解决问题的能力，自觉践行社会主义核心价值观，增强推动中国特色社会主义文化的繁荣兴盛的自觉性。

（二）实践项目设计

◆ 实践项目一：

1. 实践项目主题 “集体主义是一种财富”主题演讲赛。

爱国主义、集体主义、社会主义，从来都是高度一致的，在当代中国，爱国，就要爱社会主义；而集体主义是社会主义道德的原则，因此，我们爱国就必须践行集体主义原则。

2. 实践项目形式 主题演讲赛。

3. 实践项目目的 通过实践活动，组织学生收集和整理有关传承集体主义的历史文化资源，组织学生搜集2020年抗击新冠肺炎疫情中的中国行动案例，在抗击新冠肺炎疫情行动中感悟集体主义，进一步理解和认同集体主义，在现实生活中，维护和践行集体主义原则。

4. 实践项目时间与地点 课下；校园内。

5. 理论要点衔接 集体主义始终是我国社会主义核心价值准则和价值导向，集体主义强调国家利益、社会整体利益和个人利益的辩证统一，强调国家利益、社会整体利益高于个人利益，强调重视和保障个人的正当利益。在新时代坚持集体主义原则，传承了中华民族最可宝贵的团结精神，体现了中国共产党“以人民为中心”的价值取向，彰显了中国特色社会主义的制度优势。

6. 实践项目具体步骤

（1）利用课间或课后，任课教师对学生进行实践活动的动员，使学生对实践活动目的、方式、意义等有比较清楚的认识并做好必要的准备。

（2）设计主题演讲赛方案。

（3）学生分组，收集资料。

（4）教师指导学生演讲训练。

7. 实践成绩评定 根据学生的资料搜集、知识掌握、活动表现和参与演讲等情况，按照优秀、良好、及格、不及格综合评定实践教学环节成绩。

8. 参考资料

抗击新冠肺炎疫情的中国行动（节选）

（2020年6月8日）

中华人民共和国国务院新闻办公室

三、凝聚抗击疫情的强大力量

面对未知病毒突然袭击，中国坚持人民至上、生命至上，举全国之力，快速有效调动全国资源和力量，不惜一切代价维护人民生命安全和身体健康。中国共产党以人民为中心的执政理念，中国集中力量办大事的制度特点，改革开放40多年来特别是中共十八大以来积累的雄厚综合国力和国家治理现代化建设的显著成效，中华民族同舟共济、守望相助的文化底色，中国人民深厚的家国情怀、天下情怀，汇聚成抗击疫情的强大合力。

（一）人的生命高于一切

在新冠肺炎疫情突袭，人民生命安全和身体健康受到严重威胁的重大时刻，中国共产党和中国政府始终以对人民负责、对生命负责的鲜明态度，准确分析和把握形势，既多方考量、慎之又慎，又及时出手、坚决果敢，以非常之举应对非常之事，全力保障人民生命权、健康权。

在人民生命和经济利益之间果断抉择生命至上。疫情暴发后，以宁可一段时间内经济下滑甚至短期“停摆”，也要对人民生命安全和身体健康负责的巨大勇气，对湖北省和武汉市果断采取史无前例的全面严格管控措施。同时，在全国范围内严控人员流动，延长春节假期，停止人员聚集性活动，决定全国企业和学校延期开工开学，迅速遏制疫情的传播蔓延，避免更多人受到感染。英国《柳叶刀》社论认为，“中国的成功也伴随着巨大的社会和经济代价，中国必须做出艰难的决定，从而在国民健康与经济保护之间获得最佳平衡”。在疫情防控的关键阶段，准确把握疫情形势变化，作出统筹推进疫情防控和经济社会发展的重大决策，有序恢复生产生活秩序，推动落实分区分级精准复工复产，最大限度保障民生和人民正常生产生活。随着本土疫情防控取得重大战略成果，及时采取“外防输入、内防反弹”的防控策略，坚决防止来之不易的持续向好形势发生逆转，坚决防止人民生命安全再次面临病毒威胁。

不惜一切代价抢救生命。疫情初期，病毒感染者急剧增多，中国把提高治愈率、降低病亡率作为首要任务，快速充实医疗救治力量，把优质资源集中到救治一线。采取积极、科学、灵活的救治策略，慎终如始、全力以赴救治每一位患者，从出生仅30个小时的婴儿至100多岁的老人，不计代价抢救每一位患者的生命。为了抢救病患，医务人员冒着被感染的风险采集病毒样本，没有人畏难退缩。为满足重症患者救治需要，想尽一切办法筹措人工膜肺（ECMO）设备，能买尽买，能调尽调。武汉市重症定点医院累计收治重症病例9 600多例，转归为治愈的占比从14%提高到89%，超过一般病毒性肺炎救治平均水平。对伴有基础性疾病的老年患者，一人一案、精准施策，只要有一丝希望绝不轻易放弃，只要有抢救需要，人员、药品、设备、经费全力保障。疫情发生以来，湖北省成功治愈3 000余位80岁以上、7位百岁以上新冠肺炎患者，多位重症老年患者是从死亡线上抢救回来的。一位70岁老人身患新冠肺炎，10多名医护人员精心救护几十天，终于挽回了老人生命，治疗费用近150万元全部由国家承担。

关心关爱海外中国公民。国家时刻挂念海外中国公民的安危，敦促、支持有关国家政府采取有效措施保障当地华侨、留学生、中资机构人员等安全。派出医疗专家组、工作组，开设远程医疗服务平台，为海外中国公民提供科学专业的疫情防控指导。协调外方全力救治在国外确诊感染的中国公民，充分调动国内专家、援外医疗队等资源，积极支持配合外方开展救治。驻外使领馆尽力履行领事保护职能，通过各种渠道宣介疫情防护知识，向留学生发放100多万份“健康包”。协助在海外确有困难的中国公民有序回国。

以国之名悼念逝者。4月4日清明节，中国举行全国性哀悼活动，深切悼念抗击疫情斗争牺牲烈士和逝世同胞，为没有等来春天的生命默哀，向所有用生命守护生命的英雄致敬。从最高领导人到普通民众，14亿中国人民以最深的怀念为牺牲烈士和逝世同胞送行。中国以国家之名和最高仪式祭奠逝者，是国家对人民个体尊严与生命的尊重与敬畏，是14亿中国人民集体情感背后的团结和力量。

（二）举全国之力抗击疫情

一方有难，八方支援。疫情发生后，全国上下紧急行动，依托强大综合国力，开展全方位的人力组织战、物资保障战、科技突击战、资源运动战，全力支援湖北省和武汉市抗击疫情，在最短时间集中最大力量阻断疫情传播。“中方行动速度之快、规模之大，世所罕见，展现出中国速度、中国规模、中国效率”。

开展新中国成立以来规模最大的医疗支援行动。调动全国医疗资源和力量，全力支持湖北省和武汉市医疗救治。自1月24日除夕至3月8日，全国共调集346支国家医疗队、4.26万名医务人员、900多名公共卫生人员驰援湖北。19个省份以对口支援、以省包市的方式支援湖北省除武汉市以外16个地市，各省在发生疫情、防控救治任务十分繁重的情况下，集中优质医疗资源支援湖北省和武汉市。人民解放军派出4 000多名医务人员支援湖北，承担火神山医院等3家医疗机构的医疗救治任务，空军出动运输机紧急运送医疗物资。各医疗队从接受指令到组建2小时内完成，24小时内抵达，并自带7天防护物资，抵达后迅速开展救治。在全国紧急调配全自动测温仪、负压救护车、呼吸机、心电监护仪等重点医疗物资支援湖北省和武汉市。从全国调集4万名建设者和几千台机械设备，仅用10天建成有1 000张病床的火神山医院，仅用12天建成有1 600张病床的雷神山医院。短短10多天建成16座方舱医院，共有1.4万余张床位。加强临床血液供应，10个省份无偿支援湖北省红细胞4.5万单位，血小板1 762个治疗量，新鲜冰冻血浆137万毫升（不含恢复期血浆）。大规模、强有力的医疗支援行动，有力保障了湖北省和武汉市救治，极大缓解了重灾区医疗资源严重不足的压力。

大力加强医疗物资生产供应和医疗支持服务。疫情防控阻击战，也是后勤保障战。疫情初期，武汉市医疗防护物资极度短缺，为了节省防护用品、争分夺秒抢救病患，一线医护人员克服困难，最大限度地延长防护用品使用时间。为尽快解决医疗资源短缺和病患急剧增多的突出矛盾，中国充分发挥制造业门类全、韧性强和产业链完整配套的优势，克服春节假期停工减产等不利因素，开足马力，深挖潜力，全力保障上下游原料供应和物流运输，保证疫情防控物资的大规模生产与配送。医疗企业克服工人返岗不足等困难，以最快速度恢复医疗用品生产，最大限度扩大产能。其他行业企业迅速调整转产，生产口罩、防护服、消毒液、测温仪等防疫物资，有效扩大了疫情防控物资的生产供应。快速启动防控医疗物资应急审批程序，全面加强质量安全监管，确保以最快的速度批准上市、促产保供，截至5月31日，共应急批准17个药物和疫苗的19件临床试验申请，附条件批准2个疫情防控用药上市。在各方共同努力下，医用物资产能不断提升，医用物资保供实现从“紧缺”到“紧平衡”“动态平衡”“动态足额供应”的跨越式提升。2月初，医用非N95口罩、医用N95口罩日产量分别为586万只、13万只，到4月底分别超过2亿只、500万只。畅通供应链条和物流渠道，建立联保联供协作机制，源源不断地把全国支援物资运送到疫情防控重点地区。

统筹协调生活物资保障。离汉通道关闭后，武汉市近千万人居家隔离，每天需要消耗大量的粮食、蔬菜、肉蛋奶。加强联动协调，建立央地协同、政企联动的9省联保联供协作和500家应急保供企业调运机制，加大粮油供应力度，投放中央冻猪肉储备，提升蔬菜大省产品供应能力，组织紧急物资运输队伍，全力保障湖北省特别是武汉市居民生活必需品的生产、库存、供应和价格稳定。1月27日至3月19日，全国通过铁路、公路、水运、民航、邮政快递等运输方式向湖北地区运送防疫物资和生活物资92.88万吨，运送电煤、燃油等生产物资148.7万吨，煤、电、油、气、热等能源供应充足，保障了湖北省、武汉市社会正常运转和隔离措施顺利实施。武汉市将生活物资配送纳入社区服务，打通生活物资配送从商场、超市到小区的最后环节，通过无接触配送方式将经过检疫、符合防疫标准的蔬菜直送社区，保障了隔离期间居民生活需要和防疫安全。

社会力量广泛参与。工会、共青团、妇联等人民团体和群众组织，组织动员所联系群众积极投身疫情防控。城乡居民、企业、社会组织等纷纷捐款捐物、献出爱心。各级慈善组织、红十字会加强捐赠资金和物资的调配和拨付，将捐赠款物重点投向湖北省和武汉市等疫情严重地区。截至5月31日，累计接受社会捐赠资金约389.3亿元、物资约9.9亿件，累计拨付捐款资金约328.3亿元、物资约9.4亿件。

疫情发生后，港澳台同胞和海外侨胞通过各种方式和渠道伸出援手，积极捐款和捐赠各类防疫物资，体现了浓浓的同胞亲情，体现了海内外中华儿女守望相助、共克时艰的凝聚力向心力。

……

（四）14亿中国人民坚韧奉献守望相助

国家兴亡，匹夫有责。14亿中国人民，不分男女老幼，不论岗位分工，都自觉投入抗击疫情的人民战争，坚韧团结、和衷共济，凝聚起抗击疫情的磅礴力量。14亿中国人民都是抗击疫情的伟大战士。

医务工作者白衣执甲、逆行出征。从年逾古稀的院士专家，到90后、00后的年轻医护人员，面对疫情义无反顾、坚定前行。54万名湖北省和武汉市医务人员冲锋在前，4万多名军地医务人员第一时间驰援湖北省和武汉市，数百万名医务人员战斗在全国抗疫一线。他们以对人民的赤诚和对生命的敬佑，争分夺秒、舍生忘死、连续作战，挽救了一个又一个垂危生命，用血肉之躯构筑起阻击病毒的钢铁长城，为病毒肆虐的漫漫黑夜带来了光明，守护了国家和民族生生不息的希望。他们与病毒直面战斗，承受难以想象的身体和心理压力，付出巨大牺牲，2 000多人确诊感染，几十人以身殉职。没有人生而英勇，只是选择了无畏。中国医生的医者仁心和大爱无疆，永远铭刻在中华民族历史上，永远铭刻在中国人民心中。

武汉人民和湖北人民顾全大局、顽强不屈，为阻击病毒作出巨大牺牲。武汉人民、湖北人民面对离汉离鄂通道关闭后与外隔绝、交通停滞、城市"停摆"，克服了近距离接触病毒、医疗资源和生活物资紧张以及长时间隔离带来的困难，忍住失去至爱亲朋的痛苦，服从大局，咬紧牙关，团结坚守。在伟大的抗疫战争中，英雄的武汉人民、湖北人民将载入史册为人们所铭记。

社区工作者、公安民警、海关关员、基层干部、下沉干部不辞辛苦、日夜值守，为保护人民生命安全牺牲奉献。400万名社区工作者奋战在全国65万个城乡社区中，监测疫情、测量体温、排查人员、站岗值守、宣传政策、防疫消杀，认真细致，尽职尽责，守好疫情防控"第一关口"。公安民警及辅警驻守医院、转运病人、街道巡逻、维护秩序，面对急难险重任务勇挑重担，130多人牺牲在工作岗位。海关关员依法履行卫生检疫职责，筑牢口岸检疫防线。社区防控一线广大党员、干部及时将党和政府的声音传导到基层，组织动员群众做好防控，积极为群众排忧解难，抓实抓细网格服务管理。

快递小哥、环卫工人、道路运输从业人员、新闻工作者、志愿者等各行各业工作者不惧风雨、敬业坚守。疫情期间，千家万户关门闭户，数百万快递员顶风冒雪、冒疫前行，在城市乡村奔波，给人们送来温暖。全国180万环卫工人起早贪黑、不辞辛劳，高标准做好卫生清扫、消毒杀菌、医疗废物集中处理、垃圾清理清运。数千万道路运输从业人员坚守岗位，许多城市出租车司机没有停工，有力保障疫情防控、生产生活物资运输和复工复产。新闻工作者不惧风险、深入一线，记录中国抗疫的点点滴滴，传递中国人民抗击疫情的温情和力量。许多普通人投入一线志愿服务，社区值守、排查患者、清洁消杀、买药送菜，缓解居民燃眉之急。据不完全统计，截至5月31日，全国参与疫情防控的注册志愿者达到881万人，志愿服务项目超过46万个，记录志愿服务时间超过2.9亿小时。

广大民众扛起责任、众志成城，自觉参与抗击疫情。危难面前，中国人民对中国共产党和中国政府高度信任，勇敢承担起社会责任，为取得抗疫胜利约束自我乃至牺牲自我。疫情暴发正值春节假期，国家一声令下，全民响应，一致行动，整个社会紧急停下脚步。人们取消了春节期间的走亲访友和各种聚会，克服困难就地隔离，外出自觉佩戴口罩、测量体温、保持社交距离。保护自己就是保护别人、就是为国家作贡献成为社会共识和每个人的自觉行动。人们长时间在家隔离，上网课、学美食、陪家人，用各种方式缓解压力，以积极乐观的态度抗击疫情。“所有好的做法如果想要奏效，必须要有公众的集体意愿。正因如此，中国有能力通过传统公共卫生干预方法应对一种新型的未知病毒”。

——中国共产党新闻网，http://cpc.people.com.cn/n1/2020/0608/c431601-31738348.html.

◆ **实践项目二：**

1. 实践项目主题 “传承家庭美德，弘扬优良家风”（图片或文字作品）作品展。

家庭是社会的基本细胞，是人生的第一所学校，对一个人的价值观的养成有重要影响，要重视家庭建设，注重家庭、注重家教、注重家风，发扬光大中华民族传统家庭美德，促进家庭和谐，促进亲人相亲相爱，促进下一代健康成长，从家庭做起培育和践行社会主义核心价值观。

2. 实践项目形式 通过走访拍摄照片、收集资料，实践活动结束后开展面向全校“传承家庭美德，弘扬优良家风”优秀作品（图片或文字作品）展览等。

3. 实践项目目的 通过社会实践活动，组织学生收集和整理有关传承百年的优良家风家训和家庭传统美德的历史文化资源，用文字和图片记载、展示中华文明的厚重和博大精深。使学生认识到“家庭美德，优良家风”是中华民族文化的重要组成部分，是弘扬民族文化和民族精神，增强文化自信、建设文化强国、提高中国文化软实力的重要任务；加深学生对家庭教育在培育和践行社会主义核心价值观当中重要性的认识，激发新时代学生的爱家、爱国情怀；使学生更加坚定文化自信，以主动担当的精神加快文化发展的步伐，在传承中华优秀传统文化的基础上发展中国特色社会主义先进文化，加快建设社会主义文化强国。

4. 实践项目时间与地点 暑期；自己的家庭或其他家庭。

5. 理论要点衔接 培育和践行社会主义核心价值观，要坚持全民行动、干部带头，从家庭做起、从娃娃抓起。人民有信仰，国家有力量，民族有希望。“少成若天性，习惯之为常。”培养和践行社会主义核心价值观，事关青年扣好人生的第一粒扣子。要把社会主义核心价值观的基本内容和要求渗透到学校教育教学之中，体现在学校日常管理中，做到进教材、进课堂、进头脑，让社会主义核心价值观在青年学生的心田中生根发芽。

6. 实践项目具体步骤

(1) 利用课间或课后，任课教师对学生进行实践活动的动员，使学生对实践活动目的、方式、意义等有比较清楚的认识并做好必要的准备。

(2) 设计调查方案。

(3) 收集资料。

(4) 整理与分析资料。

(5) 填写实践教学活动表。

实践教学活动表

姓名		班级		学号	
我的姓氏起源					
本姓氏著名人物及事迹					
我的家风家训及故事					
感悟					
成绩评定					

(6) 成果展示。

7. 实践成绩评定 根据学生的资料搜集、知识掌握、活动表现和上交作品等情况，按照优秀、良好、及格、不及格综合评定实践教学环节成绩。

8. 参考资料

在会见第一届全国文明家庭代表时的讲话

(2016年12月12日)

习近平

同志们：

大家好！很高兴同大家在这里见面。你们当中有全国优秀共产党员、全国劳动模范、全国道德模范等先进典型，很多是来自城乡基层的普通家庭代表。你们以自己的模范行为，同家庭成员一起，弘扬和践行社会主义核心价值观，温暖了人心，诠释了文明，传播了正能量，为全社会树立了榜样，都是好样的！

在这里，我代表党中央，向受到表彰的第一届全国文明家庭，表示热烈的祝贺！向工作在精神文明建设一线的同志们，致以诚挚的问候！

中华民族历来重视家庭。正所谓“天下之本在家”。尊老爱幼、妻贤夫安，母慈子孝、兄友弟恭，耕读传家、勤俭持家，知书达礼、遵纪守法，家和万事兴等中华民族传统家庭美德，铭记在中国人的心灵中，融入中国人的血脉中，是支撑中华民族生生不息、薪火相传的重要精神力量，是家庭文明建设的宝贵精神财富。

随着我国改革开放不断深入，随着我国经济社会发展不断推进，随着我国人民生活水平不断提高，城乡家庭的结构和生活方式发生了新变化。但是，无论时代如何变化，无论经济社会如何发展，对一个社会来说，家庭的生活依托都不可替代，家庭的社会功能都不可替代，家庭的文明作用都不可替代。无论过去、现在还是将来，绝大多数人都生活在家庭之中。我们要重视家庭文明建设，努力使千千万万个家庭成为国家发展、民族进步、社会和谐的重要基点，成为人们梦想启航的地方。这里，我给大家提几点希望。

第一，希望大家注重家庭。家庭是社会的细胞。家庭和睦则社会安定，家庭幸福则社会祥和，家庭文明则社会文明。历史和现实告诉我们，家庭的前途命运同国家和民族的前途命运紧密相连。我们要认识到，千家万户都好，国家才能好，民族才能好。国家富强，民族复兴，人民幸福，不是抽象的，最终要体现在千千万万个家庭都幸福美满上，体现在亿万人民生活不断改善上。同时，我们还要认识到，国家好，民族好，家庭才能好。当前，全党全国各族人民正在实现“两个一百年”奋斗目标、实现中华民族伟大复兴中国梦的新长征路上砥砺前行。只有实现中华民族伟大复兴的中国梦，家庭梦才能梦想成真。中国人历来讲求精忠报国，革命战争年代母亲教儿打东洋、妻子送郎上战场，社会主义建设时期先大家后小家、为大家舍小家，都体现着向上的家庭追求，体现着高尚的家国情怀。

广大家庭都要把爱家和爱国统一起来，把实现家庭梦融入民族梦之中，心往一处想，劲往一处使，用我们 4 亿多家庭、13 亿多人民的智慧和热情汇聚起实现“两个一百年”奋斗目标、实现中华民族伟大复兴中国梦的磅礴力量。

第二，希望大家注重家教。家庭是人生的第一个课堂，父母是孩子的第一任老师。孩子们从牙牙学语起就开始接受家教，有什么样的家教，就有什么样的人。家庭教育涉及很多方面，但最重要的是品德教育，是如何做人的教育。也就是古人说的“爱子，教之以义方”，“爱之不以道，适所以害之也”。青少年是家庭的未来和希望，更是国家的未来和希望。古人都知道，养不教，父之过。家长应该担负起教育后代的责任。家长特别是父母对子女的影响很大，往往可以影响一个人的一生。中国古代流传下来的孟母三迁、岳母刺字、画荻教子讲的就是这样的故事。我从小就看我妈妈给我买的小人书《岳飞传》，有十几本，其中一本就是讲“岳母刺字”，精忠报国在我脑海中留下的印象很深。作为父母和家长，应该把美好的道德观念从小就传递给孩子，引导他们有做人的气节和骨气，帮助他们形成美好心灵，促使他们健康成长，长大后成为对国家和人民有用的人。

广大家庭都要重言传、重身教，教知识、育品德，身体力行、耳濡目染，帮助孩子扣好人生的第一粒扣子，迈好人生的第一个台阶。要在家庭中培育和践行社会主义核心价值观，引导家庭成员特别是下一代热爱党、热爱祖国、热爱人民、热爱中华民族。要积极传播中华民族传统美德，传递尊老爱幼、男女平等、夫妻和睦、勤俭持家、邻里团结的观念，倡导忠诚、责任、亲情、学习、公益的理念，推动人们在为家庭谋幸福、为他人送温暖、为社会作贡献的过程中提高精神境界、培育文明风尚。

第三，希望大家注重家风。家风是社会风气的重要组成部分。家庭不只是人们身体的住处，更是人们心灵的归宿。家风好，就能家道兴盛、和顺美满；家风差，难免殃及子孙、贻害社会，正所谓“积善之家，必有余庆；积不善之家，必有余殃”。诸葛亮诫子格言、颜氏家训、朱子家训等，都是在倡导一种家风。毛泽东、周恩来、朱德同志等老一辈革命家都高度重视家风。我看了很多革命烈士留给子女的遗言，谆谆嘱托，殷殷希望，十分感人。

广大家庭都要弘扬优良家风，以千千万万家庭的好家风支撑起全社会的好风气。特别是各级领导干部要带头抓好家风。《礼记·大学》中说：“所谓治国必先齐其家者，其家不可教而能教人者，无之。”领导干部的家风，不仅关系自己的家庭，而且关系党风政风。各级领导干部特别是高级干部要继承和弘扬中华优秀传统文化，继承和弘扬革命前辈的红色家风，向焦裕禄、谷文昌、杨善洲等同志学习，做家风建设的表率，把修身、齐家落到实处。各级领导干部要保持高尚道德情操和健康生活情趣，严格要求亲属子女，过好亲情关，教育他们树立遵纪守法、艰苦朴素、自食其力的良好观念，明白见利忘义、贪赃枉法都是不道德的事情，要为全社会做表率。

今天受到表彰的家庭，要珍惜荣誉、再接再厉，带动全国千千万万个家庭行动起来，共同为促进家庭和睦、亲人相爱、下一代健康成长、老年人老有所养而努力，共同为提高全社会文明程度而努力。

各级党委和政府要充分认识家庭文明建设的重要性，负起领导责任，切实把家庭文明建设摆上议事日程。工会、共青团、妇联等群众团体要结合自身特点，积极组织开展家庭文明建设活动。各方面要满腔热情关心和帮助生活困难的家庭，帮助他们排忧解难。精神文明建设工作部门要发挥统筹、协调、指导、督促作用，动员社会各界广泛参与，推动形成爱国爱家、相亲相爱、向上向善、共建共享的社会主义家庭文明新风尚。

最后，祝愿大家工作顺利、身体健康、阖家幸福！

——新华网，http://www.xinhuanet.com/politics/2016-12/15/c_1120127183.htm.

江西南昌汪山土库：操修淳笃　矩范严明

汪山土库位于江西省南昌市新建区大塘坪乡汪山岗，始建于道光元年（1821年），历时近半个世纪，于同治年间落成。汪山土库程氏家族原居安徽歙县，唐末迁居南昌城西新建竹园，明正德年间迁居大汪山，至清乾嘉时期，家族始盛。嘉庆五年至宣统二年100多年间，共出举人21名，进士7名，翰林2名，大小官员、社会名流100余名。清道光年间更是出现了程矞采、程焕采、程楙采三兄弟同朝为官的盛况，分别官至湖广总督、江苏巡抚和安徽巡抚，人称“一门三督抚”。

……

程氏家族的家规有十条：尊长敬贤，唯礼是尊；孝顺父兄，共敦友爱；待人持物，仁义为本；自省其心，非礼莫为；不事人非，教子宜家；居乡为善，和邻睦族；恬淡俭约，度入量出；声华奢欲，非礼莫近；廉慎以持，敬业唯勤；修齐治平，兴邦利民。

……

程氏家族的家规家训蕴含了“忠、孝、廉、节”等丰富的传统道德思想，体现了程氏家族对国家的忠孝、对理学的推崇和对自身修持的要求，至今润泽子孙。

……

——中央纪委监察部网站，http://www.ccdi.gov.cn/yaowen/201703/t20170313_146109.html? from=singlemessage.

◆ **实践项目三：**

1. 实践项目主题 新时代大学生社会主义核心价值观日常生活化调查。

高校是培育和践行社会主义核心价值观的重要阵地，要使新时代大学生牢固树立社会主义核心价值观，就必须要把社会主义核心价值观融入他们生活的各个方面，让他们在实践中感知它、领悟它。

2. 实践项目形式 学生自由组合成不超 6 人的调查小组，以小组为单位，采用实地发放调查问卷、网上发放电子问卷或微信等形式，也可采取座谈、采访等形式进行调查。

3. 实践项目目的 关注社会，关心国家，是每一个大学生必须具有的责任意识。此实践项目为问卷调查活动，通过组织学生对在校大学生进行调查，了解大学生对培育和践行社会主义核心价值观的认知程度，了解他们对社会主义文化建设的关注度，了解学校推动社会主义文化繁荣兴盛工作的状况。利用这个实践活动能够有助于加深大学生对社会主义核心价值的认识与理解，激发学生对新时代大学生社会主义核心价值观现状及问题的关注和思考，进而联系实际，促使学生进行反思和自省，增强其树立和践行社会主义核心价值观的自觉性和主动性。通过问卷调查，也有助于培养学生运用马克思主义基本原理分析社会现实，解决实际问题的能力。

4. 实践项目时间与地点 课余时间；校园、教室、食堂、寝室等场所。

5. 理论要点衔接 培育和践行社会主义核心价值观，就是要把社会主义核心价值观融入社会生活各个方面，达到“日用而不自知”的程度。培育和践行社会主义核心价值观要注意把我们所提倡的与大学生日常生活联系起来，在落细、落小、落实上下功夫。要利用各种时机和场合，形成有利于培育和践行社会主义核心价值观的生活情景和社会氛围，使社会主义核心价值观的影响像空气一样无所不在、无时不有。

6. 实践项目具体步骤

（1）了解调查工作的基本思路，设计调查问卷，掌握撰写调查报告的方法。

（2）学生利用课余时间在网上或实地发放调查问卷，通过对不同年级同学的走访，获得第一手资料，深入了解构建社会主义核心价值观过程中大学生价值观的变化，以及价值观的转变对大学生产生的积极影响，并针对存在的问题提出合理的建议。

（3）按时收回问卷，整理座谈、采访数据。

（4）在教师指导下对问卷进行统计、分析和整理。

（5）根据问卷调查结果，调查小组写出不少于2 000字的调查报告，要求符合调查报告格式，条理清晰、思路明确、内容真实，有数据分析和现状思考。按照时间要求，及时提交给任课教师。

（6）每组选派1名组员代表本组在班级汇报实践成果。

7. 实践成绩评定

（1）活动结果：完成调查活动各个环节内容。

（2）评价标准：见评价表。

评价表

评价项目	分值	得分
选题新颖，观点明确，论据充实；有较强分析问题、解决问题的能力，有创造性见解	20分	
收集资料完整、丰富，引用的数据准确、完整，图表清楚、正确	30分	
报告表述条理清楚，文章结构合理，逻辑性强	30分	
文字流畅，标点规范，格式符合要求	10分	
实践活动收获	10分	
总分	100分	

8. 参考资料

习近平在北京大学师生座谈会上的讲话

（2018年5月2日）

……

同学们、老师们！

当代青年是同新时代共同前进的一代。我们面临的新时代，既是近代以来中华民族发展的最好时代，也是实现中华民族伟大复兴的最关键时代。广大青年既拥有广阔发展空间，也承载着伟大时代使命。青年是国家的希望、民族的未来。我衷心希望每一个青年都成为社会主义建设者和接班人，不辱时代使命，不负人民期望。对广大青年来说，这是最大的人生际遇，也是最大的人生考验。

2014年我来北大同师生代表座谈时对广大青年提出了具有执着的信念、优良的品德、丰富的知识、过硬的本领这4点要求。借此机会，我再给广大青年提几点希望。

一是要爱国，忠于祖国，忠于人民。爱国，是人世间最深层、最持久的情感，是一个人立德之源、立功之本。孙中山先生说，做人最大的事情，“就是要知道怎么样爱国”。我们常讲，做人要有气节、要有人格。气节也好，人格也好，爱国是第一位的。我们是中华儿女，要了解中华民族历史，秉承中华文化基因，有民族自豪感和文化自信心。要时时想到国家，处处想到人民，做到“利于国者爱之，害于国者恶之”。爱国，不能停留在口号上，而是要把自己的理想同祖国的前途、把自己的人生同民族的命运紧密联系在一起，扎根人民，奉献国家。

二是要励志，立鸿鹄志，做奋斗者。苏轼说：“古之立大事者，不惟有超世之才，亦必有坚忍不拔之志。”王守仁说：“志不立，天下无可成之事。”可见，立志对一个人的一生具有多么重要的意义。广大青年要培养奋斗精神，做到理想坚定，信念执着，不怕困难，勇于开拓，顽强拼搏，永不气馁。幸福都是奋斗出来的，奋斗本身就是一种幸福。1939 年 5 月，毛泽东同志在延安庆贺模范青年大会上说：“中国的青年运动有很好的革命传统，这个传统就是‘永久奋斗’。我们共产党是继承这个传统的，现在传下来了，以后更要继续传下去。”为实现中华民族伟大复兴的中国梦而奋斗，是我们人生难得的际遇。每个青年都应该珍惜这个伟大时代，做新时代的奋斗者。

三是要求真，求真学问，练真本领。“玉不琢，不成器；人不学，不知道。”知识是每个人成才的基石，在学习阶段一定要把基石打深、打牢。学习就必须求真学问，求真理、悟道理、明事理，不能满足于碎片化的信息、快餐化的知识。要通过学习知识，掌握事物发展规律，通晓天下道理，丰富学识，增长见识。人的潜力是无限的，只有在不断学习、不断实践中才能充分发掘出来。建设社会主义现代化强国，发展是第一要务，创新是第一动力，人才是第一资源。希望广大青年珍惜大好学习时光，求真学问，练真本领，更好为国争光、为民造福。

四是要力行，知行合一，做实干家。“纸上得来终觉浅，绝知此事要躬行。”学到的东西，不能停留在书本上，不能只装在脑袋里，而应该落实到行动上，做到知行合一、以知促行、以行求知，正所谓“知者行之始，行者知之成”。每一项事业，不论大小，都是靠脚踏实地、一点一滴干出来的。“道虽迩，不行不至；事虽小，不为不成。”这是永恒的道理。做人做事，最怕的就是只说不做，眼高手低。不论学习还是工作，都要面向实际、深入实践，实践出真知；都要严谨务实，一分耕耘一分收获，苦干实干。广大青年要努力成为有理想、有学问、有才干的实干家，在新时代干出一番事业。我在长期工作中最深切的体会就是：社会主义是干出来的。

……

——中国共产党新闻网，http://cpc.people.com.cn/n1/2018/0503/c64094-29961631.html.

附：调查问卷样表（可根据需要添加内容）

新时代大学生社会主义核心价值观日常生活化调查

同学们好：

关注社会，关心国家，是每一个大学生必须具有的责任意识。为了探究大学生社会主义核心价值观的日常生活化培育，特进行不记名调查，感谢大家的支持！

一、基本信息

1. 你的性别是（　　）。

A. 男　　B. 女

2. 你的年级是（　　）。

A. 大一　　B. 大二　　C. 大三　　D. 大四

3. 你的专业是（　　）。

A. 文科　　B. 理科　　C. 工科　　D. 艺术或体育类

4. 你的政治面貌是（　　）。

A. 党员　　B. 预备党员　　C. 团员

D. 群众　　E. 其他________

5. 你是否担任学生干部。（　　）

A. 是　　B. 否

二、主要内容

1. 你能准确表述社会主义核心价值观的内容吗？（　　）

A. 能　　B. 不能　　C. 记不全

2. 你认为你所处的学校是否重视社会主义核心价值观的宣传和教育？（　　）

A. 很重视　　B. 比较重视　　C. 重视

D. 不重视　　E. 比较不重视　　F. 很不重视

3. 在你们学校，学生是否做到了社会主义核心价值观入耳入脑入心？（　　）

A. 都做到了，认同并且把社会主义核心价值观作为自己的行为规范

B. 基本做到了，偶尔在行动中参照

C. 没有做到，仅仅当做学习任务以应付考试要求，与日常生活无关

D. 几乎没有做到，认同社会主义核心价值观，但日常生活中不会去按照要求去做

4. 你觉得社会主义核心价值观与日常生活的联系是（　　）。

A. 联系密切　　B. 相互脱节　　C. 说不清

5. 你觉得有必要将社会主义核心价值观日常生活化吗？（　　）

A. 有必要　　B. 没必要　　C. 看情况

6. 学校开展社会主义核心价值观的培育方式有哪些？（可多选）（　　）

A. 课堂理论教育　　B. 网络平台宣传

C. 校园广播、宣传板　　D. 社会实践活动

E. 其他________

7. 丰富多彩的校园文化活动，你认为这些活动在培育和践行动社会主义核心价值观方面有效吗？（可多选）（　　）

A. 非常有效，活动所宣传的社会主义核心价值观会深刻影响到自己的思想和行为

B. 比较有效，自己偶尔在行动中参照

C. 没有效，宣传活动过于形式化、表面化、枯燥化

D. 完全没有效，只是看热闹，对于学生完全没影响

8. 你认为学校将社会主义核心价值观日常化，应该做到（可多选）（　　）。

A. 在专业课等课程教学中渗透社会主义核心价值观教育

B. 在校园文化活动中渗透社会主义核心价值观教育

C. 使学生平时的言行中都遵循社会主义核心价值观

D. 通过日常化的专题活动培育和践行社会主义核心价值观

E. 通过制度规范大学生的日常言行

9. 在日常生活中，你主要是通过哪些途径来学习和践行社会主义核心价值观的？（可多选）（　　）

A. 思想政治课　　B. 校园文化活动
C. 专题讲座　　D. 主题班会
E. 班级党团活动　　F. 报纸、杂志
G. 电视、网络等媒体宣传　　H. 社会实践
I. 其他

10. 你认为什么因素会影响大学生将社会主义核心价值观融入日常生活?(可多选)(　　)
A. 社会主义核心价值观过于凝练和抽象，与大学生日常生活距离较远
B. 内容主要是一些较为宏大的要求，与大学生的具体行为要求差异过大
C. 学习和宣传主要停留在课堂当中，作为学习任务而非行动向导
D. 学校的宣传与教育重视不够，宣传活动过于形式化、表面化、枯燥化
E. 家庭环境与教育方面的影响
F. 社会腐败现象、不正之风等的影响
G. 网络信息时代各种传媒传播的负面信息的作用和影响
H. 其他因素________

谢谢你的配合

三、拓展资源

(一) 阅读书目

1. 中共中央文献研究室:《习近平关于社会主义文化建设论述摘编》，北京：中央文献出版社，2017 年

本书共分 8 个专题：坚定文化自信，建设社会主义文化强国；坚持以马克思主义为指导，牢牢掌握意识形态工作领导权、管理权、话语权；高度重视理论建设，加快构建中国特色哲学社会科学；培育和践行社会主义核心价值观；提高全民族思想道德水平；坚持以人民为中心的创作导向；推动文化事业全面繁荣和文化产业快速发展；提高国家文化软实力，讲好中国故事。书中收入 361 段论述，摘自习近平同志 2012 年 11 月 15 日至 2017 年 7 月 26 日期间的讲话、报告、演讲、指示、批示、贺信等 70 多篇重要文献。其中许多论述是第一次公开发表。

2. 北京大学党委宣传部:《铸魂：社会主义核心价值观十二讲》，北京：北京大学出版社，2017 年

12 位专家教授结合各自的学术研究领域，围绕社会主义核心价值观的核心概念的起源和内涵，从历史与现实的结合，从生活的案例入手，阐释概念，讨论流变，探究启示，引导读者深入理解社会主义核心价值观的内涵，鼓励读者们在学习和生活中做社会主义核心价值观的积极践行者。旨在带动读者进一步思考如何树立、践行社会主义核心价值观，是社会主义核心价值观教育的重要形式，同时也是思想教育与学术研究、育人工作与教学实践相结合的有益探索。

3. 沈壮海:《文化强国建设的中国逻辑》，北京：人民出版社，2017 年

该著作基于对党的十八大以来习近平总书记关于社会主义文化强国建设的系列讲话、党和国家有关文化建设政策文件等的学习和研读，比较深入细致地呈现了近年来我们党推进社

会主义文化强国建设的新理念新思考。该著作对宣传思想和新闻舆论工作、社会主义文艺的繁荣发展、网络文化建设、加快构建中国特色哲学社会科学、国家文化软实力提升等方面的新理念新思考也进行了重点探讨。该著作视野开阔、资料翔实、文字清新、娓娓论道，有助于读者对十八大以来社会主义文化强国建设理论与实践新进展的了解和掌握。

（二）红色光影

1. 纪录片《国魂》

由中宣部宣教局和中央电视台联合拍摄，央视科教频道承制的3集电视专题片《国魂》，旨在贯彻落实《中央办公厅关于培育和践行社会主义核心价值观的意见》，深入开展社会主义核心价值观宣传教育，是我国首部以电视手段、全方位解读和展示社会主义核心价值观的电视专题片。

《国魂》分上中下3篇，运用电视艺术手法，用百姓视角、百姓语言、百姓故事3大板块，对“三个倡导”24个字的重大意义、基本内涵和实践要求进行了全面准确、鲜活生动的阐释和解读。片头统一采用海采方式切入，通过对不同地区、行业、职业的群众进行现场采访，体现社会主义核心价值观是当代中国价值观认同的最大公约数。在总体拍摄风格上突出鲜活、生动、接地气的特点，采取故事化情节和夹叙夹议的方式，让观众在欣赏中获得启迪、感受价值观的力量。

2. 纪录片《将改革进行到底》之《延续中华文脉》

《将改革进行到底》是中共中央宣传部、中央全面深化改革领导小组办公室组织指导，中央电视台承担制作的10集政论专题片，该片讲述了以习近平同志为核心的党中央带领13亿中国人民攻坚克难、砥砺前行，坚定不移进行改革的故事。

其中第5集《延续中华文脉》聚焦文化体制改革，以习近平总书记关于文化改革发展的重要思想为主线，充分展现文化自信，以“传承传统文化、弘扬时代精神、讲述中国故事”贯穿全篇，围绕“培育和弘扬社会主义核心价值观、建设社会主义文化强国”的核心目标，突出本轮文化改革的重中之重——建立健全把社会效益放在首位、确保“两个效益”相统一的体制机制，推动媒体融合发展、建立健全在互联网时代坚持正确舆论导向的体制机制。传统文化、时代精神、复兴之魂深植其中。本集里有不少生动的人物和故事，有大量对权威人士的采访，清晰勾勒了党的十八大以来文化改革的“四梁八柱”，讲述了老百姓身边鲜活生动的文化故事。

3. 纪录片《文化伟力》

《文化伟力》从文明之源、凝聚之魂、创造之光、竞发之帆、兴业之柱、强国之路6个方面，集中展现了文化的传承发展、文化的凝聚力量、文化的竞争力量。本片以生动的电视影像、形象的事例数据、权威的高端访谈，将深刻的哲理演绎为精湛的艺术，情理交融，震撼人心，大气磅礴。片中引用了大量数字，令人警醒，同时更增强了说服力和可信度。本片对文化的现象进行理论阐释，特别是对中国文化从传统到现代这样一个发展历程，做了全面系统的阐述和描绘，对于我们增强文化自觉、文化自信，坚定不移地走中国特色社会主义道路具有极其重要的意义。

4. 纪录片《马克思是对的》

《马克思是对的》是由中宣部理论局、江苏省委宣传部、江苏省广播电视总台联合制作的5集通俗理论对话节目，分为《你好，马克思》《洞悉世界的眼睛》《不朽的〈资本论〉》《解放全人类的胸怀》《千年思想家》。围绕“马克思为什么是对的?”“马克思主义在当代有怎样的价值?”知名理论专家、高校青年教师和全国大学生代表走进“阶梯教室”，开展精彩问答，讲述伟人故事，朗诵诗歌致敬，和观众一起重温马克思的光辉足迹，感受伟人的人格魅力，感知真理的力量。

专题十三 TOPIC 13

“五位一体”总体布局之坚持在发展中保障和改善民生

一、理论基础

建设社会主义和谐社会，要提高保障和改善民生水平，实施精准扶贫、精准脱贫战略，加强和创新社会治理，形成共建共治共享的社会保障体系，树立国家总体安全观。

（一）知识框架

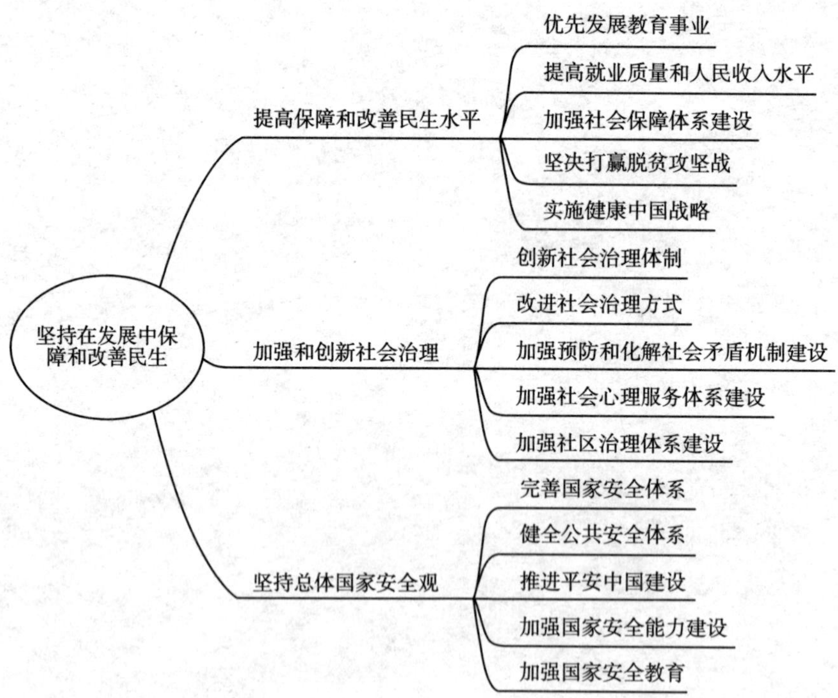

（二）理论要点

1. 提高保障和改善民生水平 民生是人民幸福之基、社会和谐之本。

（1）优先发展教育事业。建设教育强国是中华民族伟大复兴的基础工程，必须把教育事业放在优先位置。

（2）提高就业质量和人民收入水平。大规模开展职业技能培训，解决好结构性就业矛盾，鼓励创业带动就业。提供全方位公共就业服务，促进高校毕业生等青年群体、农民工多渠道就业创业。

（3）加强社会保障体系建设。社会保障体系发挥兜底作用，保障全社会成员基本生存与生活需要，要全面建成覆盖全民、城乡统筹、权责清晰、保障适度、可持续的多层次社会保障体系。

（4）坚决打赢扶贫攻坚战。消除贫困、改善民生、逐步实现共同富裕，是社会主义的本质要求，是我们党的重要使命。动员全党全国全社会力量，坚持精准扶贫、精准脱贫，注重扶贫同扶志、扶智相结合，确保到2020年我国现行标准下农村贫困人口实现脱贫。

（5）实施健康中国战略。人民健康是民族昌盛和国家富强的重要标志。要完善国民健康政策，为人民群众提供全方位全周期健康服务。

2. 加强和创新社会治理

（1）创新社会治理体制。坚持完善党委领导、政府负责、社会协同、公众参与、法治保障的社会治理体制，提高社会治理社会化、法治化、智能化、专业化水平，推进社会治理精细化，打造共建共治共享的社会治理格局。

（2）改进社会治理方式。坚持系统治理、依法治理、源头治理和综合治理。

（3）加强预防和化解社会矛盾机制建设。正确处理人民内部矛盾特别是涉及广大人民群众切身利益的矛盾，是保持社会安定团结良好局面的关键。

（4）加强社会心理服务体系建设。人是社会的主体。一个社会是否文明进步、安定和谐，很大程度上取决于公民的思想道德素质。加强和改进思想政治工作，更加注重人文关怀和心理疏导，着力促进公民道德素质的提升。

（5）加强社区治理体系建设。

3. 坚持总体国家安全观

（1）完善国家安全体系。构建一个集政治安全、国土安全、军事安全、经济安全、文化安全、社会安全、科技安全、信息安全、生态安全、资源安全、核安全等于一体的国家安全体系。

（2）健全公共安全体系。公共安全是国家安全的重要体现，是最基本的民生。要牢固树立安全发展理念，打造全方位、立体化的公共安全网。完善农产品质量安全监管体系，加强食品药品安全监管，完善安全生产责任制，提高抵御自然灾害的综合防范能力。

（3）推进平安中国建设。建设平安中国，要紧紧抓住人民群众反映强烈、影响社会和谐稳定、制约平安建设深入开展的突出问题和薄弱环节，坚持一手抓专项打击整治，一手抓源头性、基础性工作。

（4）加强国家安全能力建设。坚持科技引领、法治保障、文化支撑，推进安全工作精细化、信息化、法治化。

（5）加强国家安全教育。以每年4月15日"全民国家安全教育日"为契机，以总体国家安全观为指导，全面实施国家安全法，深入开展国家安全宣传教育。

二、实践指南

（一）实践目的与要求

群众利益无小事，民生问题大于天。“坚持在发展中保障和改善民生”这一专题的内容贴近社会现实。通过社会观察和实践体验，引导学生把学到的知识放到实践中去观察、运用和检验。在实践中认识国情、提高素质、成长成才、奉献社会。增强大学生创业创新意识、实践能力和社会责任感，对于培养中国特色社会主义事业的合格建设者和可靠接班人具有重要意义。

（二）实践项目设计

◆ **实践项目一：**

1. 实践项目主题 走访乡村学校。

教育公平，推动城乡义务教育一体化发展，让每个孩子都能享有公平而有质量的教育。2016年，国务院出台了《关于统筹推进县域城乡义务教育一体化改革发展的若干意见》，十九大报告也明确提出了“推动城乡义务教育一体化改革发展的若干意见”。

2. 实践项目形式 校外公益实践。

3. 实践项目目的 学生通过实践了解乡村教育现状，一方面，加深对课本中发展教育事业的理论的认识，并形成自己的思考：大学生如何才能更好地为发展乡村教育服务，同时将认识化为行动，积极投身于提升乡村教育水平的实践中。另一方面，通过实践切实帮助乡村学校解决发展中遇到的问题，激发乡村学生学习和生活的热情，既给他们带去知识又给他们带去快乐、信心和正能量。

4. 实践项目时间与地点 课余时间；选取的乡村学校。

5. 理论要点衔接 促进城乡教育公平，不仅要从增强师资力量和办学条件入手，还要激发乡村学生成长成才的内生动力。促进城乡教育公平，不仅要看学生的学习成绩和升学率，更要关注学生的成长和身心健康。

6. 实践项目具体步骤

（1）联系实践接收单位。首先考虑学校学院的实践教育基地，如果没有基地，可以采取就近原则或典型原则，联系3～5所乡村学校，向对方表明实践目的，如果对方同意可以进一步接洽相关事宜，包括了解对方学校的发展状况及重点需求。

（2）将学生进行分组。根据确定的学校数量和前期了解的（需求）情况，结合学生的学科专业、个人意愿、兴趣及特长等，将学生进行分组，可以分为图书资料组、文具器械组、文艺体育组等，每个小组选组长和副组长各1名。将分组与前期联系的实践学校进行合理匹配。

（3）各小组制定自己的详细实践计划，并做好前期准备工作。针对实践学校的实际情况，各小组分别做好前期准备工作。如在校园内组织募捐图书并分类，针对乡村学校知识需求做好准备工作，同时带给学生一些有启发性的科学实验或者开阔视野的演讲，文体组准备文艺节目和互动游戏。

（4）走访慰问乡村学校。

①精彩一课。可以是文化知识课、引发思考的科学实验课、关爱学生心灵成长的人文演

讲等。

②文艺表演。可以表演时尚流行、积极健康正能量的街舞，民族舞，声乐或乐器演奏，等等。

③游戏联谊。通过轻松活泼又有意义的游戏，拉近大学生和乡村师生的情感，激发双方的进取力量，使大学师生和乡村师生双方共同成长。

④召开座谈会。在座谈会上，大学和乡村学校双方的代表，就实践活动谈自己的感受和思考。乡村学生可以提出自己进一步的需求，大学生与之结对子并留联系方式，实践活动结束后可以长期保持联系。

(5) 活动总结。参与实践的学生将在实践中的感受和收获，写成实践报告，要求内容充实、结构合理，有自己的真情实感和关于乡村学校发展的独特思考。

7. 实践成绩评定 根据学生的活动表现和上交的实践报告的写作情况，按照优秀、良好、及格和不及格综合评定实践教学环节成绩。

8. 参考资料

国务院关于统筹推进县域内城乡义务教育一体化改革发展的若干意见（节选）

国发〔2016〕40号

……

（三）努力办好乡村教育。各地要结合国家加快水电路气等基础设施向农村延伸，在交通便利、公共服务成型的农村地区合理布局义务教育学校。同时，办好必要的乡村小规模学校。因撤并学校造成学生就学困难的，当地政府应因地制宜，采取多种方式予以妥善解决。合理制定闲置校园校舍综合利用方案，严格规范权属确认、用途变更、资产处置等程序，并优先用于教育事业。要切实提高教育资源使用效益，避免出现“边建设、边闲置”现象。着力提升乡村教育质量，按照国家课程方案开设国家课程，通过开展城乡对口帮扶和一体化办学、加强校长教师轮岗交流和乡村校长教师培训、利用信息技术共享优质资源、将优质高中招生分配指标向乡村初中倾斜等方式，补齐乡村教育短板。推动城乡教师交流，城镇学校和优质学校教师每学年到乡村学校交流轮岗的比例不低于符合交流条件教师总数的10%，其中骨干教师不低于交流轮岗教师总数的20%。结合乡村教育实际，定向培养能够承担多门学科教学任务的教师，提高教师思想政治素质和师德水平，加强对学生的思想品德教育和爱国主义教育，在音乐和美术（或艺术）、体育与健康等学科中融入优秀传统艺术和体育项目，在学科教学特别是品德、科学教学中突出实践环节，确保综合实践和校外教育活动常态化。开展专题教育、地方课程和学校课程等课程整合试点，进一步增强课程的基础性、适宜性和教学吸引力。

……

（十）加强留守儿童关爱保护。各地要落实县、乡人民政府属地责任，建立家庭、政府、学校尽职尽责，社会力量积极参与的农村留守儿童关爱保护工作体系，促进农村留守儿童健康成长。要深入排查，建立台账，全面掌握留守儿童基本情况，加强关爱服务和救助保护，帮助解决实际困难，确保留守儿童人身安全。中小学校要加强法治教育、安全教育和心理健康教育，积极开展心理辅导。强化家庭监护主体责任，鼓励父母取得居住证的适龄儿童随父母在工作地就近入学，外出务工父母要依法履行监护职责和抚养义务。依法追究父母或其他监护人不履行监护职责的责任，依法处置各种侵害留守儿童合法权益的违法行为。发挥乡镇政府和村委会作用，督促外出务工家长履行监护责任。

……

——中国政府网，http://www.gov.cn/zhengce/content/2016-07/11/content_5090298.htm.

◆ 实践项目二：

1. 实践项目主题 大学生创业基地考察。

2. 实践项目形式 参观考察。

3. 实践项目目的 近年来大学生创业的热度持续上升。随着国家大力倡导发展绿色农业以及社会公众对食品安全需求的攀升，农业院校的大学生创业成为了新兴的创业增长点。党和政府近年来坚持就业优先战略和积极就业政策，号召和鼓励有条件的大学生创业，并为其提供技能培训，提供全方位服务，破除妨碍大学生创业的体制机制弊端，努力为大学生提供创业沃土和营造优良的社会创业环境。此次实践活动就是围绕这一主题，组织学生参观考察优秀的大学生创业企业。

4. 实践项目时间与地点 课外；校外和校内。

5. 实践项目条件保障 参观企业和相关单位的联络工作。

6. 理论要点衔接 就业是最大的民生。大学生就业更是牵动社会安全稳定的敏感神经。教材中提到要“大规模开展职业技能培训，解决好结构性就业矛盾，鼓励创业带动就业。提供全方位公共就业服务，促进高校毕业生等青年群体、农民工多渠道就业创业。”

7. 实践项目具体步骤

（1）考察学校创业基地。通过学校相关部门了解学校的大学生创业培训基地，组织学生走进大学生创业的培训基地进行实地考察，比如大学生科技产业孵化园或政府扶持兴办的创客交流平台。

（2）联络相关创业企业。通过前期了解，确定3～5家拟进行参观考察的企业，比如全省代表性的创业企业，优秀校友的创业产业园等。与目标企业进行联络，并协商参观考察的具体事项。

（3）组织学生考察创业企业。考察分为3部分内容：一是参观考察企业生产、营业场所。二是听取创业者的创业主题汇报。三是与创业者和企业相关人员进行座谈交流，学生可以就参观考察过程中的问题困惑进行提问，也可以就自身的创业想法、创业方案与创业企业代表进行交流。

（4）实践队员撰写并提交考察心得和实践报告。参与考察实践的每名学生需完成两份实践作业：一是撰写实践心得；二是完成一份特别的实践报告——创业策划书，学生根据考察实际情况，结合自身实际，撰写一份有创意、有商机、有社会价值的创业策划书。

8. 实践成绩评定 根据学生的活动表现和上交的心得体会以及撰写的创业策划书的写

作情况，按照优秀、良好、及格和不及格综合评定实践教学环节成绩。

9. 参考资料

国务院办公厅关于深化高等学校创新创业教育改革的实施意见（节选）

国办发〔2015〕36号

……

二、主要任务和措施：

……

（四）改革教学方法和考核方式。

各高校要广泛开展启发式、讨论式、参与式教学，扩大小班化教学覆盖面，推动教师把国际前沿学术发展、最新研究成果和实践经验融入课堂教学，注重培养学生的批判性和创造性思维，激发创新创业灵感。运用大数据技术，掌握不同学生学习需求和规律，为学生自主学习提供更加丰富多样的教育资源。改革考试考核内容和方式，注重考查学生运用知识分析、解决问题的能力，探索非标准答案考试，破除“高分低能”积弊。

（五）强化创新创业实践。

各高校要加强专业实验室、虚拟仿真实验室、创业实验室和训练中心建设，促进实验教学平台共享。各地区、各高校科技创新资源原则上向全体在校学生开放，开放情况纳入各类研究基地、重点实验室、科技园评估标准。鼓励各地区、各高校充分利用各种资源建设大学科技园、大学生创业园、创业孵化基地和小微企业创业基地，作为创业教育实践平台，建好一批大学生校外实践教育基地、创业示范基地、科技创业实习基地和职业院校实训基地。完善国家、地方、高校三级创新创业实训教学体系，深入实施大学生创新创业训练计划，扩大覆盖面，促进项目落地转化。举办全国大学生创新创业大赛，办好全国职业院校技能大赛，支持举办各类科技创新、创意设计、创业计划等专题竞赛。支持高校学生成立创新创业协会、创业俱乐部等社团，举办创新创业讲座论坛，开展创新创业实践。

（六）改革教学和学籍管理制度。

各高校要设置合理的创新创业学分，建立创新创业学分积累与转换制度，探索将学生开展创新实验、发表论文、获得专利和自主创业等情况折算为学分，将学生参与课题研究、项目实验等活动认定为课堂学习。为有意愿有潜质的学生制定创新创业能力培养计划，建立创新创业档案和成绩单，客观记录并量化评价学生开展创新创业活动情况。优先支持参与创新创业的学生转入相关专业学习。实施弹性学制，放宽学生修业年限，允许调整学业进程、保留学籍休学创新创业。设立创新创业奖学金，并在现有相关评优评先项目中拿出一定比例用于表彰优秀创新创业的学生。

（七）加强教师创新创业教育教学能力建设。

各地区、各高校要明确全体教师创新创业教育责任，完善专业技术职务评聘和绩效考核标准，加强创新创业教育的考核评价。配齐配强创新创业教育与创业就业指导专职教师队伍，并建立定期考核、淘汰制度。聘请知名科学家、创业成功者、企业家、风险投资人等各行各业优秀人才，担任专业课、创新创业课授课或指导教师，并制定兼职教师管理规范，形成全国万名优秀创新创业导师人才库。将提高高校教师创新创业教育的意识和能力作为岗前培训、课程轮训、骨干研修的重要内容，建立相关专业教师、创新创业教育专职教师到行业企业挂职锻炼制度。加快完善高校科技成果处置和收益分配机制，支持教师以对外转让、合作转化、作价入股、自主创业等形式将科技成果产业化，并鼓励带领学生创新创业。

（八）改进学生创业指导服务。

各地区、各高校要建立健全学生创业指导服务专门机构，做到“机构、人员、场地、经费”四到位，对自主创业学生实行持续帮扶、全程指导、一站式服务。健全持续化信息服务制度，完善全国大学生创业服务网功能，建立地方、高校两级信息服务平台，为学生实时提供国家政策、市场动向等信息，并做好创业项目对接、知识产权交易等服务。各地区、各有关部门要积极落实高校学生创业培训政策，研发适合学生特点的创业培训课程，建设网络培训平台。鼓励高校自主编制专项培训计划，或与有条件的教育培训机构、行业协会、群团组织、企业联合开发创业培训项目。各地区和具备条件的行业协会要针对区域需求、行业发展，发布创业项目指南，引导高校学生识别创业机会、捕捉创业商机。

（九）完善创新创业资金支持和政策保障体系。

各地区、各有关部门要整合发展财政和社会资金，支持高校学生创新创业活动。各高校要优化经费支出结构，多渠道统筹安排资金，支持创新创业教育教学，资助学生创新创业项目。部委属高校应按规定使用中央高校基本科研业务费，积极支持品学兼优且具有较强科研潜质的在校学生开展创新科研工作。中国教育发展基金会设立大学生创新创业教育奖励基金，用于奖励对创新创业教育作出贡献的单位。鼓励社会组织、公益团体、企事业单位和个人设立大学生创业风险基金，以多种形式向自主创业大学生提供资金支持，提高扶持资金使用效益。深入实施新一轮大学生创业引领计划，落实各项扶持政策和服务措施，重点支持大学生到新兴产业创业。有关部门要加快制定有利于互联网创业的扶持政策。

——中国政府网，http://www.gov.cn/zhengce/content/2015-05/13/content_9740.htm.

◆ 实践项目三：

1. 实践项目主题 大学生暑期三下乡扶贫实践。

消除贫困、改善民生、逐步实现共同富裕，是社会主义的本质要求，是我们党的重要使命。动员全党全国全社会力量，坚持精准扶贫、精准脱贫，打赢扶贫攻坚战。大学生作为拥有现代科技文化知识的新生代力量，利用暑期深入扶贫实践一线，一方面可以为贫困地区带去科技文化力量，另一方面也可以使自己在基层扶贫实践中得到锻炼。

2. 实践项目形式 走访调研、社会调查、公益活动。

3. 实践项目目的 本次实践活动既是响应国家动员全社会力量扶贫的号召，同时可以让大学生更好地了解扶贫实际工作，将所学理论与实践相结合，深化理论认识。另外，实践活动也为贫困地区带去现代化的科学文化知识，帮助他们更好地工作学习和生活发展。

4. 实践项目时间与地点 暑期；校外。

5. 实践项目条件保障 实践接收单位，食宿交通各方面保障。

6. 实践项目具体步骤

（1）联系进驻扶贫地点，了解该地方的经济社会文化发展情况，特别是致贫的关键，便于组织学生开展有针对性的社会实践。

（2）学生报名和分组。经过前期考察和商谈，按照该地经济社会文化发展需要，结合学校的学科、专业特色，确定实践学生的分组，如按现代农业、食品安全、旅游、经管等进行专业分组。

（3）前期培训。按照专业内容划分小组以后，每组学生选举组长、副组长各1名，另外确定外联、宣传、安全和财务负责人。在出发前要对学生进行安全教育等前期辅导。

（4）深入开展调研实践。调查了解当地的农业、工业情况，了解该地的总体经济状况、劳动力状况、市场供需情况等，多角度分析当地贫困的原因及脱贫的对策；走访当地政府部门，如教育局、统计局、人社局等单位，了解留守儿童、空巢老人、养老保险、低保等情况，以及乡村（留守）儿童受教育情况；走访当地学校；看望空巢老人、留守儿童。

（5）组织各界代表座谈会，包括但不限于以下人员代表：乡镇政府，村委会，农村个体户或私营企业，中小学校长，普通农户等。带着问题边调查边记录，边思考边总结，把所学的科学文化知识真正带到田间地头。

（6）撰写调查报告。总结调查研究的收获和不足，结合所学专业对实践地的脱贫工作进行专业分析并给出脱贫建议或思路。另外，为了保持调查的连续性，学生写出对下次深化调查的建议。

（7）鼓励学生撰写针对该地脱贫的发展规划或学术论文。

7. 实践成绩评定 实践接收方根据学生的实践活动表现给出实践评价，教师结合学生在实践活动中的表现、实践接收方评价和学生上交的实践报告的写作情况，按照优秀、良好、及格和不及格综合评定实践教学环节成绩。

8. 参考资料

共青团投身打赢脱贫攻坚战三年行动的意见（节选）

自2018年10月9日起实施

……

二、主要任务

1. 重点开展学业就业创业扶贫。聚焦学业资助。依托各级团属公益平台，广泛整合团内外资源，深化希望工程“1+1”、光华助学金等学业资助项目，为建档立卡贫困家庭学生完成学业提供资助。聚焦就业援助。动员各方力量开展就业指导、实习见习、技能培训等系列服务，提供就业岗位，推动人岗对接，帮助建档立卡贫困家庭大中专毕业生实现就业。聚焦创业扶助。深化青年电商培育工程，积极推进电商扶贫工作；推动建立县级农村青年创业组织，选派金融青年干部下乡挂职，提供培训指导、市场对接、小额贷款等服务。引导、支持青年返乡下乡创业，凝聚更多青年扎根贫困地区带动群众致富脱贫。力争到2020年，为10万名建档立卡贫困家庭学生完成学业提供资助，帮助10万名建档立卡贫困家庭大中专毕业生就业，扶助10万名有志青年扎根深度贫困地区创业。

2. 广泛开展志智双扶公益服务。在贫困地区乡镇和有条件的贫困村建立"青年夜校流动教学点""青年讲习所"等场所，加强思想、文化、道德、法律、感恩教育，帮助贫困青年群众转变思想观念，激发其脱贫致富奔小康的内生动力，增强信心和斗志。支持贫困地区开发本地青年人力资源，通过学员易地调训、讲师易地教学等方式，为贫困地区培养一批干部、教师、致富带头人等青年人才。总结推广青年脱贫典型，宣传表彰其自强不息、脱贫致富的先进事迹，用身边人身边事示范带动贫困群众。借助新媒体平台等传播渠道，展示脱贫攻坚一线广大青年干部、青年志愿者付出的努力、取得的成果，带动更多社会力量关注、参与脱贫攻坚。大力开展移风易俗活动，在贫困地区中小学校开展好习惯、好行为养成教育，带动学生家长共同转变观念习惯。关注贫困地区农村留守儿童成长，实施共青团"情暖童心工程，开展红领巾圆梦行动"、公益性夏令营、"乡村流动少年宫"、"七彩假期"、"留守儿童之家"等活动，从感受城市、学业辅导、亲情陪护、自护教育、爱心捐赠等方面提供帮助。

3. 深入开展青年扶贫志愿服务。以深度贫困地区为重点，深入开展大学生志愿服务西部计划和中国青年志愿者扶贫接力计划，在传播知识的同时引导贫困地区少年儿童增强自信、树立梦想；深入实施普通话普及志愿服务计划，组织动员团员青年针对"三区三州"青少年普通话学习开展志愿服务；推动农村和城市、贫困地区和非贫困地区青少年之间的交友互助，开展城乡少年手拉手等活动。借助移动互联网技术，推进众筹、众扶等扶贫模式，动员企业、社会组织、个人参与扶贫开发，广泛开展微捐赠、微公益活动，实现社会帮扶资源和精准扶贫需求的有效对接。

4. 积极开展青年文化扶贫行动。实施"希望工程""书海工程"等系列公益项目，帮助贫困地区建设希望小学和改善图书室、网络教室、青少年宫，着力加强贫困地区青少年校内外文化建设。支持贫困地区完善文化活动室、宣传栏、文化器材，培育挖掘贫困地区青年文化人才，讲好富有地方特色、反映群众自主脱贫的故事。广泛开展大学生"三下乡"社会实践、中小学生赴贫困地区研学旅行、青年文艺工作者"文化进农村"等活动，推动城市文明与乡村文化交流互动、相伴相长。组织青年文化学者、青年艺术家到贫困地区开展采风活动，挖掘民族地区、革命老区的独特文化，促进红色文化、民族文化和优秀传统文化产业发展。

5. 切实加强贫困地区基层团建。大力支持贫困地区基层团的建设，推动党建带团建制度落实，深化乡镇实体化大团委建设，发挥团组织在乡村治理中的应有作用，向下倾斜工作项目和工作资源，推动开展团干部和少先队辅导员培训，切实优化贫困地区基层团组织的工作环境。落实团干部密切联系青年工作机制，传播扶贫开发政策、农业发展政策、农民增收政策，打造一支适应现代乡村社会治理和共青团改革发展需要的基层团干部队伍。紧扣贫困地区青少年需求，因地制宜选准服务项目，大力支持贫困地区“青年之家”综合服务平台建设。加强贫困地区学校共青团和少先队工作，完善组织体系，强化基础团务和运行机制建设，切实提高工作能力和水平。

……

——中青在线，http://news.cyol.com/hdzt/2019-05/08/content_18012106.htm.

◆ **实践项目四：**

1. 实践项目主题 关爱学生心理健康，加强心理服务建设。

坚持育心与育德相统一，加强人文关怀和心理疏导，规范发展心理健康教育与咨询服务，更好地适应和满足学生心理健康教育服务需求，引导学生正确认识义和利、群和己、成和败、得和失，培育学生自尊自信、理性平和、积极向上的健康心态，促进学生心理健康素质与思想道德素质、科学文化素质协调发展。

2. 实践项目形式 情景剧。

3. 实践项目目的 关爱学生心理健康，增强学生心理健康意识，提升学生心理健康素质。

4. 实践项目时间与地点 课余时间；校园内。

5. 理论要点衔接 加强社会心理服务体系建设，加强和改进思想政治工作，更加注重人文关怀和心理疏导，着力促进公民道德素质的提升。加强教育、心理等手段的综合运用，培育自尊自信、理性平和、积极向上的社会心态。

6. 实践项目具体步骤

（1）大学生心理状况摸底调查。收集学生的心理困惑，教师整理分析学生反映集中的心理问题，据此拟定相关方面剧目选题。

（2）招募实践队员。以班级为单位招募情景剧策划、演员以及志愿者，按照自选与分配相结合的原则，每班至少出演1个剧目。

（3）编排剧目内容。每组选定剧目之后，要明确情景剧的主题，围绕主题进行内容创作，组织学生排练。在这个实践环节需要注意几个问题：一是思政课教师要对剧目内容进行政治把关；二是邀请相关心理专业教师对实践活动进行专业指导；三是表演尽量保持生活化，真实反映学生的心理状态。

（4）情景剧表演。举办心理情景剧主题晚会，各小组进行全校公开表演。晚会邀请学校大学生心理健康中心的专业老师对情景剧中反映的问题进行点评和分析。晚会中还可以穿插心理互动游戏，在轻松的氛围中疏导心理问题，关爱学生心理健康。

（5）晚会结束后，现场发放心理健康知识传单，介绍学校心理健康服务中心的咨询服务，学生遇到心理问题可以寻求中心的精准干预。通过实践活动，引起广大师生对心理健康问题的重视，培育积极心理，预防和化解心理危机。

7. 实践成绩评定 教师结合学生在实践活动中的表现、小组成员之间的互评以及汇报表演中的实际效果，按照优秀、良好、及格和不及格综合评定实践教学环节成绩。

8. 参考资料

中共教育部党组关于印发《高等学校学生心理健康教育指导纲要》的通知（节选）

教党〔2018〕41号

一、指导思想

坚持育心与育德相统一，加强人文关怀和心理疏导，规范发展心理健康教育与咨询服务，更好地适应和满足学生心理健康教育服务需求，引导学生正确认识义和利、群和己、成和败、得和失，培育学生自尊自信、理性平和、积极向上的健康心态，促进学生心理健康素质与思想道德素质、科学文化素质协调发展。

……

四、主要任务

1. 推进知识教育。健全心理健康教育课程体系，结合实际，把心理健康教育课程纳入学校整体教学计划，规范课程设置，对新生开设心理健康教育公共必修课，大力倡导面向全体学生开设心理健康教育选修和辅修课程，实现大学生心理健康教育全覆盖。公共必修课程原则上应设置2个学分、32～36个学时。完善心理健康教育教材体系，组织编写大学生心理健康教育示范教材，科学规范教学内容。开发建设《大学生心理健康》等在线课程，丰富教育教学形式。创新心理健康教育教学手段，有效改进教学方法，通过线下线上、案例教学、体验活动、行为训练、心理情景剧等多种形式，激发大学生学习兴趣，提高课堂教学效果，不断提升教学质量。

2. 开展宣传活动。加强宣传普及，通过举办心理健康教育月、“5·25”大学生心理健康节等形式多样的主题教育活动，组织开展各种有益于大学生身心健康的文体娱乐活动和心理素质拓展活动，不断增强心理健康教育吸引力和感染力。拓展传播渠道，充分利用广播、电视、书刊、影视、动漫等传播形式，组织创作、展示心理健康宣传教育精品和公益广告，传播自尊自信、乐观向上的现代文明理念和心理健康意识。创新宣传方式，主动占领网络心理健康教育新阵地，建设好融思想性、知识性、趣味性、服务性于一体的心理健康教育网站、网页和新媒体平台，广泛运用门户网站、微信、微博、手机客户端等媒介，宣传心理健康知识，倡导健康生活方式，提高心理保健能力。发挥学生主体作用，支持学生成立心理健康教育社团，组织开展心理健康教育活动，增长心理健康知识，提升心理调适能力，积极进行心理健康自助互助。强化家校育人合力，引导家长树立正确教育观念，以健康和谐的家庭环境影响学生，有效提升心理健康教育实效。

3. 强化咨询服务。优化心理咨询服务平台，加强硬件设施建设，设立心理发展辅导室、心理测评室、积极心理体验中心、团体活动室、综合素质训练室等，积极构建教育与指导、咨询与自助、自助与他助紧密结合的心理健康教育与咨询服务体系。完善体制机制，健全心理健康教育与咨询的值班、预约、转介、重点反馈等制度，通过个体咨询、团体辅导、电话咨询、网络咨询等多种形式，向学生提供经常、及时、有效的心理健康指导与咨询服务。实施分类引导，针对不同学段、不同专业学生，精准施策，因材施教，把解决思想问题、心理问题与解决实际问题结合起来，在关心呵护和暖心帮扶中开展教育引导。遵循保密原则，建立心理健康数据安全保护机制，保护学生隐私，杜绝信息泄露。

4. 加强预防干预。完善心理测评方式，优化量表选用，禁止使用可能损害学生心理健康的方法和仪器。科学分析经济社会快速发展、互联网新媒体应用快速推进、个人成长历程、家庭环境等因素对学生心理健康的深刻影响，准确把握学生心理健康状况及变化规律，不断提高心理健康素质测评覆盖面和科学性。健全心理危机预防和快速反应机制，建立学校、院系、班级、宿舍“四级”预警防控体系，完善心理危机干预工作预案，做好对心理危机学生的跟踪服务，注重做好特殊时期、不同季节的心理危机预防与干预工作，定期开展案例督导和个案研讨，不断提高心理危机预防干预专业水平。建立心理危机转介诊疗机制，畅通从学校心理健康教育与咨询机构到校医院、精神卫生专业机构的心理危机转介绿色通道，及时转介疑似患有严重心理或精神疾病的学生到专业机构接受诊断和治疗。

……

——中华人民共和国教育部网站，http://www.moe.gov.cn/srcsite/A12/moe_1407/s3020/201807/t20180713_342992.html.

◆ **实践项目五：**

1. 实践项目主题 国家安全知识宣传教育。

以党的十八大以来党中央对国家安全工作的总体部署和习近平总书记讲话精神为指导，坚持正面宣传为主的方针，开展国家安全宣传教育，动员学生踊跃参与，整合各种宣传资源，使全校师生在教育活动中普遍掌握国家安全知识，提升国家安全意识，自觉维护国家安全。

2. 实践项目形式 宣传专栏、黑板报、横幅、展牌、现场咨询、印发宣传资料等；校园广播；学校微信公众号。

3. 实践项目目的 通过组织动员学生以形式多样、行之有效的宣传载体，深入广泛地开展国家安全宣传活动，提高全校师生的国家安全法治意识和保密观念，增强维护国家安全的主动性和自觉性。

4. 实践项目地点和时间 校园内；课余时间。

5. 实践项目条件保障 宣传经费的筹集，宣传平台、场地的保障。

6. 理论要点衔接 构建一个集政治安全、国土安全、军事安全、经济安全、文化安全、社会安全、科技安全、信息安全、生态安全、资源安全、核安全等于一体的国家安全体系。要不断健全公共安全体系，推进平安中国建设，加强国家安全能力建设和加强国家安全教育。

7. 实践项目具体步骤

（1）校园广播。利用校园广播宣传国家安全知识。实践队员需要事先与广播站沟通协调播出时间，并策划1期国家安全的宣传节目。具体策划和播出内容由实践队员完成。

（2）发放宣传资料。将《中华人民共和国国家安全法》《中华人民共和国反间谍法》《中华人民共和国反恐怖主义法》等有关法律发放给师生，供师生阅读。

(3) 国家安全标语比赛。比赛可在课堂上进行，教师讲授完国家安全的相关知识以后，学生结合讲授内容并发挥自己的创造力，写出至少1条国家安全宣传标语。在学生所写标语中选出优秀的标语宣读，在征得学生同意后可将其用于本次宣传活动。

(4) 校园展板宣传。利用校园内展板展示维护国家安全的内容。宣传内容可以是正面的教育，也可以是错误的案例剖析。宣传形式不限，文字、漫画、照片等均可。

(5) 国家安全签名活动。

(6) 组织学生集中观看国家安全教育系列专题片，如国家安全教育系列专题片《国安天下宁》、央视社会与法频道《平安365》栏目之《危险边缘》等。

(7) 开展一次以国家安全为主要内容的主题班会，集中开展国家安全教育。

(8) 学生撰写心得体会。学生写一篇关于参加国家安全知识宣传实践活动的心得体会。

8. 实践成绩评定 根据学生的资料搜集、知识掌握、活动表现和上交的心得体会的写作情况，按照优秀、良好、及格以及不及格综合评定实践教学环节成绩。

9. 参考资料

要加强党对国家安全工作的集中统一领导，正确把握当前国家安全形势，全面贯彻落实总体国家安全观，努力开创新时代国家安全工作新局面，为实现“两个一百年”奋斗目标、实现中华民族伟大复兴的中国梦提供牢靠安全保障。

——2018年4月17日，习近平在十九届中央国家安全委员会第一次会议上的讲话

国家安全是安邦定国的重要基石，维护国家安全是全国各族人民根本利益所在。要完善国家安全战略和国家安全政策，坚决维护国家政治安全，统筹推进各项安全工作。健全国家安全体系，加强国家安全法治保障，提高防范和抵御安全风险能力。严密防范和坚决打击各种渗透颠覆破坏活动、暴力恐怖活动、民族分裂活动、宗教极端活动。加强国家安全教育，增强全党全国人民国家安全意识，推动全社会形成维护国家安全的强大合力。

——2017年10月18日，习近平在中国共产党第十九次全国代表大会上的报告

国家安全涵盖领域十分广泛，在党和国家工作全局中的重要性日益凸显。我们正在推进具有许多新的历史特点的伟大斗争、党的建设新的伟大工程、中国特色社会主义伟大事业，时刻面对各种风险考验和重大挑战。这既对国家安全工作提出了新课题，也为做好国家安全工作提供了新机遇。国家安全工作归根结底是保障人民利益，要坚持国家安全一切为了人民、一切依靠人民，为群众安居乐业提供坚强保障。

——2017年2月17日，习近平在国家安全工作座谈会上的讲话

国泰民安是人民群众最基本、最普遍的愿望。实现中华民族伟大复兴的中国梦，保证人民安居乐业，国家安全是头等大事。要以设立全民国家安全教育日为契机，以总体国家安全观为指导，全面实施国家安全法，深入开展国家安全宣传教

育，切实增强全民国家安全意识。要坚持国家安全一切为了人民、一切依靠人民，动员全党全社会共同努力，汇聚起维护国家安全的强大力量，夯实国家安全的社会基础，防范化解各类安全风险，不断提高人民群众的安全感、幸福感。

——2016年4月14日，习近平在首个全民国家安全教育日到来之际作出重要指示

推动创新发展、协调发展、绿色发展、开放发展、共享发展，前提都是国家安全、社会稳定。没有安全和稳定，一切都无从谈起。“明者防祸于未萌，智者图患于将来。”我们必须积极主动、未雨绸缪，见微知著、防微杜渐，下好先手棋，打好主动仗，做好应对任何形式的矛盾风险挑战的准备，做好经济上、政治上、文化上、社会上、外交上、军事上各种斗争的准备，层层负责、人人担当。

——2016年1月18日，习近平在省部级主要领导干部学习贯彻党的十八届五中全会精神专题研讨班上的讲话

当前，我国正处在全面建成小康社会、全面深化改革、全面依法治国、全面从严治党的重要时期，面临复杂多变的安全和发展环境，各种可以预见和难以预见的风险因素明显增多，维护国家安全和社会稳定任务繁重艰巨。要高度重视加强国家安全工作，把思想和行动统一到党中央对国家安全工作的决策部署上来，依法防范、制止、打击危害我国家安全和利益的违法犯罪活动。各级党委和政府要重视、理解、支持国家安全机关工作，同心协力开创国家安全工作新局面。

——2015年5月19日，习近平在会见全国国家安全机关总结表彰大会代表时的讲话

面对国家安全稳定遇到的严峻挑战，面对改革中的深层次矛盾和问题，更需要我们的思想观念有一个大的解放，勇于改变机械化战争的思维定势，树立信息化战争的思想观念；改变维护传统安全的思维定势，树立维护国家综合安全和战略利益拓展的思想观念；改变单一军种作战的思维定势，树立诸军兵种一体化联合作战的思想观念；改变固守部门利益的思维定势，树立全军一盘棋、全国一盘棋的思想观念。

——2014年8月29日，习近平在十八届中共中央政治局第十七次集体学习时的讲话

各地区各部门要贯彻总体国家安全观，准确把握我国国家安全形势变化新特点新趋势，坚持既重视外部安全又重视内部安全、既重视国土安全又重视国民安全、既重视传统安全又重视非传统安全、既重视发展问题又重视安全问题、既重视自身安全又重视共同安全，切实做好国家安全各项工作。要加强对人民群众的国家安全教育，提高全民国家安全意识。

——2014年4月25日，习近平在十八届中共中央政治局第十四次集体学习时的讲话

当前我国国家安全内涵和外延比历史上任何时候都要丰富，时空领域比历史上任何时候都要宽广，内外因素比历史上任何时候都要复杂，必须坚持总体国家安全观，以人民安全为宗旨，以政治安全为根本，以经济安全为基础，以军事、文化、社会安全为保障，以促进国际安全为依托，走出一条中国特色国家安全道路。

——2014 年 4 月 15 日，在十八届中央国家安全委员会第一次会议上的讲话

——以上均出自《安邦定国，习近平这样论述国家安全》2019-04-16. 新华网，http://www.xinhuanet.com/2019-04/15/c_1124367882.htm.

三、拓展资源

（一）阅读书目

1. 中共中央宣传部理论局：《新时代面对面》，北京：学习出版社，2018 年

《理论热点面对面》是一系列由学习出版社出版的关于群众普遍关心的热点、难点、焦点问题的回答的书籍。该系列书籍从 2006 年至今每年推出一本。该系列读本紧密结合当年经济社会发展现实，内容通俗易懂，分析理性全面，集知识性、理论性和趣味性结合，是适合大众阅读的通俗性理论读物。《新时代面对面》中关于民生问题的部分，围绕“坚持以人民为中心”“让人民有更多获得感”“坚决打赢脱贫攻坚战”“共建共治共享”等 4 个方面，详细地论述了解决这些现实问题的具体方案和措施，贴近现实，可读性强。

2. 周志山：《马克思公共性视域中的民生问题研究》，北京：光明日报出版社，2016 年

本书通过对马克思经典文本的深度解读，揭示了马克思探索民生与公共性思想的理论资源、心路历程和多重论域，阐发了马克思的公共民生观。在此基础上，本书从公共经济、政治、文化、生态等视界，提出构建中国特色社会主义公共民生体系的设想。公共民生体系的构建是一个不断提升和拓展的过程。本书以马克思公共性为视域，以民生问题为落脚点，考察马克思公共性视域中的民生问题及其解决路径。

3. 章泥：《迎风山上的告别》，成都：四川人民出版社，2018 年

本书用文学的视角讲述精准扶贫实践的一段不平凡的故事。小说取材于凉山等地真实的农户家庭。讲述了残障孩子在驻村书记、众多扶贫干部和各方面社会力量一起努力下，突破残障、封闭、蒙昧，告别贫困，告别幽暗岁月的历程。“作品通过儿童的眼睛和心灵，把他自身经历的今非昔比的变迁置之于精准扶贫的大背景之中，着重刻画了残障弱势群体的自身努力和心路历程，其间真挚的友情、亲情、师生情与质朴的干群关系密密交织。”

（二）红色光影

1. 2018 年 9 月 15—16 日《焦点访谈》：危情谍影（上、下）

该片反映了台湾地区间谍组织对赴台大陆学生的策反活动日渐猖獗。据北京市国家安全局干警介绍，台湾地区间谍对很多大陆赴台学生都说过，希望他们今后能够进入到公务员系统内谋职，尤其是他们感兴趣的一些单位和岗位。一旦学生进入到重要核心敏感位置，再想拒绝台湾地区间谍提出的更加深入、重要的情报活动要求，台湾地区间谍就会撕掉温情面具，把之前学生和他们交往的活动证据作为把柄，来要挟学生就范。

对每个公民来说，维护国家安全，既是宪法义务，也是法律底线，国家安全面前，如果利字当头，心存侥幸，必将酿成大祸。该片告诫我们要学会警惕无缘无故的恩惠，拒绝免费提供的午餐。

2. 纪录片《中国力量》

纪录片《中国力量》以当前全社会正在掀起的脱贫攻坚热潮作为背景，以全国各地脱贫工作中涌现出的先进人物和事迹为重点塑造对象，通过生动的故事、鲜活的案例、丰富的视听呈现手段为观众们展现脱贫攻坚之路不易、全国上下众志成城的火热场面。

该片分为3集，每集分别选2～3个经典案例，以此作为“解剖麻雀”的样本，从当地政府培育新型经营主体、村民脱贫意识的觉醒、各级政府发力精准扶贫脱贫在特色产业发展上、一二三产业融合上以及生态保护等方面，展示产业扶贫的新模式、新经验，展现不同扶贫模式下的人物命运和时代变化。

“2017年，中国将确保再减少农村贫困人口1 000万人以上。到2020年，实现农村贫困人口全部脱贫，所有贫困县‘摘帽’”，这是中国向全世界做出的庄严承诺。而产业扶贫是扶贫攻坚的重头戏、主战场。我国多年的扶贫经验证明，产业扶贫是解决生存和发展的根本手段，是脱贫的必由之路。该片定位于“产业扶贫”这一主题，通过产业扶贫在实际推进中，因地制宜产生的不同扶贫模式，讲述各具特色，具有示范性、典型性的扶贫模式。

专题十四 TOPIC 14

“五位一体”总体布局之建设美丽中国

一、理论基础

本专题内容“建设美丽中国”，讲授的是建设中国特色社会主义“五位一体”总体布局中生态文明建设的内容，主要回答了“建设什么样的社会主义生态文明，怎样建设美丽中国”的问题。从社会主义生态文明的核心理念入手，强调了建设美丽中国必须形成人与自然和谐发展的新格局，必须加快生态文明体制改革。

（一）知识框架

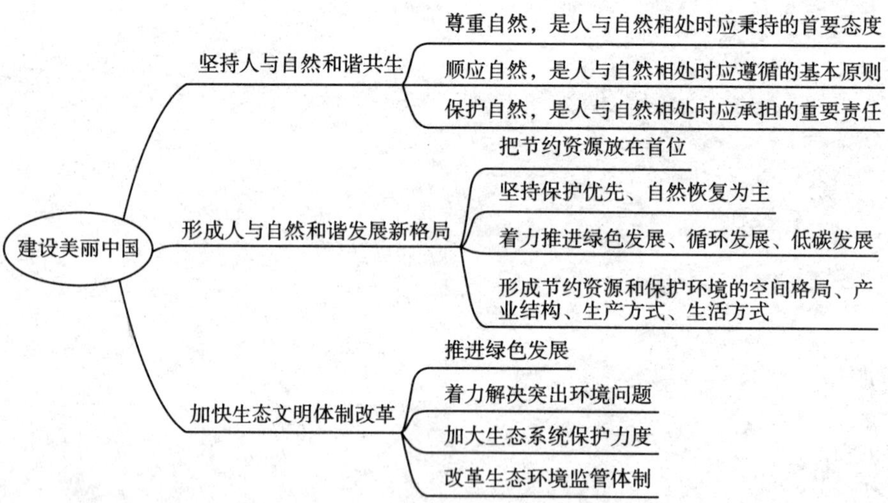

（二）理论要点

1. 关于生态文明建设 生态文明建设，是指人类在利用和改造自然的过程中，主动保护自然，积极改善和优化人与自然的关系，建设健康有序的生态运行机制和良好的生态环境。生态文明建设是中国特色社会主义事业的重要内容，关系人民福祉，关乎民族未来，事关“两个一百年”奋斗目标和中华民族伟大复兴中国梦的实现。

党中央、国务院高度重视生态文明建设，先后出台了一系列重大决策部署，推动生态文明建设取得了重大进展和积极成效。2012 年 11 月，党的十八大从新的历史起点出发，做出

“大力推进生态文明建设”的战略决策，从 10 个方面绘出生态文明建设的宏伟蓝图。2015 年 5 月 5 日，《中共中央 国务院关于加快推进生态文明建设的意见》发布。2015 年 10 月，随着十八届五中全会的召开，增强生态文明建设首度被写入国家五年规划。2017 年 10 月 18 日，习近平总书记在十九大报告中指出，加快生态文明体制改革，建设美丽中国。必须坚持节约优先、保护优先、自然恢复为主的方针，形成节约资源和保护环境的空间格局、产业结构、生产方式、生活方式，还自然以宁静、和谐、美丽。

建设生态文明是全球所有国家和地区的共同事业，在中国建设生态文明，具有特别重大的现实意义和深远的战略意义，推进生态文明建设，对破解我国前进中的种种难题有决定意义，是全面建成小康社会的迫切需要。

2. 绿水青山就是金山银山 建设生态文明是关系人民福祉、关乎民族未来的大计，是实现中华民族伟大复兴中国梦的重要内容。2013 年 9 月 7 日，习近平总书记在哈萨克斯坦纳扎尔巴耶夫大学发表演讲并回答学生们提出的问题，在谈到环境保护问题时他指出：“我们既要绿水青山，也要金山银山。宁要绿水青山，不要金山银山，而且绿水青山就是金山银山。”这生动形象地表达了我们党和政府大力推进生态文明建设的鲜明态度和坚定决心。要按照尊重自然、顺应自然、保护自然的理念，贯彻节约资源和保护环境的基本国策，把生态文明建设融入经济建设、政治建设、文化建设、社会建设各方面和全过程，建设美丽中国，努力走向社会主义生态文明新时代。

(1) 良好生态环境是最普惠的民生福祉。习近平总书记指出：“良好生态环境是最公平的公共产品，是最普惠的民生福祉。”保护生态环境，关系最广大人民的根本利益，关系中华民族发展的长远利益，是功在当代、利在千秋的事业，在这个问题上，我们没有别的选择。必须清醒认识保护生态环境、治理环境污染的紧迫性和艰巨性，清醒认识加强生态文明建设的重要性和必要性，以对人民群众、对子孙后代高度负责的态度，加大力度，攻坚克难，全面推进生态文明建设，实现中华民族永续发展。

(2) 保护生态环境就是保护生产力。习近平总书记指出：“要正确处理好经济发展同生态环境保护的关系，牢固树立保护生态环境就是保护生产力、改善生态环境就是发展生产力的理念”。这一重要论述，深刻阐明了生态环境与生产力之间的关系，是对生产力理论的重大发展，饱含尊重自然、谋求人与自然和谐发展的价值理念和发展理念。

(3) 以系统工程思路抓生态建设。习近平总书记强调，环境治理是一个系统工程，必须作为重大民生实事紧紧抓在手上。要按照系统工程的思路，抓好生态文明建设重点任务的落实，切实把能源资源保障好，把环境污染治理好，把生态环境建设好，为人民群众创造良好生产生活环境。

(4) 实行最严格的生态环境保护制度。建设生态文明是一场涉及生产方式、生活方式、思维方式和价值观念的革命性变革。实现这样的根本性变革，必须依靠制度和法治。我国生态环境保护中存在的一些突出问题，大都与体制不完善、机制不健全、法治不完备有关。习近平总书记指出：“只有实行最严格的制度、最严密的法治，才能为生态文明建设提供可靠保障。”必须建立系统完整的制度体系，用制度保护生态环境、推进生态文明建设。

3. 准确理解新时代推进生态文明建设的重要原则 党的十八大以来，习近平总书记高度重视生态文明建设。在全国生态环境保护大会上，习近平总书记明确提出新时代推进生态文明建设六项重要原则。

以“坚持人与自然和谐共生”为本质要求。我们要建设的现代化是人与自然和谐共生的现代化，既要创造更多物质财富和精神财富以满足人民日益增长的美好生活需要，也要提供更多优质生态产品以满足人民日益增长的优美生态环境需要。人与自然是生命共同体，人类必须尊重自然、顺应自然、保护自然。

以“绿水青山就是金山银山”为基本内核。“绿水青山就是金山银山”阐述了发展和保护的对立统一。正确处理好生态环境保护和发展的关系，也就是绿水青山和金山银山的关系，是实现可持续发展的内在要求，也是我们推进现代化建设的重大原则。绿水青山具有生态价值，保护自然就是增值自然价值和自然资本的过程。我们要贯彻创新、协调、绿色、开放、共享的发展理念，用集约、循环、可持续的方式做大“金山银山”，形成节约资源和保护环境的空间格局、产业结构、生产方式和生活方式，给自然留下休养生息的时间和空间。

以“良好生态环境是最普惠的民生福祉”为宗旨要义。生态环境质量影响着人类健康与安全。建设生态文明，既是民意，也是民生，既能增进民生福祉，也能让群众公平享受发展成果。随着物质文化生活水平不断提高，人民群众需求在升级，不仅关注“吃饱穿暖”，还增加了对良好生态环境的需求。坚持生态惠民、生态利民、生态为民，重点解决损害群众健康的突出环境问题，不断满足人民日益增长的优美生态环境需要。

以“山水林田湖草是生命共同体”为方法论。人类生存的自然系统，是社会、经济和自然的复合系统，是普遍联系的有机整体。山水林田湖草是一个生命共同体，人的命脉在田，田的命脉在水，水的命脉在山，山的命脉在土，土的命脉在林和草，这阐明了自然系统要素间相互依存、相互影响的内在规律。生态是统一的自然系统，要统筹兼顾、整体施策、多措并举，全方位、全地域、全过程加强保护。

以“用最严格制度最严密法治保护生态环境”为重要抓手。当前，我国生态文明建设仍处于压力叠加、负重前行的关键期，我们必须咬紧牙关，爬坡过坎，让制度成为刚性约束和不可触碰的高压线。要加快制度创新，强化制度执行，让制度成为刚性的约束和不可触碰的高压线。

以“共谋全球生态文明建设”彰显大国担当。习近平生态文明思想，不但在中国大地生根、解决国内生态文明问题，也在全球治理中发挥积极作用。保护生态环境，应对气候变化，是人类面临的共同挑战。中国已成为全球生态文明建设的重要参与者、贡献者、引领者。全球性生态危机成为全人类共同面对的问题，保护生态环境、实现可持续发展成为各国共识。我国要共谋全球生态文明建设，深度参与全球环境治理，推动形成世界环境保护和可持续发展的解决方案。

这六项重要原则，是推动我国生态文明建设迈上新台阶的思想遵循和行动指南。

二、实践指南

（一）实践目的与要求

大学生作为年轻一代，是我国未来现代化建设的中坚力量，是祖国的未来，民族的希望，更是推动生态文明建设的主力军，在主导人类与自然和谐相处上具有影响力和话语权的优势。担负为社会发展培养人才重任的高校，在重视知识传承和创新的同时，也必须重视大学生生态文明素质的提高，将生态文明思想贯穿于教育的全过程，让生态文明价值观扎根大学生思想，进而培养大学生的生态文明行为。

组织大学生开展生态文明建设实践活动，就是要使新时代的大学生义不容辞地肩负起生态文明建设的历史使命，用具体行动参与到建设美丽中国的行动中去，争做生态文明建设的宣传者、实践者、推动者、引领者。

（二）实践项目设计

◆ **实践项目一：**

1. 实践项目主题 “生态文明，美丽家乡”大学生摄影展。

作品内容：反映家乡环境优美、林水相依、生态和谐的各类自然风光的摄影作品；反映家乡宜居舒适、生态文明建设成果的各种景观的摄影作品；反映家乡社会各界、各行各业、各条战线上环保、绿化题材的人文类摄影作品等。

2. 实践项目形式 利用假期以个人或集体为主体进行家乡实地考察拍摄。

3. 实践项目目的和要求 通过实践，深入贯彻习近平新时代中国特色社会主义思想和党的十九大精神，落实习近平总书记在全国生态环境保护大会的重要讲话精神，增强大学生生态环境意识，倡导绿色低碳生活方式，推动我国生态文明建设，为共建天蓝、地绿、水清的美丽中国贡献力量。

要求：用独特的镜头和鲜活的照片记录家乡生态文明建设的新变化、新气象，展现我国生态文明建设的伟大成果。作品必须是反映家乡生态文明变化的图片资料，并紧扣主题、真实原创，能够体现家乡生态文明建设成果，以弘扬美丽中国、美丽家乡的主旋律为内容。

4. 实践项目时间与地点 暑期校外实践；自己的家乡。

5. 理论要点衔接 建设生态文明是中华民族永续发展的千年大计，关系人民福祉，关乎民族未来，功在当代、利在千秋。生态兴则文明兴，生态衰则文明衰，这是人类社会生态灾难总结出来的血的教训。我国的生态文明建设必须立足于当前特殊的自然生态环境现状、经济发展水平、文化建设状况、社会政治条件以及人口素质等，走符合国情的社会主义生态文明建设道路。坚持人与自然和谐共生，树立尊重自然、顺应自然、保护自然的生态文明理念，保护自然生态系统，维护人与自然之间形成的生命共同体。

6. 实践项目具体步骤

（1）发放活动方案通知。

（2）学生收集家乡生态文明建设的资料，分析研究并确定拍摄内容。

（3）冲洗、筛选并上交摄影资料。作品要求：作品为JPG格式，文件大小5MB以上，件数不限；作品需有标题、简短文字说明（30字以内）、创作地点、作者真实姓名及联系电话；作品不侵犯第三人的包括著作权、肖像权、名誉权、隐私权等在内的合法权益。

（4）评比摄影作品，制作摄影展板。

（5）确定恰当时间展览摄影作品。

（6）展览期间，举办学生座谈会。请获奖作品作者发言，谈自己家乡生态文明发生的变化，坚定建设美丽中国、美丽家乡的信心和决心。

7. 实践成绩评定

实践项目评分表

评分项目	分值	得分
紧扣主题，实事求是	30	
拍摄主题	30	
拍摄技巧	10	
照片质量	10	
观众反馈	10	
实践反思	10	
总分	100	

8. 参考资料

且看塞上“绿肥黄瘦”

——宁夏奋进60年巡礼之生态文明篇

宁夏虽有“塞上江南”之称，但山多川少，在黄河无法滋养到的干旱地区，风大沙多是人们抹不去的生存记忆。“一年一场风，从春刮到冬；风吹沙子走，抬脚不见踪。”满目苍黄一度是宁夏的生态底色。饱尝生态恶化之苦的宁夏，过去几十年间战黄沙、治水土，染绿荒山、扮靓城乡，一代接着一代干，绘就一幅全新的生态画卷。再看今日塞上，已是“绿肥黄瘦”。

人进沙退　生态逆转拓宽生存空间。长风裹挟着黄沙，从毛乌素沙地深处袭来，一路向前挺进。直到沙地西南边缘的宁夏灵武白芨滩国家级自然保护区，风沙再难寸进。挡住它们的，是拔地而起的“绿色长城”——柠条、沙拐枣、樟子松等植物茂密生长，延伸到远处与天际线相接。

筑绿遏沙，是宁夏几代人修复生态的“主战场”。宁夏三面环沙，干旱少雨，生态环境十分脆弱。1958年自治区成立之初，全区沙化土地面积达2 475万亩，约占全区国土总面积的24.8%。由于过度放牧和开垦，生态环境一度持续恶化。

“我十几岁时，村子周围的草都被羊啃完了，沙子也进了村，小孩常从沙丘直接跳上屋顶玩耍。有时刮起大风，房子一夜之间就被沙子埋了。”54岁的陈有强是吴忠市盐池县二道湖村村民小组组长，沙害之苦令他至今难忘。

为了生存和发展，宁夏人向黄沙宣战，防沙治沙成为建设生态文明的基础性工程。2003年起，宁夏实行全境禁牧封育，加快草原植被恢复，并依托退耕还林、三北防护林等国家重点林业工程，逐步完善不同区域的防沙治沙模式。同时将防沙、治沙、用沙相结合，引导鼓励企业和个人参与，推动山川土地由“黄”向“绿”转变。

如今，宁夏沙化土地面积已缩减到1 686万亩，荒漠化土地面积也由20世纪末的4 811万亩减少到4 184万亩，实现了沙漠化逆转，沙化、荒漠化土地连续20年“双缩减”，肆虐的黄沙日渐温驯。

咬定青山 牢铸生态安全绿色屏障。盛夏时节，宁夏南部的大山之间满眼苍翠，山桃、山杏、云杉、刺槐和各种叫不上名字的灌木、苔草层层叠叠铺满山坡。山涧溪水潺潺，不时有野鸡、野兔从路旁蹿出。

这里是曾有“苦瘠甲天下”之称的宁夏西海固地区，曾经十年九旱、十山九秃。在诗人笔下，这里的春天“风一咳嗽，吐出漫天的黄沙”。

“一方水土难养一方人，为了多收粮食，农民不得不将山坡垦成农田。”固原市林业局局长陈胜远说，生态恶化加剧，土壤越发贫瘠，西海固陷入“越垦越穷，越穷越垦”的怪圈。

贫困人口易地搬迁、天然林资源保护、森林生态效益补偿……得益于中央和自治区党委、政府实施的一系列重大生态工程，昔日满目焦黄的西海固变身“旱塬绿洲”。固原市森林覆盖率更是超过25%，林草覆盖度达到73%，年均降水量由10年前的200毫米左右增加到约450毫米。

“树多了，雨水多了，山上冲下来的泥沙却少了。到了晚上，山里还会传来豹子吼，这声音十几年都没听见过了。”72岁的固原市原州区张易村村民赵丕条说。

脱胎换骨的西海固正是宁夏生态文明建设的缩影。据宁夏林业厅副厅长平学智介绍，目前宁夏林地保有量已达到2 834万亩，占全区国土总面积的35%，森林面积、森林覆盖率分别从1958年的117万亩、1.5%增加到1 091万亩、14%，以林草植被为主体的生态安全屏障已初步形成。

生态和谐“绿色福利”普惠城乡。石嘴山市大武口区人民公园里，胡杨垂柳迎风起舞，奇花异石缤纷夺目，亭台水榭等点缀其间，一湖九桥、一园十景，美不胜收。这座宛如江南园林的公园本是当地一座发电厂的排灰场，曾是大武口区的主要污染源之一。

“往下挖两铲子，还能看到粉煤灰。”公园管理人员韩小英说，11年前排灰场改造之初，种下的植物烧死一批又一批。但是再难也要改造，人们的生活已容不得这样的污染。

党的十八大以来，随着发展理念转变，宁夏生态文明建设和环境治理力度不断加大，打响蓝天保卫战、综合整治黄河流域水污染、推进贺兰山国家级自然保护区环境整治和生态修复等系列措施纷纷取得实效。

人居环境持续向好，越来越多城乡群众从中受益。在城市，错落分布的小微公园让老百姓“开窗就能赏景，出门就能游玩”；在农村，“垃圾靠风刮、污水靠蒸发”等困扰群众的问题得到根本扭转，一批批特色小镇、美丽乡村也建设起来。

“水泥路修到了家门口，村里有了保洁员，家里的旱厕也改成了水冲厕所，农村再不像以前那样‘土里土气’了。”吴忠市青铜峡市地三村村民郭燕萍说。

“绿肥黄瘦”见证了宁夏生态环境的沧桑巨变，也给当地群众带来满满的获得感。如今的宁夏正以尊重自然、顺应自然、保护自然的绿色发展理念，向着“天更蓝、地更绿、水更美、空气更清新”的美好愿景阔步向前。

——新华网，http://www.xinhuanet.com/politics/2018-08/28/c_1123342429.htm.

◆ **实践项目二：**

1. 实践项目主题　开展“低碳生活，从我做起”主题活动。

建设生态文明，是关系人民福祉、关乎民族未来的长远大计。2018 年 5 月 18 日至 19 日，第八次全国生态环境保护大会在北京召开。中共中央总书记、国家主席、中央军委主席习近平出席会议并发表重要讲话。习近平总书记的重要讲话，着眼人民福祉和民族未来，从党和国家事业发展全局出发，全面总结党的十八大以来我国生态文明建设和生态环境保护工作取得的历史性成就、发生的历史性变革，深刻阐述加强生态文明建设的重大意义，明确提出加强生态文明建设必须坚持的重要原则，对加强生态环境保护、打好污染防治攻坚战作出了全面部署，是建设生态文明、建设美丽中国的根本遵循，对于动员全党全国全社会一起动手，推动我国生态文明建设迈上新台阶，具有重大现实意义和深远历史意义。

2. 实践项目形式　发放宣传单、PPT 制作比赛、小组讨论等。

3. 实践项目目的　通过实践活动，深入地了解人与自然和谐共处的重要性，掌握生态文明理论；进一步推进生态文明建设，广泛凝聚社会共识，激发师生参与环保的热情，让环保的理念深入人心并转化为人们自觉的行动，增强师生低碳环保的意识，共建资源节约型、环境友好型社会。

4. 实践项目时间与地点　课余时间——校内实践。

5. 理论要点衔接　环境就是民生，青山就是美丽，蓝天也是幸福，绿水青山就是金山银山。形成人与自然和谐发展新格局，着力推进绿色发展、循环发展、低碳发展。要注重经济发展与生态保护的和谐共进，坚持在保护中发展、在发展中保护，更加自觉地推进绿色发展、循环发展、低碳发展。积极发展节能产业，推广高效节能产品；加快发展资源循环利用产业，推动矿产资源和固体废弃物综合利用；大力发展环保产业，壮大可再生能源规模。

6. 实践项目具体步骤　以学习小组为单位进行实践活动。

（1）校园广播。事先与广播站沟通协调好，做一期生态文明的宣传节目。具体策划由实践队员拟订。

（2）环保标语比赛。学生在课堂上发挥自己的创造力，想出尽可能多的生态文明建设宣传标语。评选出有代表性的标语可用于本次活动宣传。

（3）校园展板宣传。利用校园内展板展示国家生态文明建设政策、措施，宣传人与自然和谐共处的重要性以及保护环境的多种方式。展板可按照几个人一组分工设计，形式不限。

（4）保护环境签名活动。开展全校师生签名活动，让环保意识进一步升华，努力实现“保护环境，大家一起”的社会效应。

（5）以学习小组为单位，围绕主题收集资料，制作 PPT，展现我国在环境保护工作中存在的问题及所采取的措施，使学生了解环保小常识，增强低碳生活意识，适应绿色发展的需要，成为环保卫士。小组派代表进行 PPT 展示，师生共同点评。

（6）心得体会。写一篇关于生态文明知识宣传活动的心得体会，不少于 1 000 字。

7. 实践成绩评定　根据学生的资料搜集、知识掌握、PPT 制作和上交的心得体会的写作情况，按优、良、中、差综合评定实践教学环节成绩。

8. 参考资料

低碳构筑绿色新生活

日益频发的极端气候令国际社会开始关注过度使用化石燃料或生物质燃料的问题，意识到煤炭、石油等二氧化碳、甲烷等温室气体大量排放加剧了气候变化。控制碳排放，建设低碳社会成为当今世界各国的共同选择。

中国作为发展中大国，没有回避碳排放问题，而是勇于承担责任，将低碳发展当做建设生态文明的重要目标。中共十九大报告明确提出，中国引导应对气候变化国际合作，成为全球生态文明建设的重要参与者、贡献者、引领者。积极参与全球环境治理，落实减排承诺。坚持环境友好，合作应对气候变化，保护好人类赖以生存的地球家园。

“十三五”以来，中国低碳发展、减排成效显著。据国家发改委提供的数据，中国水电、风电、光伏发电的装机、核电的在建规模居世界第一，碳排放强度大幅度下降，煤炭消费总量连续几年下降，扭转了多年以来二氧化碳排放快速增长的局面，有望超额完成2020年控制温室气体排放行动目标。

中国的做法获得国际赞誉。中国社科院和国家气象局联合实验室发布的气候变化绿皮书称，二十国集团（G20）具有潜力成为全球气候治理的核心机制之一，在G20成员国低碳领导力评价中，中国排名第四。中国的主要优势在于政治意愿和政策行动，例如，中美曾联手为促成《巴黎协定》通过和生效做出了重要贡献。中国可再生能源投资总量居世界第一位，远超其他国家。中国在健全和完善节能减排的政策体系，推动碳市场建设，通过各类低碳试点调动地方和公众参与等方面也取得了积极进展。

除履行全球环境治理的责任外，中国积极推动绿色低碳发展，也是提质增效，深化供给侧结构性改革，培育发展新动能，实现本国经济社会可持续发展的内在需求。十九大报告一再强调绿色低碳建设，比如建立健全绿色低碳循环发展的经济体系；推进能源生产和消费革命，构建清洁低碳、安全高效的能源体系；倡导简约适度、绿色低碳的生活方式等等。

围绕绿色低碳的行动一直在进行中。眼下，中国碳交易市场启动在即，此举被国际社会视为中国坚定走绿色发展道路的重要举措。通过建立碳市场，可以有效控制碳排放，将节能降碳工作的成本由全社会共同分担，还能合理调整产业结构，通过市场手段，让碳成本高的企业提高效率，改进技术，而落后产能则被市场淘汰。

据预测，中国国家碳市场碳排放总量将在45亿吨左右，约占全国化石燃料消耗所产生的碳排放总量的50%。这个市场一旦运行起来，将为本国工业部门带来巨大碳减排成本节约效应，并为世界碳市场创造巨大的减排量，可谓自利利他的善举。

未来的中国是人与自然和谐共生的现代化国家，人民不仅拥有丰富的物质和精神生活，还将拥有优美的生态环境。如今，这种充满绿意的新生活正在一步步实现中。据统计，最近10年，中国经济增长的同时，减少了41亿吨二氧化碳排放，做到了气候行动与经济社会发展相协调，实现了双赢。

当然，中国的低碳社会建设任重道远，低碳城市、低碳乡村、低碳社区，乃至低碳家庭，这些遍布社会的“低碳细胞”目前还远远不够，需要不断培育，更需要茁壮成长。

——人民网，http://world.people.com.cn/n1/2017/1121/c1002－29658711.html.

◆ **实践项目三：**

1. 实践项目主题 ××省煤炭资源开发与生态文明建设调研。

走向生态文明新时代，建设美丽中国，是实现中华民族伟大复兴的中国梦的重要内容。生态环境保护是功在当代，利在千秋的事业。要清醒认识保护环境、治理环境污染的紧迫性和艰巨性，清醒认识加强生态文明建设的重要性和必要性，以对人民群众、对子孙后代高度负责的态度和责任，真正下决心把环境污染治理好、把生态环境建设好，努力走向社会主义生态文明新时代，为人民创造良好生产生活环境。

山西省作为能源大省，长期将煤炭产业作为支柱产业，发展中出现了一些比较严重的环境问题。坚持绿色发展是发展观的一场深刻革命。要从转变经济发展方式、环境污染综合治理、自然生态保护修复、资源节约集约利用、完善生态文明制度体系等方面采取超常举措，全方位、全地域、全过程开展生态环境保护。2017 年习近平总书记视察山西时指出了生态文明建设的根本出路。在习近平总书记亲自关心下，山西省委、省政府以壮士断腕的勇气大力推动绿色转型，打造新兴产业集群，构建起多元支撑的现代产业体系，迈上了转型发展的新征程。

2. 实践项目形式 结合科研项目的社会实践调研。

3. 实践项目目的 资源型地区经济转型是世界难题，山西转型尤为如此。冰冻三尺非一日之寒，化冰解冻也非一日之功。山西作为资源型地区，经济转型发展始终为党中央深深“牵挂”。近些年来，山西省坚持用新发展理念引领转型发展，抓住经济发展由“疲”转“兴”的良好机遇，紧扣建设“资源型经济转型发展示范区”、打造“能源革命排头兵”和构建“内陆地区对外开放新高地”三大目标，通过整体谋划、重点突破、强化考核、督查督办，扎实推进经济发展方式转变，坚定不移加快高质量发展步伐，坚定不移地走转型发展之路，努力实现经济转型发展持久的强劲态势。

通过组织学生在煤炭资源开采区开展调研宣传，收集当地政府对煤炭开采区生态文明建设的政策、措施，以及当地居民对生态文明建设的意见和建议等，使学生了解山西煤炭资源开发对生态环境的影响，调查各地贯彻落实习近平总书记视察山西讲话精神、落实生态文明建设过程中存在的主要问题并寻找解决措施，提出合理化建议，助力山西振兴崛起。

4. 实践项目时间与地点 寒暑假；省内拥有煤炭资源的地市县乡村。

5. 理论要点衔接 建设生态文明是一场涉及生产方式、生活方式、思维方式和价值观念的革命性变革。面向新时代，要以更大的力度、更实的措施推进生态文明建设，加快形成绿色生产方式和生活方式，着力解决突出环境问题。近年来，山西省委、省政府以习近平总书记视察山西重要讲话精神为指引，坚定不移推动转型综改、创新驱动，经济结构从“一煤独大”向多元支撑转变；深入践行“绿水青山就是金山银山”的理念，以环保倒逼转型，持续加大环境治理和生态保护修复力度，生态环境质量明显改善，美丽山西正在描绘绿水青山新画卷，开启了新的经济转型发展历程。

6. 实践项目具体步骤

(1) 建立团队，分组分工。

(2) 集体学习生态文明政策和知识。结合教材，通过报刊等获取关于国家及山西省生态文明建设的政策及相关知识。

(3) 提前联系调研单位和对象，明确调研和宣传目的，拟定调研及采访方案（包括具体分工、时间、地点及问题等）。

(4) 设计制作调查问卷、生态文明建设宣传海报等资料。

(5) 按调研计划，以小组为单位实地调研，收集资料。

(6) 整理分析调研资料。

(7) 撰写不少于 3 000 字的调研报告，要求符合调研报告的格式，主题明确、条理清晰、思路明确、内容真实，有现状思考和合理化建议。

7. 调研报告及要求 调查报告是针对社会生活中的某一情况、某一事件、某一问题，进行深入细致地调查研究，然后把调查研究得来的情况真实地表述出来，以反映问题，揭露矛盾，揭示事物发展的规律，向人们提供经验教训和改进办法，为有关部门提供决策依据，为科学研究和教学部门提供研究资料和社会信息的书面报告。

(1) 调查报告主要有以下 3 种类型。

①情况调查报告，即比较系统地反映某一对象基本情况的一种调查报告，这种调查报告通常是为了弄清情况，供决策者使用。

②问题调查报告，即针对某一方面的问题，进行专项调查，弄清事实真相，判明问题的原因和性质，确定造成的影响，并提出解决问题的途径和建议，为有关方面提供参考和借鉴的一种调查报告。

③典型经验调查报告，即通过分析典型事例，总结经验，从而指导和推动某方面工作的一种调查报告。

(2) 调查报告的基本格式。一般来说，调查报告应包括标题、摘要、关键词、目录、引言、正文、结语等几个部分。

①标题。标题就是调查报告的题目，由报告内容来决定。标题必须准确揭示调查报告的主题思想，做到题文相符。好的标题能画龙点睛，具有较强的吸引力。

②摘要和关键词。调查报告的摘要主要包括以下几方面内容：第一，简要说明调查目的，即简要说明调查的原因和意义。第二，简要介绍调查的对象和调查内容，包括调查时间、地点、对象、范围、调查要点及所要解决的问题。第三，简要陈述调研结果、结论与建议。第四，简要介绍调查研究的方法，并说明选用该方法的原因。第五，其他相关信息说明，如背景信息，样本规模和选择的局限等等。此外，通常需列出 3～5 个集中反映报告核心内容的关键词，原则上每个词组以不超过 5 个字为宜。

③引言。引言即调查报告的前言，简单明了地介绍有关调查的情况，或提出全文的引子，为正文写作做好铺垫。

④正文。正文是调查报告的核心部分，是调查报告的主体，也是对前言的引申展开，它决定着整个调查报告质量的高低和作用的大小。正文部分必须准确阐明全部有关论据，包括问题的提出，引出结论，论证的全部过程，分析研究问题的方法等。正文部分要论述的重点主要包括：一是介绍与调查资料有关的背景资料以及通过调查了解到的事实情况，应注重具

体事实、统计数据，文字应简明、准确，条理分明，可兼用数字、表格、图示说明。二是对调查研究所得资料进行质和量的分析。通过分析，得出各种具体认识、观点和基本结论，指出存在的问题。三是在有力的分析下，根据实际情况，提出解决问题的具体意见和建议。正文部分的表述应注意：用事实说话、观点统帅材料、材料支撑观点；要善于运用不同的材料，从比较中说明问题，阐明观点；要善于用数字来说明问题，阐明观点。

⑤结语。结语的写法比较多，主要根据报告的实际内容来确定：可以概括全文，综合说明调查报告的主要观点，进一步深化主题，增强报告的说服力和感染力；也可以对所揭露的问题提出解决的办法、建议；或提出问题，引发人们的进一步思考；或展望前景，指明方向，从更高的角度，更广阔的背景上来说明调查的实际意义。

（3）注意事项。学生在调研中要发扬团结互助精神，生活中相互关心爱护，应尊重整个团队的安排，认真完成各项实践任务，不擅自行动，每个人对自己的行为负责。

调研期间应积极的对实践活动提出自己的意见和看法，认真、虚心向指导教师请教。

要遵纪守法，注意维护学校的声誉，应衣着得体，举止文明，谦虚有礼，树立良好的大学生形象，尤其在公开场合更要严格要求自己，如遇意外情况需退出实践活动，应向领队提出书面申请，批准后方可离队。

爱护公私财物，对所借用的卷宗、书籍、材料等一定要精心、妥善保管，不得丢失和带出社会调研单位以外，努力做到随借随还。

严格遵守调研单位保密纪律、制度，对了解到的调研资料等要注意保密，不能随意散发、散布和丢失。

8. 实践成绩评定 调研小组围绕社会调查内容写出社会调研报告，要真实地写出调研的收获和体会。指导教师根据调研小组提交的调研报告，以小组为单位综合评定实践教学环节成绩。按优秀、良好、中等、及格、不及格5个级别评定成绩。

9. 参考资料

绿水青山就是金山银山——关于大力推进生态文明建设（节选）

习近平

……

3. 以系统工程思路抓生态建设

大自然是一个相互依存、相互影响的系统。比如，山水林田湖是一个生命共同体，人的命脉在田，田的命脉在水，水的命脉在山，山的命脉在土，土的命脉在树。如果种树的只管种树、治水的只管治水、护田的单纯护田，很容易顾此失彼，最终造成生态的系统性破坏。习近平总书记强调，环境治理是一个系统工程，必须作为重大民生实事紧紧抓在手上。要按照系统工程的思路，抓好生态文明建设重点任务的落实，切实把能源资源保障好，把环境污染治理好，把生态环境建设好，为人民群众创造良好生产生活环境。

牢固树立生态红线观念。生态红线，就是国家生态安全的底线和生命线，这个红线不能突破，一旦突破必将危及生态安全、人民生产生活和国家可持续发展。我国的生态环境问题已经到了很严重的程度，非采取最严厉的措施不可，不然不仅生态环境恶化的总态势很难从根本上得到扭转，而且我们设想的其他生态环境发展目标也难以实现。习近平总书记强调：“在生态环境保护问题上，就是要不能越雷池一步，否则就应该受到惩罚。”要设定并严守资源消耗上限、环境质量底线、生态保护红线，将各类开发活动限制在资源环境承载能力之内。对于生态保护红线，全党全国要一体遵行，决不能逾越，确保生态功能不降低、面积不减少、性质不改变。

优化国土空间开发格局。国土是生态文明建设的空间载体，要按照人口资源环境相均衡、经济社会生态效益相统一的原则，统筹人口分布、经济布局、国土利用、生态环境保护，科学布局生产空间、生活空间、生态空间，给自然留下更多修复空间，给农业留下更多良田，给子孙后代留下天蓝、地绿、水净的美好家园。加快实施主体功能区战略，以主体功能区规划为基础统筹各类空间性规划，推进“多规合一”。加快完善主体功能区政策体系，实行差异化绩效考核，推动各地区依据主体功能区定位发展，严格实施环境功能区划，构建科学合理的城镇化推进格局、农业发展格局、生态安全格局，保障国家和区域生态安全，提高生态服务功能。要坚持陆海统筹，进一步关心海洋、认识海洋、经略海洋，提高海洋资源开发能力，保护海洋生态环境，扎实推进海洋强国建设。

全面促进资源节约。对生态环境的破坏，主要来自对资源的过度开发、粗放利用。建设生态文明必须从资源使用这个源头抓起，把节约资源作为根本之策。树立节约集约循环利用的资源观，推动资源利用方式根本转变，加强全过程节约管理，实行能源和水资源消耗、建设用地等总量和强度双控行动，大幅提高资源利用综合效益。推进能源消费革命，全面推动能源节约，确保国家能源安全，有效控制温室气体排放，主动适应气候变化。加强水源地保护，推进水循环利用，全面推进节水型社会建设。严守18亿亩耕地保护红线，严格保护耕地特别是基本农田，严格土地用途管制。加强矿产资源勘查、保护、合理开发，提高综合利用水平。大力发展循环经济，促进生产、流通、消费过程的减量化、再利用、资源化。

加大生态环境保护力度。要以提高环境质量为核心，以解决损害群众健康的突出环境问题为重点，坚持预防为主、综合治理，强化大气、水、土壤等污染防治。着力推进颗粒物污染防治，着力推进重点流域和区域水污染防治，着力推进重金属污染和土壤污染综合治理，集中力量优先解决好细颗粒物（PM2.5）、饮用水、土壤、重金属、化学品等损害群众健康的突出问题，切实改善环境质量。实施重大生态修复工程，增强生态产品生产能力，推进荒漠化、石漠化综合治理，扩大湖泊、湿地面积，维护生物多样性，筑牢生态安全屏障。

推动形成公平合理、合作共赢的全球气候治理体系。全球气候治理，中国因素不可或缺。中国把应对气候变化融入国家经济社会发展中长期规划，坚持减缓和适应气候变化并重，承诺将于2030年左右使二氧化碳排放达到峰值并争取尽早实现。在推进国内生态文明建设的同时，要深度参与全球气候治理，积极参与应对全球气候变化谈判。积极承担与我国基本国情、发展阶段和实际能力相符的国际义务，从全球视野加快推进生态文明建设，把绿色发展转化为新的综合国力和国际竞争新优势，为推动世界绿色发展、维护全球生态安全作出积极贡献。

——人民网 http://theory.people.com.cn/n1/2016/0509/c40531-28334517.html.

三、拓展资源

（一）阅读书目

中共中央文献研究室：《习近平关于社会主义生态文明建设论述摘编》，北京：中央文献出版社，2017 年

本书共分 7 个专题，收入 259 段论述，摘自习近平同志 2012 年 11 月 15 日至 2017 年 9 月 11 日期间的讲话、演讲、批示、指示等 80 多篇重要文献。认真学习贯彻习近平同志关于社会主义生态文明建设的重要论述，对于全党全社会深刻认识生态文明建设的重大意义，坚持和贯彻新发展理念，坚定不移走生产发展、生活富裕、生态良好的文明发展道路，推动形成绿色发展方式和生活方式，推进美丽中国建设，努力走向社会主义生态文明新时代，实现“两个一百年”奋斗目标、实现中华民族伟大复兴的中国梦，具有十分重要的指导意义。

（二）红色光影

1. 纪录片《生态文明启示录》

《生态文明启示录》是我国首部以生态文明为主题的大型纪录片。该纪录片以独特的生态环境和详实生动的典型事例为素材，以数字技术手段为依托，以“什么是生态文明，为什么要建设生态文明，怎样建设生态文明”为主线，从不同的角度，用镜头记录下生态文明建设的丰硕成果和老区人民的新形象，展示了生态文明建设的实质内涵、实践路径和成功经验，同时诠释了社会主义生态文明建设的必要性和重要性，让广大民众了解生态文明，增强环境保护的意识，为建设美好、富饶的幸福家园而贡献自己的力量。

2. 纪录片《将改革进行到底》之《守住绿水青山》

该片讲述了以习近平同志为核心的党中央带领 13 亿中国人民攻坚克难、砥砺前行，坚定不移进行改革的故事。其中第 6 集《守住绿水青山》聚焦生态文明体制改革，从习近平总书记提出的“生态兴则文明兴”“绿水青山就是金山银山”等重要论述出发，反映了以习近平同志为核心的党中央全面推进生态文明体制改革以来取得的巨大成就。

3. 纪录片《水问》

《水问》整部作品共 360 分钟，分为 8 集播出，分别从危机、饮水、生态、利用、分配、治理、节水、文明等 8 个方面回答有关水的问题。其对中国当前水资源问题的深度剖析，在观众中产生了深刻而广泛的影响。影片用镜头记录了中国最缺水地区人们的生活，展现了城市生活中的节水困境，披露了触目惊心的湖泊、河流污染调查结果，访问了中国乃至世界一流的水问题专家，分析了水危机出现的深层次原因，推荐了符合科学发展观的用水管水理念，并试图寻找一条符合中国国情的、人水和谐的发展道路。

4. 纪录片《第三极》

该片以自然为背景和人类活动为中心，讲述了在青藏高原人与自然和谐相处的故事。青藏高原被称为地球上的“第三极”，相比南极、北极，它是唯一有着人类丰富生存活动的极地地带。全片借“第三极”这个地理概念，重在讲述青藏高原上人与自然和谐相处的故事。全片近 40 个故事，以自然为背景，以人类活动为中心，通过一个个生动的故事展现青藏高原上的生命之美和人们的祥和生活，反映了藏族传统文化得到继承、传统生活方式得到延续以及自然环境得到保护等情况。

5. 纪录片《辉煌中国》之《绿色家园》

《辉煌中国》以创新、协调、绿色、开放、共享的新发展理念为脉络，全面反映党的十八大以来，在以习近平同志为核心的党中央带领下，全国各族人民砥砺奋进、真抓实干，中国经济社会发展取得的历史性成就。第4集讲述的绿色发展故事，是5年来真真切切发生在中国百姓身边的巨大改变。

专题十五 TOPIC 15

“四个全面”战略布局

一、理论基础

党的十九届五中全会强调，“统筹推进经济建设、政治建设、文化建设、社会建设、生态文明建设的总体布局，协调推进全面建设社会主义现代化国家、全面深化改革、全面依法治国、全面从严治党的战略布局”。本专题讲述了“四个全面”战略布局是我们党在新形势下治国理政的总方略，全面建设社会主义现代化国家是战略目标，全面深化改革、全面依法治国、全面从严治党是战略举措。

（一）知识框架

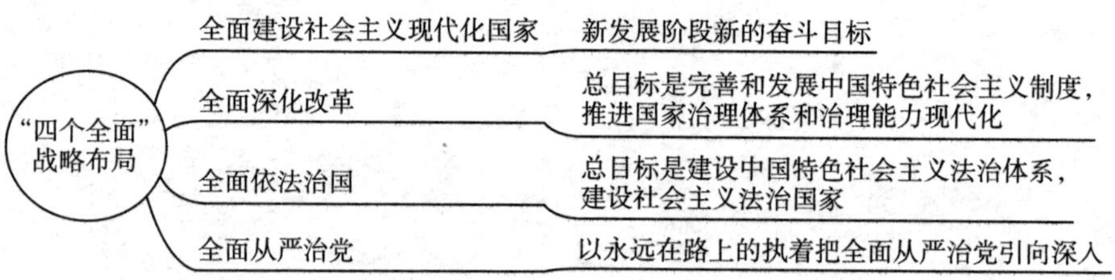

（二）理论要点

1. 全面建设社会主义现代化国家　党的十九届五中全会强调，我国的“四个全面”战略布局内涵，正式由“全面建成小康社会、全面深化改革、全面依法治国、全面从严治党”发展为“全面建设社会主义现代化国家、全面深化改革、全面依法治国、全面从严治党”。实现“两个一百年”奋斗目标，把我国建设成为社会主义现代化强国，既是近代以来中华民族演进的历史趋势和中国特色社会主义发展的内在逻辑，也是新时代中国共产党的历史使命。从全面建成小康社会到基本实现现代化，再到全面建成社会主义现代化强国的“两步走”的战略安排，既立足于当前中国发展的实际，也适应未来中国发展的新趋势①。

2. 全面深化改革

（1）全面深化改革的必要性。把全面深化改革作为“四个全面”战略布局中具有突破性和先导性的关键环节。第一，顺应当今世界发展大势的必然选择。第二，解决中国现实问题的根本途径。第三，关系党和人民事业前途命运，关系党的执政基础和执政地位。

① 董振华，2020. 深刻把握“四个全面”战略布局新内涵［N］. 光明日报，11-02（02）.

（2）全面深化改革必须坚持的原则。第一，党对改革的集中统一领导。第二，改革沿着中国特色社会主义方向前进。第三，往有利于维护社会公平正义、增进人民福祉方向前进，是全面深化改革的出发点和落脚点，是坚持党全心全意为人民服务根本宗旨的必然要求。第四，社会主义市场经济改革方向。

（3）全面深化改革的总目标。完善和发展中国特色社会主义制度（根本方向），推进国家治理体系和治理能力现代化（实现路径）。国家治理体系和治理能力两者相辅相成。推进国家治理体系和治理能力现代化，必须解决好价值体系问题。

（4）全面深化改革的主要内容。紧紧围绕使市场在资源配置中起决定性作用和更好发挥政府作用深化经济体制改革；紧紧围绕坚持党的领导、人民当家作主、依法治国有机统一深化政治体制改革；紧紧围绕建设社会主义核心价值体系、社会主义文化强国深化文化体制改革；紧紧围绕更好保障和改善民生、促进社会公平正义深化社会体制改革；紧紧围绕建设美丽中国深化生态文明体制改革；紧紧围绕提高科学执政、民主执政、依法执政水平深化党的建设制度改革。总之，我们要勇于推进理论创新、实践创新、制度创新以及其他各方面的创新，让制度更加成熟定型，让发展更有质量，让治理更有水平，让人民更有获得感。

（5）正确处理全面深化改革中的重大关系。处理好解放思想和实事求是的关系；处理好顶层设计和摸着石头过河的关系；处理好整体推进和重点突破的关系；处理好胆子要大、步子要稳的关系；处理好改革、发展、稳定的关系，改革是动力、发展是关键、稳定是前提。

3. 全面依法治国

（1）全面依法治国的形成发展。第一，党的十五大明确把依法治国确立为治理国家的基本方略。第二，党的十八大明确提出“加快建设社会主义法治国家”。第三，2014 年党的十八届四中全会明确提出全面推进依法治国，加快建设法治中国。第四，党的十九大明确指出，全面依法治国是中国特色社会主义的本质要求和重要保障。

（2）中国特色社会主义法治道路。第一，坚持中国共产党的领导。第二，坚持人民在全面依法治国中的主体地位。第三，坚持法律面前人人平等。第四，坚持依法治国和以德治国相结合。第五，坚持从中国实际出发。

（3）深化依法治国实践的重点任务。全面依法治国的总目标：建设中国特色社会主义法治体系，建设社会主义法治国家。

全面依法治国的重点任务：第一，推进中国特色社会主义法治体系建设。第二，深化依法治国实践。

4. 全面从严治党

（1）新时代党的建设总要求。第一，新时代党的建设的目的和根本原则：坚持和加强党的全面领导。第二，新时代党的建设的根本方针：坚持党要管党、全面从严治党。第三，新时代党的建设的工作思路：以加强党的长期执政能力建设、先进性和纯洁性建设为主线，以党的政治建设为统领，以坚定理想信念宗旨为根基，以调动全党积极性、主动性、创造性为着力点。第四，新时代党的建设的总体布局：全面推进党的政治建设、思想建设、组织建设、作风建设、纪律建设，把制度建设贯穿其中，深入推进反腐败斗争，不断提高党的建设质量。第五，新时代党的建设的目标：把党建设成为始终走在时代前列、人民衷心拥护、勇于自我革命、经得起各种风浪考验、朝气蓬勃的马克思主义执政党。

（2）把党的政治建设摆在首位。党的十九大首次把党的政治建设纳入党的建设总体布局，这是党的建设理论的实践的重大创新。

把党的政治建设摆在首位的依据：第一，旗帜鲜明讲政治是我们党作为马克思主义政党的根本要求。第二，党的政治建设是党的根本性建设，决定党的建设方向和效果。第三，注重抓党的政治建设是党的十八大以来全面从严治党的成功经验。

党的政治建设的基本内容：第一，保证全党服从中央，坚持党中央权威和集中统一领导，是党的政治建设的首要任务。第二，严格执行新形势下党内政治生活若干准则。第三，坚决反对搞两面派、做“两面人”。

（3）全面从严治党永远在路上。

全面从严治党的要求：第一，加强党的思想建设。思想建设是党的基础性建设。第二，加强党的组织建设。党的组织建设主要包括民主集中制建设、党的基层组织建设、干部队伍建设和党员队伍建设等内容。第三，持之以恒正风肃纪。作风建设的核心是保持党同人民群众的血肉联系。第四，将制度建设贯穿党的各项建设之中。第五，深化标本兼治，夺取反腐败斗争压倒性胜利。

二、实践指南

（一）实践目的与要求

通过实践活动，引导大学生理论联系实际，帮助大学生通过实践活动加深对思想政治理论课教学中所学“四个全面”的理解，切实运用所学“四个全面”的理论知识来分析和思考社会问题。提高大学生关注社会实际的热情和能力，使大学生了解国情、民情，并在实践活动中了解改革开放以来我国全面建设社会主义现代化国家、全面深化改革、全面依法治国、全面从严治党战略布局提出的背景、实施的部署及重大意义。提高大学生的思想政治素质、观察分析社会问题的能力及解决问题的能力，培育大学生阳光健康心态，树立坚定全面建设社会主义现代化国家的决心和信念。要求学生在实践活动中要切实做到安全第一，态度认真，注重实践效果，保证实践报告质量。

（二）实践项目设计

◆ **实践项目一：**

1. 实践项目主题　“四个全面”战略布局内涵发展讨论会。

“四个全面”战略布局是习近平新时代中国特色社会主义思想的重要内容，已深刻融入中国特色社会主义伟大实践中。党的十九届五中全会强调，我国的“四个全面”战略布局内涵，正式由“全面建成小康社会、全面深化改革、全面依法治国、全面从严治党”发展为“全面建设社会主义现代化国家、全面深化改革、全面依法治国、全面从严治党”。全面建成小康社会的实现，在中国共产党、中华人民共和国、中华民族发展史上都具有里程碑式的意义。

2. 实践项目形式　讨论会。

3. 实践项目目的　通过本次讨论，增强大学生对于我国全面建成小康社会目标和现状的了解，使同学们认识到全面建成小康社会的重大意义。十九届五中全会对“四个全面”战略布局内涵以“全面建成小康社会”到“全面建设社会主义现代化国家”的发展，体现了我国近期、中期、长远目标的统筹兼顾，完整勾画了我国社会主义现代化强国建设的时间表、路线图。通过讨论增强大学生的使命感。

4. 实践项目时间与地点 课堂讨论；校内。

5. 理论要点衔接 全面小康，覆盖的领域要全面，是经济建设、政治建设、文化建设、社会建设、生态文明建设全面进步的小康。全面小康，覆盖的人口要全面，是惠及全体人民的小康。全面小康，覆盖的区域要全面，是城乡区域共同发展的小康。全面建成小康社会，中华民族伟大复兴向前迈出了一大步，社会主义中国以更加雄伟的身姿屹立于世界东方。党的十九大对实现第二个百年奋斗目标做出分两个阶段推进的战略安排，即到2035年基本实现社会主义现代化，到本世纪中叶把我国建成富强民主文明美丽的社会主义现代化强国。

6. 实践项目具体步骤

（1）社会实践活动分组。指导教师说明讨论的目的和意义，对参与的学生进行分组，兼顾男女同学比例，各组选出组长，并进行内部分工。组长安排整体的活动开展计划，保证活动按计划有序进行。每组组长日常向指导教师汇报活动情况，沟通活动中存在的问题与困难并做到及时解决。

（2）资料分析。学习党的十九届五中全会公报、全面建成小康社会等资料。对取得的材料进行分类整理，并根据整理的材料展现国家全面建设小康社会的成绩，并分析全面建设小康社会过程中面临问题，确定讨论案例。

（3）调查成果展示。对已经整理出来的材料进行归类展示，展示国家全面建设小康社会的成就。

（4）小组讨论。对全面建设小康社会的成就进行分析，对全面建设社会主义现代化国家的理解。尤其是跟踪全面建设小康社会中存在的问题的解决情况，全面认识案例中经济、政治、文化、社会、生态文明等方面的建设情况。

（5）课堂讨论。对小组讨论进行总结，主要总结自已对全面建设小康社会的了解，对全面建设社会主义现代化国家的理解，总结案例中全面建设小康社会的对策及成果，总结自身努力的方向并形成社会调查报告。

7. 实践成绩评定 根据学生活动表现、资料收集和上交心得体会的情况，综合评定实践教学环节成绩。

8. 参考资料

在中国共产党第十九次全国代表大会上的报告（节选）

习近平

从现在到二〇二〇年，是全面建成小康社会决胜期。要按照十六大、十七大、十八大提出的全面建成小康社会各项要求，紧扣我国社会主要矛盾变化，统筹推进经济建设、政治建设、文化建设、社会建设、生态文明建设，坚定实施科教兴国战略、人才强国战略、创新驱动发展战略、乡村振兴战略、区域协调发展战略、可持续发展战略、军民融合发展战略，突出抓重点、补短板、强弱项，特别是要坚决打好防范化解重大风险、精准脱贫、污染防治的攻坚战，使全面建成小康社会得到人民认可、经得起历史检验。

——习近平，《决胜全面建成小康社会 夺取新时代中国特色社会主义伟大胜利：在中国共产党第十九次代表大会上的报告》，北京：人民出版社，2017年，第27页．

为夺取全面建设社会主义现代化国家新胜利而奋斗
——学习贯彻党的十九届五中全会精神

新华社评论员

……

全会听取和讨论了习近平受中央政治局委托作的工作报告，充分肯定党的十九届四中全会以来中央政治局的工作。全会审议通过了《中共中央关于制定国民经济和社会发展第十四个五年规划和二〇三五年远景目标的建议》，提出了“十四五”时期经济社会发展指导思想、主要目标和必须遵循的原则，提出了到二〇三五年基本实现社会主义现代化远景目标。《建议》集中全党全社会思想共识和行动智慧，着眼未来5年乃至更长远的发展，是全面建设社会主义现代化国家的纲领性文件，充分体现党中央高瞻远瞩、总揽全局、深谋远虑、运筹帷幄的战略眼光和战略定力，标志着我们党对建设中国特色社会主义的认识达到一个新的高度，对于建设社会主义现代化国家、实现中华民族伟大复兴具有重大现实意义和深远历史意义。把思想和行动统一到全会精神上来，贯彻落实好全会各项决策部署，是当前全党全社会的一项重要任务。

过去5年，面对错综复杂的国际形势、艰巨繁重的国内改革发展稳定任务特别是新冠肺炎疫情严重冲击，在以习近平同志为核心的党中央坚强领导下，全党全国各族人民奋勇前进、开拓创新，战胜各种风险挑战，“十三五”规划目标任务即将完成，全面建成小康社会取得决定性成就，中华民族伟大复兴向前迈出了新的一大步，社会主义中国以更加雄伟的身姿屹立于世界东方。实践证明，有习近平同志作为党中央的核心、全党的核心领航掌舵，有全党全国各族人民团结一心、顽强奋斗，我们就一定能够战胜前进道路上出现的各种艰难险阻，推动中国特色社会主义航船乘风破浪、坚毅前行。

当前和今后一个时期，我国发展仍然处于重要战略机遇期，但机遇和挑战都有新的发展变化。观全球，当今世界正经历百年未有之大变局，国际环境日趋复杂，不稳定性不确定性明显增加；看国内，我国已转向高质量发展阶段，继续发展具有多方面优势和条件，但发展不平衡不充分问题仍然突出。迈向“十四五”，必须统筹中华民族伟大复兴战略全局和世界百年未有之大变局，深刻认识我国社会主要矛盾变化带来的新特征新要求，深刻认识错综复杂的国际环境带来的新矛盾新挑战，保持战略定力，办好自己的事，善于在危机中育先机、于变局中开新局，为全面建设社会主义现代化国家开好局、起好步。

……

——新华社评论员：《为夺取全面建设社会主义现代化国家新胜利而奋斗：学习贯彻党的十九届五中全会精神》，http://www.xinhuanet.com/politics/2020-10/29/c_1126674978.htm.

◆ **实践项目二：**

1. 实践项目主题　全面深化改革资料展。

全面深化改革资料展旨在通过同学们收集整理我国全面深化改革以来经济社会等各方面发生的重大变化，通过同学们收集全面深化改革资料的过程，以及进行全面深化改革资料展示的过程，使同学们牢固树立道路自信、理论自信、制度自信、文化自信。

2. 实践项目形式 实地调研、资料整理。

3. 实践项目目的 通过本次全面深化改革资料展社会实践活动，增强大学生对我国改革开放历程和成就的了解，使大学生深入理解改革是一个国家、一个民族生存发展之道，没有改革开放就没有当代中国的发展进步，我国全面深化改革是顺应当今世界发展大势的必然选择，新时代大学生要承担起自己的历史责任，以更大的历史责任感和智慧、更有力的措施和办法推进改革。

4. 实践项目时间 暑期社会实践或平时。

5. 理论要点衔接 全面深化改革是顺应当今世界发展大势的必然选择，是解决中国现实问题的根本途径，关系党和人民事业前途命运，关系党的执政基础和执政地位。全面深化改革必须坚持党对改革的集中统一领导，必须坚持改革沿着中国特色社会主义方向前进，必须坚持改革向有利于维护社会公平正义、增进人民福祉方向前进，必须坚持社会主义市场经济改革方向。全面深化改革的总目标是完善和发展中国特色社会主义制度，推进国家治理体系和治理能力现代化。

6. 实践项目具体步骤

（1）社会实践活动分组。指导教师说明社会实践的目的和意义，对参与的学生进行分组，兼顾男女比例，各组选出组长，并进行内部分工。组长安排整体的活动开展计划，保证活动按计划有序进行。每组组长日常向指导教师汇报活动开展情况，沟通活动中存在的问题与困难并做到及时解决。

（2）前期社会调查。确定调查的主题及范围，通过网络等途径确定调查的地点，并去该地进行实地调查走访工作，做好前期相关工作的对接商定，制定相关社会实践活动计划方案。

（3）开展实地调查。深入调查地点，详细了解全面深化改革的各方面情况，对经济方面、政治方面、文化方面、社会方面全面深化改革的历程和成绩进行资料收集，采访当事人，参加社会实践的同学做好活动开展的拍照、视频记录工作和宣传报道工作，营造良好的活动效果，树立优秀的团队形象，及时汇报活动开展进度。

（4）整理材料。参加实践的同学对采访的材料、收集的文字材料和图片资料进行整理、编辑。

（5）形成成果。将收集整理的反映全面深化改革的资料分类后加以固定形成最终成果。

（6）集中展示。对收集整理形成最终成果的反映全面深化改革的资料进行集中展示。

（7）总结社会实践活动。对社会实践活动进行总结，主要总结自己在经济方面、政治方面、文化方面、社会方面、生态文明方面对全面深化改革的认识和了解，并形成社会实践报告。

7. 实践成绩评定 根据学生活动表现、资料收集和上交社会实践报告的情况，综合评定实践教学环节成绩。

8. 参考资料

改革将进一步触及深层次利益格局的调整和制度体系的变革，改革的复杂性、敏感性、艰巨性更加突出，要加强和改善党对全面深化改革统筹领导，紧密结合深化机构改革推动改革工作。

——佚名：《习近平主持召开中央全面深化改革委员会第一次会议》，http://www.xinhuanet.com/politics/2018-03/28/c_1122605718.htm.

党政主要负责同志是抓改革的关键，要把改革放在更加突出位置来抓，不仅亲自抓、带头干，还要勇于挑最重的担子、啃最硬的骨头，做到重要改革亲自部署、重大方案亲自把关、关键环节亲自协调、落实情况亲自督察，扑下身子，狠抓落实。

——佚名：《习近平主持召开中央全面深化改革领导小组第三十二次会议》，http://www.xinhuanet.com/politics/2017-02/06/c_1120420090.htm.

要全面贯彻党的十八届六中全会精神，牢固树立政治意识、大局意识、核心意识、看齐意识，坚定不移抓好各项重大改革举措，既抓重要领域、重要任务、重要试点，又抓关键主体、关键环节、关键节点，以重点带动全局，把各项改革任务落到实处。

——佚名：《习近平主持召开中央全面深化改革领导小组第二十九次会议》，http://www.gov.cn/xinwen/2016-11/01/content_5127202.htm.

◆ 实践项目三：

1. 实践项目主题 模拟法庭实践。

法律是治国之重器，良法是善治之前提。全面依法治国是关系我们党执政兴国、人民幸福安康、党和国家长治久安的重大战略问题，是“四个全面”战略布局的重要组成部分。

2. 实践项目形式 现场实践。

3. 实践项目目的 通过模拟法庭实践，使同学们认识到全面依法治国是中国特色社会主义的本质要求和重要保障，必须把党的领导贯彻到依法治国全过程和各方面，坚定不移走中国特色社会主义法治道路，走中国特色社会主义法治道路要坚持中国共产党的领导，要坚持人民在全面依法治国中的主体地位，要坚持法律面前人人平等，要坚持依法治国和以德治国相结合，要坚持从中国实际出发。通过本次模拟法庭实践活动，使同学们自觉学法、知法、懂法、用法。

4. 实践项目时间与地点 课堂或课下；校内。

5. 理论要点衔接 全面依法治国，总目标是建设中国特色社会主义法治体系，建设社会主义法治国家。要推进中国特色社会主义法治体系建设并深化依法治国实践，深化司法体制综合配套改革，全面落实司法责任制，努力让人民群众在每一个司法案件中感受到公平正义。加大全民普法力度，建设社会主义法治文化，树立宪法法律至上、法律面前人人平等的法治理念。

6. 实践项目具体步骤

(1) 社会实践活动分组。指导教师说明模拟法庭实践的目的和意义，对参与的学生进行分组，兼顾男女比例，各组选出组长。组长安排模拟法庭活动开展计划，保证活动按计划有序进行。每组组长日常向指导教师汇报活动开展情况，沟通活动中存在的问题与困难并做到及时解决。

（2）内部分工。各组在组长的组织下对组员进行分工，确定担任审判长、审判员、公诉人、辩护人、被告人等角色的同学。

（3）分析案情。组长组织组员对案情进行分析，根据角色分工，各自查阅材料，撰写发言材料。

（4）组内模拟。根据角色分工和撰写的发言材料，就案情进行组内的模拟，并适时修改发言材料，使逻辑结构合理，证据确实充分。

（5）与各组进行对抗式模拟法庭展示。在各组间进行抽签，确定每组成员担任的角色，进行对抗式模拟法庭展示。

（6）总结社会实践活动。对模拟法庭实践活动进行总结，主要对案情分析、法庭辩论等方面进行总结，谈谈自己对于全面依法治国的认识，并形成模拟法庭实践报告。

7. 实践成绩评定 根据学生活动表现、资料收集和上交模拟法庭实践报告的情况，综合评定实践教学环节成绩。

8. 参考资料

> 法律是成文的道德，道德是内心的法律。法律和道德都具有规范社会行为、调节社会关系、维护社会秩序的作用，在国家治理中都有其地位和功能。法安天下，德润人心。法律有效实施有赖于道德支持，道德践行也离不开法律约束。法治和德治不可分离、不可偏废，国家治理需要法律和道德协同发力。
>
> ——佚名：《习近平主持中共中央政治局第三十七次集体学习》，http://www.gov.cn/xinwen/2016-12/10/content_5146257.htm.

◆ **实践项目四：**

1. 实践项目主题 “党在我心中”演讲赛。

进入新时代，我们党面临的执政环境是复杂的，影响党的先进性、弱化党的纯洁性的因素也是复杂的，党内存在的思想不纯、组织不纯、作风不纯等突出问题尚未得到根本解决，我们要持续推进党的建设新的伟大工程，并牢固树立中国特色社会主义道路自信、理论自信、制度自信、文化自信。

2. 实践项目形式 现场演讲。

3. 实践项目目的 通过“党在我心中”演讲赛实践，使同学们认识到面对党执政环境的新变化，我们必须坚持问题导向，保持战略定力，以“越是艰险越向前”的英雄气概、“狭路相逢勇者胜”的斗争精神，把全面从严治党引向深入。全面从严治党永远在路上，在全面从严治党这个问题上，我们不能有“差不多了，该松口气、歇歇脚”的想法，要加强党的思想建设，要加强党的组织建设，要持之以恒正风肃纪，要将制度建设贯穿党的各项建设之中，要深化标本兼治，夺取反腐败斗争压倒性胜利。

4. 实践项目时间与地点 课堂。

5. 理论要点衔接 新时代党的建设总要求是：坚持和加强党的全面领导，坚持党要管党、全面从严治党，以加强党的长期执政能力建设、先进性和纯洁性建设为主线，以党的政治建设为统领，以坚定理想信念宗旨为根基，以调动全党积极性、主动性、创造性为着力点，全面推进党的政治建设、思想建设、组织建设、作风建设、纪律建设，把制度建设贯穿其中，深入推进反腐败斗争，不断提高党的建设质量，把党建设成为始终走在时代前列、人民衷心拥护、勇于自我革命、经得起各种风浪考验、朝气蓬勃的马克思主义执政党。

6. 实践项目具体步骤

（1）社会实践活动分组。指导教师说明演讲赛的目的和意义，对参与的学生进行分组，兼顾男女比例，各组选出组长。组长安排演讲活动开展计划，保证演讲赛按计划有序进行。每组组长日常向指导教师汇报活动开展情况，沟通活动中存在的问题与困难并做到及时解决。

（2）收集整理材料。各组同学收集中国共产党历史材料、党的发展历程材料、加强党的建设材料，并进行整理。

（3）组内演讲赛。各组在收集材料的基础上，全体组员在组内进行演讲，采取无记名投票的方式选出最优秀的选手代表本组参加演讲比赛。

（4）完善演讲稿。在前期收集材料及组内演讲的基础上，集思广益对本组最终的演讲稿进行完善。

（5）开展演讲比赛。聘请嘉宾评委，采取抽签的方法确定演讲顺序，开展演讲比赛，采取去掉一个最高分和去掉一个最低分最后算出平均分的办法确定选手分数。

（6）总结社会实践活动。对演讲赛活动进行总结，并重点总结通过演讲比赛加深对党发展历程及加强党的建设的认识情况，形成演讲赛实践报告。

7. 实践成绩评定 根据学生演讲分数表现及各组成员的贡献、实践报告的情况，综合评定实践教学环节成绩。

8. 参考资料

在中国共产党第十九次全国代表大会上的报告（节选）

习近平

中国特色社会主义进入新时代，我们党一定要有新气象新作为。打铁必须自身硬。党要团结带领人民进行伟大斗争、推进伟大事业、实现伟大梦想，必须毫不动摇坚持和完善党的领导，毫不动摇把党建设得更加坚强有力。

……

新时代党的建设总要求是：坚持和加强党的全面领导，坚持党要管党、全面从严治党，以加强党的长期执政能力建设、先进性和纯洁性建设为主线，以党的政治建设为统领，以坚定理想信念宗旨为根基，以调动全党积极性、主动性、创造性为着力点，全面推进党的政治建设、思想建设、组织建设、作风建设、纪律建设，把制度建设贯穿其中，深入推进反腐败斗争，不断提高党的建设质量，把党建设成为始终走在时代前列、人民衷心拥护、勇于自我革命、经得起各种风浪考验、朝气蓬勃的马克思主义执政党。

——习近平：《决胜全面建成小康社会 夺取新时代中国特色社会主义伟大胜利：在中国共产党第十九次全国代表大会上的报告》，北京：人民出版社，2017年，第61－62页．

三、拓展资源

（一）阅读书目

1. 本书编写组：《全面建成小康社会文献资料选编》，北京：人民出版社，2017 年

《全面建成小康社会文献资料选编》是人民出版社迎接党的十九大系列电子出版物之“十八大以来治国理政新理念新思想新战略”主题出版物中的一种。该书收录了党的十八大以来人民出版社等公开出版的关于全面建成小康社会的重要文献资料。如党的十八大以来历次政府工作报告、“十三五”规划文件和辅导读本、全面建成小康社会相关著作，以帮助大学生深入学习贯彻党的十八大及十八届三中、四中、五中、六中全会精神，进一步理解全面建成小康社会。

2. 红旗东方编辑部：《小康中国——大国发展的理念与布局》，北京：红旗出版社，2016 年

《小康中国——大国发展的理念与布局》立足我国当前经济社会发展实际，汇集权威领导干部和专家学者的相关文章，对全面建成小康社会的本质要求、行动先导、强大动力、可靠保障、必然要求、根本保证等方面做出了全面而精辟的阐释和解读，不仅指出了确保如期全面建成小康社会的实践路径，而且为我国在“十三五”时期内的各方面部署和工作提供了重要遵循。本书立足实际，不仅仅是理论分析，更是准确把握小康中国的当代实际，涉及怎样解决民生“短板”、如何推进“一带一路”建设等难点热点问题，实用性强。本书对全面建成小康社会的关键一步、本质要求、行动先导、强大动力、可靠保障、必然要求、根本保证做出详细论述，使读者对内容一目了然，能更好地把握和理解。

3. 中共中央文献研究室：《习近平关于全面深化改革论述摘编》，北京：中央文献出版社，2014 年

党的十八大以来，围绕全面深化改革、扩大开放，习近平同志作了一系列重要论述。这些论述立意高远，内涵丰富，对于我们深刻理解全面深化改革的历史必然性和现实紧迫性，充分认识全面深化改革的重要性和艰巨性，系统把握全面深化改革的内在规律和重点任务，具有十分重要的政治意义、理论意义和实践指导意义。本书内容，摘自习近平同志 2012 年 11 月 15 日至 2014 年 4 月 1 日期间的讲话、演讲、批示、指示等 70 多篇重要文献，分 12 个专题，共计 274 段论述。

4. 中共中央文献研究室：《习近平关于全面依法治国论述摘编》，北京：中央编译出版社，2017 年

党的十八大以来，中共中央总书记、国家主席、中央军委主席习近平同志围绕全面依法治国发表了一系列重要论述，对贯彻落实党的十八大和十八届三中、四中全会精神具有重要指导意义。本书对于大学生深刻理解全面依法治国的重大意义，系统把握全面依法治国的指导思想、总目标、基本原则和总体要求，深入贯彻落实党的十八届四中全会精神，按照协调推进“四个全面”战略布局的要求不断开创依法治国新局面，具有十分重要的意义。

（二）红色光影

1. 纪录片《辉煌中国》

《辉煌中国》是由中共中央宣传部、中央电视台联合制作的六集电视纪录片。全片以创新、协调、绿色、开放、共享的新发展理念为脉络，全面反映党的十八大以来中国经济社会发展取得的巨大成就。全片共六集，分别是《圆梦工程》《创新活力》《协调发展》《绿色家园》《共享小康》《开放中国》。本片通过壮观震撼的大规模航拍现场、生动鲜活的百姓生活现场、激动人心的生产一线现场，呈现出“大美中国、大爱中国、龙腾虎跃、蒸蒸日上”的动人场景，展示出在以习近平同志为核心的党中央带领下，全国各族人民砥砺奋进、真抓实干，取得了历史性巨大成就；展示出中国人民更多的获得感、安全感、幸福感、自豪感；展示出中华民族实现了从站起来、富起来到强起来的历史性飞跃。

2. 时政片《法治中国》

《法治中国》以建设法治中国为主题，以党的十八大以来中央关于全面依法治国重大决策部署和重大成就为主线，内容涵盖法治建设主要方面，既有权威、严谨的理论阐述，突出思想性和理论深度，又有丰富、生动的案例故事，体现人民群众因法治进步而不断增强的获得感和幸福感。《法治中国》紧紧围绕习近平总书记系列重要讲话精神和治国理政新理念新思想新战略，全景式反映党的十八大以来以习近平同志为核心的党中央高瞻远瞩、审时度势、统筹谋划，坚持和拓展中国特色社会主义法治道路，将法治确立为治国理政的基本方式，把全面依法治国纳入“四个全面”战略布局，带领14亿中国人民凝心聚力、团结奋斗，在新的历史起点上全面推进法治中国建设的伟大征程。

3. 时政片《永远在路上》

该片反映了党的十八大以来，以习近平同志为核心的党中央把全面从严治党提升到“四个全面”战略布局高度，正风肃纪，锲而不舍纠“四风”，赢得党心民心；反腐惩恶，整治群众身边的腐败问题，厚植党执政的政治基础，着力构建不敢腐、不能腐、不想腐的体制机制，使不敢腐的震慑作用得到发挥，不能腐、不想腐的效应初步显现，反腐败斗争压倒性态势正在形成。专题片既列举了多个领导干部违纪违法典型案例，苏荣、白恩培、吕锡文等案件当事人现身说法，进行深刻剖析和忏悔，又针对这些案例进行深入点评和分析，警示教育党员领导干部严守政治纪律和政治规矩，筑牢理想信念的根基，引导广大人民群众坚定对党的信心和信任，为全面从严治党营造良好的舆论氛围。

4. 时政片《巡视利剑》

《巡视利剑》反映了党的十八大以来，以习近平同志为核心的党中央把全面从严治党纳入“四个全面”战略布局，把巡视作为党内监督的战略性制度安排，坚持党内监督和群众监督相结合，赋予巡视制度新的活力，有效破解自我监督的难题，探索出一条自我净化、自我完善、自我革新、自我提高的有效途径的历史进程。

专题十六 TOPIC 16

全面推进国防和军队现代化

一、理论基础

本专题内容“全面推进国防和军队现代化”，讲授的是习近平新时代中国特色社会主义思想中的国防建设思想和中国特色强军之路。习近平强军思想深刻回答了“新时代建设一支什么样的强大人民军队、怎样建设强大人民军队”的时代课题。强国必须强军。没有国防和军队的现代化，就不会有国家的现代化，就不会有中华民族的伟大复兴。进入新时代，我们党以习近平强军思想为指引，坚持走中国特色强军之路，推动军民融合深度发展，以前所未有的勇气和决心推动人民军队的革命性重塑。

（一）知识框架

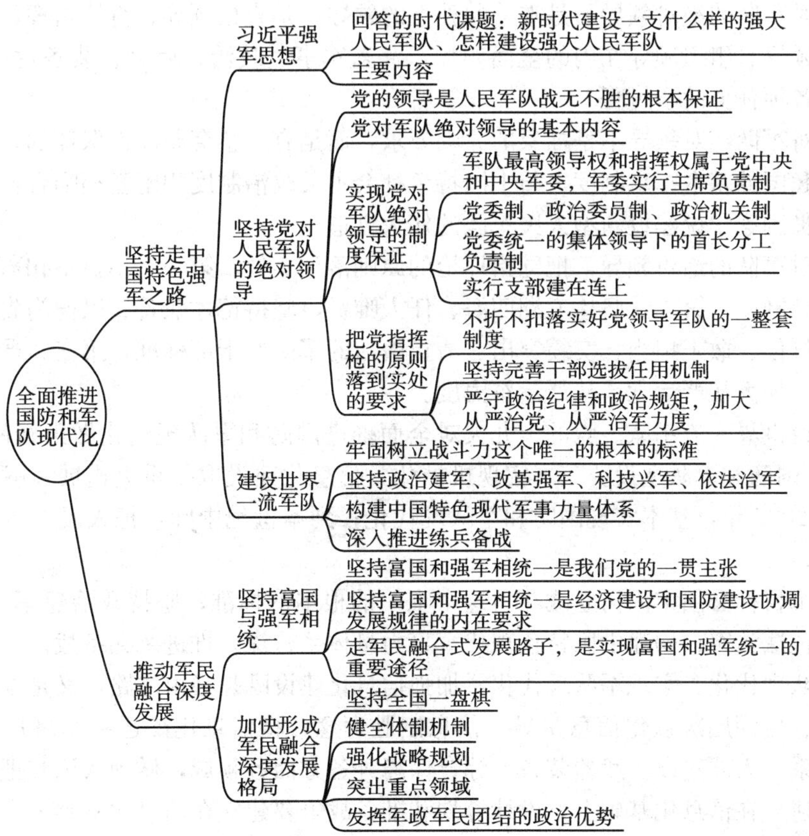

（二）理论要点

1. 坚持走中国特色强军之路

（1）习近平强军思想。党的十八大以来，习近平同志着眼坚持和发展中国特色社会主义、实现中华民族伟大复兴，立足国家安全和发展战略全局，围绕强军兴军做出一系列重要论述，提出一系列重大战略思想、重大理论观点、重大决策部署，形成了习近平强军思想。

习近平强军思想深刻回答了“新时代建设一支什么样的强大人民军队、怎样建设强大人民军队”的时代课题，其主要内容有：①强国必须强军。②党在新时代的强军目标是建设一支听党指挥、能打胜仗、作风优良的人民军队。③党对军队的绝对领导是人民军队建军之本、强军之魂。④军队是要准备打仗的。⑤作风优良是我军鲜明特色和政治优势。⑥推进强军事业。⑦改革是强军的必由之路。⑧创新是引领发展的第一动力。⑨现代化军队。⑩军民融合发展是兴国之举、强军之策。

习近平强军思想，是习近平新时代中国特色社会主义思想的重要组成部分，开拓了马克思主义军事理论和当代中国军事实践发展新境界，标志着党的军事指导理论的与时俱进。

（2）坚持党对人民军队的绝对领导。党对军队的绝对领导是中国特色社会主义的本质特征，是党和国家的重要政治优势。党的领导是人民军队战无不胜的根本保证。

党对军队的绝对领导，其基本内容是：军队必须完全地无条件地置于中国共产党的领导之下，在思想上政治上行动上始终与党中央、中央军委保持高度一致，坚决维护党中央、中央军委权威，任何时候任何情况下都坚决听从党中央、中央军委指挥。这准确深刻地反映了中国共产党对军队的绝对领导，是唯一的独立的领导，是直接领导、直接指挥，是包括政治领导、思想领导、组织领导在内的全面领导，涵盖军事、政治、后勤、装备建设各个领域，贯穿于完成各项任务的全过程。

坚持党对军队绝对领导不是抽象的原则要求，而是有一整套制度作保证的。党对军队的绝对领导是我国的基本军事制度，与中国特色社会主义政治制度相配套相吻合，是我们党运用马克思主义国家学说建设新型人民军队的伟大创造。

坚持党对军队的绝对领导，把党指挥枪的原则落到实处。第一，不折不扣落实好党领导军队的一整套制度。第二，坚持五湖四海、任人唯贤，坚持德才兼备、以德为先，坚持对党忠诚、善谋打仗、敢于担当、实绩突出、清正廉洁的军队好干部标准。第三，严守政治纪律和政治规矩，加大从严治党、从严治军力度。

（3）建设世界一流军队。党的十九大对全面推进国防和军队现代化做出新的战略安排：到 2020 年，国防和军队建设要基本实现机械化，信息化建设取得重大进展，战略能力有大的提升；到 2035 年，基本实现国防和军队现代化；到本世纪中叶，把人民军队全面建成世界一流军队。

实现这个目标必须牢固树立战斗力这个唯一的根本的标准；坚持政治建军、改革强军、科技兴军、依法治军；构建中国特色现代军事力量体系；深入推进练兵备战。

（4）军队现代化。实现军队现代化，加强信息化建设既是必由之路，又是发展基石。要在更大范围、更深层次强化信息主导、信息制胜理念，将信息化渗透到军事理论、组织形态、力量体系、人才建设、武器装备、综合保障等各方面各领域，做到认识和把握现代战争制胜机制要建立在信息化基础上，设计筹划和准备战争要建立在信息化基础上，建设和运用军事力量要建立在信息化基础上，真正使思想观念完全浸润在信息化之中，使信息力在战斗力生成发展中发挥主导作用，使信息化在现代化中发挥奠基作用。

习近平总书记提出要全面推进军事理论现代化、军队组织形态现代化、军事人员现代化、武器装备现代化，深刻揭示了国防和军队现代化建设的客观规律和实践路径。军事理论现代化是先导，只有构建具有我军特色、符合现代战争规律的先进作战理论体系，才能为国防和军队现代化建设提供先进的理论支撑。组织形态现代化是保证，只有构建形成科学高效的体制机制和力量结构体系，才能为国防和军队现代化建设提供科学的体制支撑。军事人员现代化是核心，只有拥有高素质新型军事人才队伍特别是联合作战人才队伍，才能为国防和军队现代化建设提供坚强的人才支撑。武器装备现代化是重点，只有加快构建适应信息化战争和履行使命任务要求的武器装备体系，才能为实现军队现代化提供强大的物质支撑。

2. 推动军民融合深度发展

（1）坚持富国和强军相统一。坚持富国和强军相统一是我们党的一贯主张。坚持富国和强军相统一是经济建设和国防建设协调发展规律的内在要求。走军民融合式发展路子，是实现富国和强军统一的重要途径。

（2）加快形成军民融合深度发展格局。我国军民融合发展刚进入由初步融合向深度融合的过渡阶段，必须坚持问题牵引，正确把握和处理经济建设和国防建设的关系，使两者协调发展、平衡发展、兼容发展。

军民深度融合发展必须坚持全国一盘棋；健全体制机制；强化战略规划；突出重点领域。

军政军民团结是实现富国和强军相统一的重要政治保障，是我党我军特有的政治优势。

二、实践指南

（一）实践目的与要求

本专题的实践目的在于使学生从理论上深入了解习近平强军思想，理解军民融合，既是兴国之举，又是强军之策；培养学生的保家卫国的能力和决心、分析解决中国富国和强军实际问题的能力；培养学生的爱国情感，为实现社会主义现代化强国奉献自己的力量。要求学生在实践活动中能够与同伴分工合作、提出问题、制定方案、收集信息，学会倾听别人的意见，学会表达自己的观点，学会与别人达成一致，学会分享共同的成果等。

（二）实践项目设计

◆ **实践项目一：**

1. 实践项目主题　“青春有约，走进部队”社会实践活动。

军民团结是实现富国和强军相统一的重要政治保障，是我党我军特有的政治优势。为响应共建军民如鱼水一家亲的号召，大学生走进绿色军营体验生活，增添了部队文化气息，发扬了军魂精神，培养了大学生自强自律的性格，增强了军营文化交流，使更多的大学生与军人得到了相互交流、增进友谊的机会。

2. 实践项目形式　走进部队，体验生活。

3. 实践项目目的 此次活动意义在于增加大学生对军营的了解，加强学生与军人之间的交流。既丰富了大学生活，又增强了对军事、国防的了解。让学生在互动中交流学习，从中得到快乐和友谊。让学生了解部队严格的管理，亲身感受到军人们生活的简朴、训练的热情、思想的坚定、作风的顽强。在参观之后能够充分体验到部队官兵纪律的严明，以及内务整理的熟练与规范，增强学生自立自信自强的生活意识。

4. 实践项目地点 校园周边某部队。

5. 理论要点衔接 军政军民团结是实现富国和强军相统一的重要政治保障，是我党我军特有的政治优势。要发挥民兵和人民群众特有优势，组织参与维权斗争、反恐斗争、信息作战和防护救援等军事行动，提高军地联合行动能力，建设强大稳固的现代边海空防。加强国防教育，增强全民国防观念，使关心国防、热爱国防、建设国防、保卫国防成为全社会的思想共识和自觉行动。全党全军全国各族人民要大力弘扬军爱民、民拥军的光荣传统，不断发展坚如磐石的军政军民关系，为实现中华民族的强国梦、强军梦而奋斗。

6. 实践项目具体步骤

（1）参观军人生活区、学习区和训练区。

（2）进行游戏互动。

（3）进行实弹打靶训练。

（4）军营故事分享。

（5）开展学习交流大会。

7. 实践成绩评定 根据学生的资料搜集、知识掌握、活动表现和上交的心得体会的写作情况，综合评定实践教学环节成绩。

8. 参考资料

加快形成军民融合深度发展格局

习近平

把军民融合发展上升为国家战略，是我们长期探索经济建设和国防建设协调发展规律的重大成果，是从国家发展和安全全局出发作出的重大决策，是应对复杂安全威胁、赢得国家战略优势的重大举措。要加强集中统一领导，贯彻落实总体国家安全观和新形势下军事战略方针，突出问题导向，强化顶层设计，加强需求统合，统筹增量存量，同步推进体制和机制改革、体系和要素融合、制度和标准建设，加快形成全要素、多领域、高效益的军民融合深度发展格局，逐步构建军民一体化的国家战略体系和能力。

当前和今后一个时期是军民融合的战略机遇期，也是军民融合由初步融合向深度融合过渡、进而实现跨越发展的关键期。各有关方面一定要抓住机遇，开拓思路，在“统”字上下功夫，在“融”字上做文章，在“新”字上求突破，在“深”字上见实效，把军民融合搞得更好一些、更快一些。

推进军民融合深度发展，必须立足国情军情，走出一条中国特色军民融合路子，把军民融合发展理念和决策部署贯彻落实到经济建设和国防建设全领域全过程。要发挥我国社会主义制度能够集中力量办大事的政治优势，坚持国家主导和市场运作相统一，综合运用规划引导、体制创新、政策扶持、法治保障以及市场化等手段，最大程度凝聚军民融合发展合力，发挥好军民融合对国防建设和经济社会发展的双向支撑拉动作用，实现经济建设和国防建设综合效益最大化。

推进军民融合深度发展，根本出路在改革创新。要以扩大开放、打破封闭为突破口，不断优化体制机制和政策制度体系，推动融合体系重塑和重点领域统筹。要把军民融合发展战略和创新驱动发展战略有机结合起来，加快建立军民融合创新体系，培育先行先试的创新示范载体，拓展军民融合发展新空间，探索军民融合发展新路子。

推进军民融合深度发展，要善于运用法治思维和法治方式推动工作，发挥好法律法规的规范、引导、保障作用，加快推进军民融合相关法律法规立改废释工作。要优化军民融合发展的制度环境，坚决拆壁垒、破坚冰、去门槛，加快调整完善市场准入制度，从政策导向上鼓励更多符合条件的企业、人才、技术、资本、服务等在军民融合发展上有更大作为。

推动军民融合深度发展，必须向重点领域聚焦用力，以点带面推动整体水平提升。基础设施建设和国防科技工业、武器装备采购、人才培养、军队保障社会化、国防动员等领域军民融合潜力巨大，要强化资源整合力度，盘活用好存量资源，优化配置增量资源，发挥军民融合深度发展的最大效益。海洋、太空、网络空间、生物、新能源等领域军民共用性强，要在筹划设计、组织实施、成果使用全过程贯彻军民融合理念和要求，抓紧解决好突出问题，加快形成多维一体、协同推进、跨越发展的新兴领域军民融合发展格局。

推动军民融合深度发展，必须强化贯彻落实。要增强紧迫感，只争朝夕，紧抓快干，按照职责分工，以钉钉子精神一件一件抓，加快推进重点任务、重大工程落地见效。要着眼于提高军民融合发展整体质量效益，强化督导评估，形成军民融合发展的鲜明导向和评价标准规范。

各地区各部门要把思想和行动统一到党中央决策部署上来，强化使命担当，敢于涉险滩、动奶酪，敢于破难题、闯难关，敢于趟路子、辟新径，加强组织管理、政策规划、重大改革、基础建设、试点示范等方面的统筹力度，协调解决跨部门、跨领域、跨区域重大问题，推动工作取得实效。各省（区、市）要加快设置军民融合发展领导机构，完善职能配置和工作机制，为贯彻落实党中央决策部署提供坚强组织保障。

——习近平：《习近平谈治国理政》（第2卷），北京：外文出版社，2017年，第412－414页.

◆ **实践项目二：**

1. 实践项目主题 纪念中国人民解放军建军主题展览。

中国人民解放军自八一南昌起义后，在中国共产党的正确领导下，人民军队由小变大，由弱变强。到中华人民共和国成立后，人民军队为祖国统一，领土完整，政治与经济及民生的繁荣富强、蒸蒸日上，做出了伟大的贡献。历史不能忘记，当代大学生更不能忘记。

2. 实践项目形式 照片、音像资料的搜集、展览。以人民军队发展壮大历史顺序为经，以重点介绍广大官兵保卫国家和建设国家的专题典型事迹为纬，以重大事件、著名将帅、英雄人物和模范群体为载体，围绕革命战争、国防和军队建设、军民团结、科研发展新成就等，全方位、多角度、分层面、立体式地展现人民军队的光辉历程和丰功伟绩。

3. 实践项目目的 历史不能忘记，当代大学生更不能忘记，将同学们征集到的重大军事事件进行整理并设计成展板，纪念英勇牺牲的烈士们，颂扬伟大的人民军队。反映不同历史时期著名军事人物和英雄模范个人或群体，反映中国共产党的领导下人民军队的风采，展现 90 多年来军政军民团结、艰苦奋斗、和谐发展、共创伟业的史诗画卷。

4. 实践项目地点 校内。

5. 理论要点衔接 政治建军是人民军队的立军之本。我军政治工作萌芽于大革命时期，创立于建军之初，奠基于古田会议，在长期革命、建设、改革实践中不断丰富和发展。政治工作是我军的看家本领，是我军的最大特色、最大优势，是我军同一切其他性质军队的最大区别。要继承和发扬我军政治工作优良传统，把先辈们用鲜血和生命铸就的光荣传统和优良作风一代代传下去。改革是我军发展壮大、制胜未来的关键一招。人民军队发展史，就是一部改革创新史。我军之所以始终充满蓬勃朝气，同我军与时俱进不断推进自身改革是紧密联系在一起的。

6. 实践项目具体步骤

（1）重大军事事件照片征集活动：以个人的形式收集人民军队在历史中的重大军事事件的照片，并配以 100～500 字的文字简介与个人感悟。

（2）军事图片展板设计：以个人或不多于 3 人的形式，进行展板设计，要求能够反映出我军为祖国统一、领土完整、政治与经济及民生的繁荣富强做出的伟大的贡献。

（3）要求：完整的展板有图片，有文字内容，不是单纯的背景。

7. 实践成绩评定 评选出前 10 名（活动 1 中 5 人，活动 2 中 5 人），颁发获奖证书。其他同学根据具体情况，综合评定实践成绩。

8. 参考资料

在庆祝中国人民解放军建军 90 周年大会上的讲话（节选）

习近平

90 年前，我国处在半殖民地半封建社会，中华民族处在积贫积弱、内忧外患的苦难深渊，中国人民处在饥寒交迫、民不聊生的悲惨境地。为民族独立和人民解放，为推翻帝国主义、封建主义、官僚资本主义三座大山，中国共产党和中国人民进行着不屈不挠、艰苦卓绝的斗争。

然而，正当大革命如火如荼的时候，国民党反动派背叛革命、背叛人民，向中国共产党人和革命群众举起了血腥的屠刀。一时间，神州大地笼罩在腥风血雨之中，中国共产党面临被赶尽杀绝的严重危险，中国革命处于命悬一线的紧要关头。在严酷的斗争和血的教训中，我们党深刻认识到，没有革命的武装就无法战胜武装的反革命，就无法担起领导中国革命的重任，就无法夺取中国革命的胜利，就无法改变中国人民和中华民族的命运。

1927 年 8 月 1 日，南昌城头一声枪响，拉开了我们党武装反抗国民党反动派的大幕。这是中国共产党历史上的一个伟大事件，是中国革命史上的一个伟大事件，也是中华民族发展史上的一个伟大事件。

南昌城头的枪声，像划破夜空的一道闪电，使中国人民在黑暗中看到了革命的希望，在逆境中看到了奋起的力量。南昌起义连同秋收起义、广州起义以及其他许多地区的武装起义，标志着中国共产党独立领导革命战争、创建人民军队的开端，开启了中国革命新纪元。

自那时起，中国共产党领导下的人民军队，就英勇投身为中国人民求解放、求幸福，为中华民族谋独立、谋复兴的历史洪流，同中国人民和中华民族的命运紧紧连在了一起。

90年来，人民军队历经硝烟战火，一路披荆斩棘，付出巨大牺牲，取得一个又一个辉煌胜利，为党和人民建立了伟大的历史功勋。

——习近平：《在庆祝中国人民解放军建军90周年大会上的讲话》，http://www.xinhuanet.com//politics/2017-08/01/c_1121416045.htm.

◆ **实践项目三：**

1. 实践项目主题 军歌会之经典永流传。

2. 实践项目形式 各专业组建三支代表队，为便于协调排练，三支代表队均为班级队，不允许混合班级参赛。

3. 实践项目目的 进一步弘扬爱党、爱军、爱国的伟大情感，营造积极、健康、向上的校园文化氛围，展现我校学生良好的精神风貌。

4. 实践项目地点 校内。

5. 理论要点衔接 人民军队从诞生之日起，就始终在党的绝对领导下行动和战斗。党对军队绝对领导，发端于南昌起义，奠基于三湾改编，定型于古田会议，是人民军队完全区别于一切旧军队的政治特质和根本优势。历史告诉我们，党指挥枪是保持人民军队本质和宗旨的根本保障，这是我们党在血与火的斗争中得出的颠扑不破的真理。前进道路上，人民军队必须牢牢坚持党对军队的绝对领导，把这一条当作人民军队永远不能变的军魂、永远不能丢的命根子，任何时候任何情况下都以党的旗帜为旗帜、以党的方向为方向、以党的意志为意志。

6. 实践项目具体步骤

（1）本次军歌会各专业、班级要高度重视，认真积极地组织，排练不得影响正常的教学活动，确保此项活动顺利成功举行。

（2）演唱内容：参演的节目要求主题鲜明，内容符合红歌会主题。以唱响红色歌曲，传承红色文化，弘扬时代主旋律为主线，营造健康高雅的校园文化环境，努力做到思想性和艺术性相统一。

（3）演唱曲目：各代表队演唱首歌曲指定为《强军战歌》，另外自选一首歌曲演唱。自选演唱曲目可以参考《中宣部推荐100首爱国歌曲》（红歌主要是指红色经典革命歌曲，如红军歌曲、抗日歌曲、解放战争歌曲、社会主义建设时期和改革开放时期的各类健康进步歌曲，此外，还包括世界各国革命经典歌曲），从中自选一首歌曲参赛。各代表队也可根据自身情况，选唱参考曲目以外的其他思想内容好、艺术性强、传唱范围广的优秀歌曲。鼓励各代表队对传统歌曲进行创新演唱，体现时代感和创新精神。

（4）各代表队演唱总计时间不超过10分钟，演唱形式以合唱为主，自排自演，自配指挥，伴奏自备。

（5）比赛分为两个阶段：宣传发动阶段，下发活动方案，各专业内部开展内容丰富、形式多样的红歌演唱选拔比赛；展演阶段，所有代表队参加展演。

7. 实践成绩评定 本次活动根据分数设置一等奖 2 名，二等奖 3 名，三等奖 4 名，并颁发荣誉证书。其他班级同学根据班级成绩相应给予评定实践成绩。

8. 参考资料

《中国红歌会》相关比赛视频

《中国红歌会》是江西卫视 2006 年为纪念长征胜利 70 周年全国首创推出的大型原创活动，是连续五年获得全国唯一晚间黄金档播出的选秀节目，也是中国电视史上持续七年制作的电视栏目。“红歌”并非仅指红色经典革命歌曲，每个时代健康、积极向上的进步歌曲，包括世界各国革命经典歌曲，都是红歌。

◆ **实践项目四：**

1. 实践项目主题 情景剧之《军魂永在》。坚持党对军队的绝对领导是我军建军的根本原则和永远不变的军魂。军人勇敢、顽强、坚决完成任务的战斗意志是“中国军魂”的一个组成部分。“人民军队党缔造，成长壮大党培养”，这是对“中国军魂”作为我军生命之基、力量之源的深情讴歌，也是我军在党的领导下 90 多年奋斗历史的真实写照。

2. 实践项目形式 以军旅小品和情景剧的方式展现我军军魂。

3. 实践项目目的 丰富校园生活，通过学生之间表演的交流、情绪的互动，增进彼此的了解和友谊，迸发出军魂激情的火花，展现新时代军人精神风貌，展现大学生激情风采。促使大学生更好地融入军人内心、灵魂，激发学生对军魂的热爱、颂扬，珍惜现在，以更大的热情、兴趣和积极性投入到学习生活中去。

4. 实践项目地点 校内。

5. 理论要点衔接 党对军队的绝对领导基本内容是，军队必须完全地无条件地置于中国共产党的领导之下，在思想上政治上行动上始终与党中央、中央军委保持高度一致，坚决维护党中央、中央军委权威，任何时候任何情况下都坚决听从党中央、中央军委指挥。这准确深刻地反映了中国共产党对军队的绝对领导，是唯一的独立的领导，是直接领导、直接指挥，是包括政治领导、思想领导、组织领导在内的全面领导，涵盖军事、政治、后勤、装备建设各个领域，贯穿于完成各项任务的全过程。

6. 实践项目具体步骤

（1）本次活动以班级为单位，参加比赛，通过抽签决定上场顺序，以初赛和复赛的参赛形式，依次登台表演，评委现场根据选手的表演内容等打分，选手服装、道具自备。

（2）作品内容积极健康，体现正确的价值观和人生观，题材尽量选取体现主题的题材，可以模仿经典作品，鼓励在艺术效果和表演形式上的探索与创新。

（3）参赛人数不限，时间为 6～15 分钟。

（4）各班选出 1 名负责人，负责排练，抽签等。

（5）对本次活动进行总结，颁发荣誉证书。

7. 实践成绩评定 活动设置一等奖 1 名，二等奖 2 名，三等奖 3 名，最佳男、女演员各 1 名，最佳编剧奖 1 名，优秀组织奖若干。其余根据现场表现、组织排练，体会总结等综合评定实践成绩。

8. 参考资料

习近平：努力建设一支听党指挥能打胜仗作风优良的人民军队

习近平……指出，建设一支听党指挥、能打胜仗、作风优良的人民军队，是党在新形势下的强军目标。听党指挥是灵魂，决定军队建设的政治方向；能打胜仗是核心，反映军队的根本职能和军队建设的根本指向；作风优良是保证，关系军队的性质、宗旨、本色。全军要准确把握这一强军目标，用以统领军队建设、改革和军事斗争准备，努力把国防和军队建设提高到一个新水平。要铸牢听党指挥这个强军之魂，坚持党对军队绝对领导的根本原则和人民军队的根本宗旨不动摇，确保部队绝对忠诚、绝对纯洁、绝对可靠，一切行动听从党中央和中央军委指挥。要扭住能打仗、打胜仗这个强军之要，强化官兵当兵打仗、带兵打仗、练兵打仗思想，牢固树立战斗力这个唯一的根本的标准，按照打仗的要求搞建设、抓准备，确保部队召之即来、来之能战、战之必胜。作风优良是我军的鲜明特色和政治优势。要把改进作风工作引向深入，贯彻到军队建设和管理每个环节，真正在求实、务实、落实上下功夫，夯实依法治军、从严治军这个强军之基，保持人民军队长期形成的良好形象。

习近平指出，要统筹经济建设和国防建设，努力实现富国和强军的统一。进一步做好军民融合式发展这篇大文章，坚持需求牵引、国家主导，努力形成基础设施和重要领域军民深度融合的发展格局。要发扬艰苦奋斗精神，厉行勤俭节约，反对铺张浪费，把军费管好用好，使国防投入发挥最大效益。要弘扬拥政爱民、拥军优属的光荣传统，开展军民共建与和谐创建活动。地方各级党委和政府要关心支持国防和军队建设，加强国防教育，增强全民国防观念，使关心国防、热爱国防、建设国防、保卫国防成为全社会的思想共识和自觉行动。

——曹智，李宣良：《习近平：努力建设一支听党指挥能打胜仗作风优良的人民军队》，http://cpc.people.com.cn/n/2013/0312/c64094-20755159.html.

◆ **实践项目五：**

1. 实践项目主题　携笔从戎 青春无悔——退伍大学生返校专访。

中华儿女多奇志，携笔从戎，精忠报国。在我们的校园里，有这样一个群体。他们是士兵、是学生，他们是退役大学生士兵。穿上军装，他们是刚毅的人民子弟兵；脱下军装，他们仍是校园一道亮丽的风景线。时间在变，不变的是军魂；环境在变，不变的是军心；事物在变，不变的是军人。尽管身份已经改变，但不变的依旧是那颗对祖国的热爱之心。

2. 实践项目形式　大学里的军人梦——倾听他们内心的真实想法，感知他们的亲身体会；采访对象为退伍回校复读的大学生士兵。活动可采取座谈形式，面对面双人采访，并分时间段对不同的人进行采访，可保存影像资料。

3. 实践项目目的　当代大学生应该具备的国防知识，首先就是要爱国，其次是要有基本的军事技能。爱国不仅仅是一个口号，需要大学生积极参军入伍，报效祖国。通过实践增强大学生对于现役军人的认识了解，增强当代大学生爱国意识和情感。

同时向大学生普及军队文化知识，宣扬解放军精神，大力宣传当下征兵政策，让更多的人心怀国家。在这样一个全国上下都在为强军梦、中国梦奋斗的时代，作为新时代的青年，我们能做的有很多，通过对解放军精神的学习，去感染更多身边的人。

4. 实践项目地点 校内，最好选在宿舍或者其他一些比较轻松的环境场所。

5. 理论要点衔接 推动军民融合深度发展，必须向重点领域聚焦用力，以点带面推动整体水平提升。人才资源共育共享，加大依托国民教育培养军队人才力度，依托国家和军队重大科研项目培养军队高层次人才和创新团队。大学生的入伍，可以加速解决军事人员文化层次偏低与军事装备现代化速度不相适应的矛盾，有利于军事装备现代化的普及与发展；有利于降低军队现代化技术培训成本，减少现有军费开支，将有限军费投入到更加急需的项目；有利于军队人才战略储备，对国家强军目标、国家大安全建设都是非常重要、非常必要的基础性延伸、长期性举措。

6. 实践项目具体步骤

（1）提前预约。与被采访者联系，最好提前一周预约；

（2）采访前准备。必须证件、器材，如照相机、录音笔、采访本、摄像机等。

（3）采访内容。可参考以下提纲，也可自我设计采访提纲。

Q1：当初为什么会选择入伍这一道路呢？

Q2：家人对你的选择持什么样的态度？

Q3：这段经历给你带来的最大改变是什么？

Q4：能否给大家讲一讲军营中你最难忘的事呢？

Q5：你有什么建议要给心存同样志气梦想的同学们呢？

Q6：退伍回到校园后，你有什么别样的感受吗？

Q7：如果再给你一次机会，你还会选择进入部队服役吗？

（4）开场白要注意引导性，提问过程中要注意细节，注意礼貌。提问时要随机应变，善于营造轻松氛围，也可进行即兴追问。

（5）整理收集到的资料，整理访谈问答记录，完成书面报告，并传给被采访者进行确认，保证修改无误，成文。

7. 实践成绩评定 形成访谈报告，并根据学生的资料搜集、知识掌握、活动表现和上交的心得体会的写作情况，综合评定实践教学环节成绩。

8. 参考资料

高校退伍大学生：军营作标榜　归校续荣光

满腔报国志，助力军训显本色

刘舜辉是湖南科技大学退伍大学生中的一位典型代表，服役两年期间，他训练刻苦，获得过两次“优秀士兵”和多项荣誉。退伍回校后，他继续发扬军人的优良作风，加入湖南科技大学军训团，同军训团的队员们一起刻苦训练，为学校的军训工作贡献力量。后因军事素质过硬，被校武装部任命为军训团参谋长，主抓军事训练。他对军训团的训练大纲进行大胆的改革与创新，提高了队员的军事素养，培养了一批优秀的教官。在今年的新生军训工作中，他担任潇湘学院新生军训的总负责人，以身作则，坚持科学施训，以情带兵。

军魂永常伴，立足岗位做标杆

何玮曾是中国人民武装警察部队中的一员，在抢险救灾过程中因表现出色，加入中国共产党。2016 年回校后他积极投入到学院的学生工作中来，2017 年担任潇湘学院团委学生会副主席，现任湖南科技大学潇湘学院第十届团委学生会主席。在学生会任职期间，他时刻以军人的标准严格要求自己，将人民军队的奉献精神带到校园，将开拓进取、雷厉风行的正能量传递给身边的同学，将部队的优良作风融入学习与工作中来。

在本次新生军训中，他认真地完成学院各项工作，并在工作上引入部队自我批评和民主讨论的方法，及时发现并改正问题。在他的严格管理下，新生军训得以更加顺利地开展。

——崔宇航，黄文艺，李仟：《高校退伍大学生：军营作标榜　归校续荣光》，http://edu.youth.cn/jyzx/xykx/201810/t20181009_11749629.htm.

三、拓展资源

（一）阅读书目

1. 习近平：《建设一支听党指挥、能打胜仗、作风优良的人民军队》，《习近平谈治国理政》（第 1 卷），北京：外文出版社，2018 年

建设一支听党指挥、能打胜仗、作风优良的人民军队，是实现“两个一百年”奋斗目标、实现中华民族伟大复兴的战略支撑，是党在新时代的强军目标。党的十八大以来，习近平主席着眼实现中国梦、强军梦，立足国家安全和发展战略全局，围绕强军兴军做出一系列重要论述，深刻阐明了新时代国防和军队建设带根本性方向性全局性的重大问题，形成了习近平强军思想。

2. 习近平：《全面实施改革强军战略》，《习近平谈治国理政》（第 2 卷），北京：外文出版社，2017 年

3. 习近平：《把强军事业不断推向前进》，《习近平谈治国理政》（第 2 卷），北京：外文出版社，2017 年

4. 习近平：《在庆祝中国人民解放军建军 90 周年大会上的讲话》，新华网，2017 年 8 月 1 日

习近平强调，人民军队的历史辉煌，是鲜血生命铸就的，永远值得我们铭记。人民军队的历史经验，是艰辛探索得来的，永远需要我们弘扬。人民军队的历史发展，是忠诚担当推动的，永远激励我们向前。中华民族实现伟大复兴，中国人民实现更加美好生活，必须加快把人民军队建设成为世界一流军队。我们要不忘初心、继续前进，坚定不移走中国特色强军之路，把强军事业不断推向前进，努力实现党在新形势下的强军目标。

5. 《习近平关于深化国防和军队改革重要论述摘编》，2016 年

内容摘自习近平 2012 年 11 月至 2015 年 11 月期间的讲话、批示等重要文献，集中体现了其改革强军重大战略思想。改革创新是军队建设发展的根本动力，习近平对此历来高度重视，党的十八大以来，他曾多次强调要坚持把改革创新作为军队建设发展的根本动力，并对国防和军队改革做出了一系列重要论述。

6.《习主席国防和军队建设重要论述读本（2016 年版）》，2016 年

全书围绕国防和军队建设的历史方位、党在新形势下的强军目标、新形势下军事战略方针、正确把握军队建设发展战略指导、贯彻新的历史条件下政治建军方略、坚定自觉地抓备战谋打赢、全面实施改革强军战略、深入推进依法治军、全面加强军队党的建设、实施军民融合发展战略、军事辩证法等 11 个专题，全面准确地阐述了习近平关于国防和军队建设重要论述的重大意义、科学内涵、精神实质和实践要求。

7. 戈基：《军魂》，北京：新华出版社，2010 年

本书内容分为“中国命运大决战　翻天覆地慨而慷”“陆军打海战　踏平万顷浪”“雄赳赳，气昂昂，抗美援朝保家乡”三部分，以纪实文学的形式展现了人民军队为保卫祖国和社会主义建设事业所做出的贡献。

（二）红色光影

1. 纪录片《强军》

内容简介：该片紧紧围绕建设一支听党指挥、能打胜仗、作风优良的人民军队这个主题，全景展现党的十八大以来以习近平同志为核心的党中央建军治军的伟大实践。全片共 8 集，分别为《逐梦》《铸魂》《制胜》《重塑》《浴火》《跨越》《铁律》《伟力》，是对五年来人民军队重整行装再出发，在中国特色强军之路上迈出坚实步伐的权威性、系统性梳理总结。

2. 纪录片《庆祝中国人民解放军建军 90 周年阅兵仪式》

内容简介：庆祝中国人民解放军建军 90 周年阅兵，2017 年 7 月 30 日上午 9 时在朱日和训练基地举行，是庆祝中国人民解放军建军的重要纪念活动之一。习近平主席首次在野战化条件下亲临沙场检阅部队，是我军首次以庆祝建军节为主题举行的专项阅兵，也是我军革命性整体性改革重塑后的全新亮相。接受检阅的共有 12 000 名官兵、600 余台（套）装备，组成 1 个护旗方队、27 个地面方队和 9 个人员方队；陆海空三军航空兵 100 多架战机编成 1 个纪念标识梯队、1 个空中突击梯队和 6 个空中梯队，从东北、华北 6 个机场起飞。这次阅兵以回顾建军历史、传承红色基因、坚定维护核心、彰显辉煌成就为主题。

3. 纪录片《永远的军魂》

内容简介：为纪念中国人民解放军建军 90 周年，央视纪录频道策划制作了 6 集大型文献纪录片《永远的军魂》。该片旨在客观展示老一辈革命者们的坚定信念、坚强意志和浩然正气，记录新时代退役军人在当前大环境下创新探索和自强不息的真实事迹。全片以南昌起义打响第一枪为开端，生动展现人民军队一路走来，可歌可泣的英雄故事，诠释 90 年来血与火铸就的不朽军魂。

4. 故事片《建军大业》

内容简介：《建军大业》是献礼建军 90 周年的历史片。该片讲述了 1927 年第一次国内革命战争失败后，中国共产党挽救革命，于当年 8 月 1 日在江西南昌举行武装起义，从而创建中国共产党领导的人民军队的故事。生死存亡之际，毛泽东、周恩来等临危受命，冒着生命危险分赴湖南和南昌等地，联合朱德、贺龙、叶挺、刘伯承等一批爱国将领发动起义，誓要组建一支真正属于人民的军队。铁血铸军魂，舍己保家国。

5. 故事片《战狼 2》

内容简介：《战狼 2》是吴京执导的动作军事电影。该片讲述了被开除军籍的冷锋本是因找杀害龙小云的凶手来到非洲，但是却突然被卷入一场非洲国家的叛乱。因为国家之间政治立场的关系，中国军队无法在非洲实行武装行动撤离华侨。而作为退伍老兵的冷锋无法忘记军人的使命，本来可以安全撤离的他毅然决然地回到了沦陷区，孤身一人带领身陷屠杀中的同胞和难民，展开生死逃亡。

专题十七 TOPIC 17

中国特色大国外交

一、理论基础

党的十八大以来，以习近平同志为核心的党中央深刻把握新时代中国和世界发展大势，在对外工作上进行一系列重大理论和实践创新，形成了习近平新时代中国特色社会主义外交思想。当前，我国处于近代以来最好的发展时期，世界处于百年未有之大变局，两者同步交织、相互激荡。如何正确认识当今世界的发展趋势？如何推动建立以相互尊重、公平正义、合作共赢为核心的新型国际关系？如何理解和推动构建人类命运共同体？如何向世界提供中国方案，贡献中国智慧，携手共创人类美好未来？这是中国特色大国外交理论将要回答的主要问题。

（一）知识框架

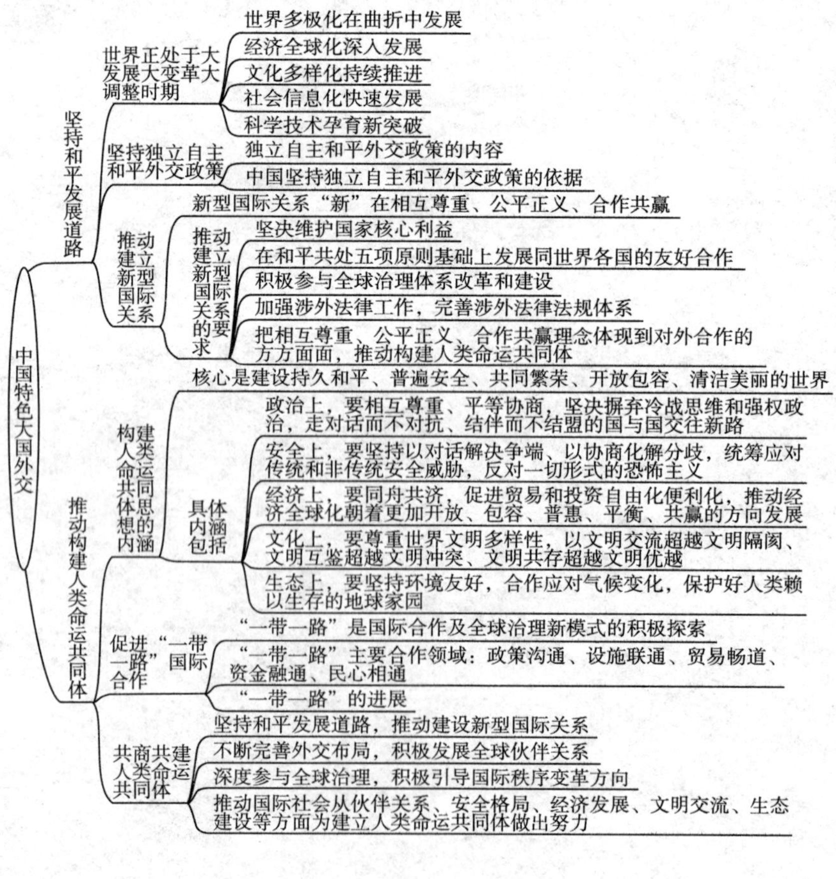

（二）理论要点

1. 世界正处于大发展大变革大调整时期　2018 年 6 月中央外事工作会议在北京召开，习近平同志在会上发表了重要讲话。他指出，把握国际形势要树立正确的历史观、大局观、角色观。习近平同志强调，从党的十九大到党的二十大，是实现"两个一百年"奋斗目标的历史交汇期，在中华民族伟大复兴历史进程中具有特殊重大意义。纵观人类历史，世界发展从来都是各种矛盾相互交织、相互作用的综合结果。我们要深入分析世界转型过渡期国际形势的演变规律，准确把握历史交汇期我国外部环境的基本特征，统筹谋划和推进对外工作。既要把握世界多极化加速推进的大势，又要重视大国关系深入调整的态势。既要把握经济全球化持续发展的大势，又要重视世界经济格局深刻演变的动向。既要把握国际环境总体稳定的大势，又要重视国际安全挑战错综复杂的局面。既要把握各种文明交流互鉴的大势，又要重视不同思想文化相互激荡的现实。习近平同志的讲话为我们科学分析和准确把握当前国际形势提供了根本遵循。

冷战结束后，尤其是进入 21 世纪以来，国际形势发生了广泛而深刻的变化，但和平与发展仍然是时代主题，和平、发展、合作、共赢成为不可阻挡的时代潮流。世界多极化、经济全球化、文化多样化、社会信息化深入发展，科学技术孕育新突破，全球治理体系和国际秩序变革加速推进，各国相互联系和依存日益加深，国际力量对比更趋平衡，和平发展大势不可逆转。同时，世界面临的不稳定性、不确定性突出，人类依然面临许多共同挑战，推进人类和平与发展的崇高事业依然任重而道远。

2. 坚持独立自主和平外交政策　实现中华民族伟大复兴的中国梦的奋斗目标，必须有和平的国际环境。没有和平，中国和世界都不可能顺利发展；没有发展，中国和世界也不可能有持久和平。新中国成立 70 多年来特别是改革开放 40 多年来，中国奉行独立自主的和平外交政策，成功地走上了一条与本国国情和时代特征相适应的和平发展道路。中国独立自主的和平外交政策，就是把国家主权和安全放在第一位，坚定地维护我国的国家利益，反对任何国家损害我国的独立、主权、安全和尊严；就是从我国人民和世界人民的根本利益出发，对于一切国际事务，都要根据事情本身的是非曲直决定自己的立场和政策，秉持公道，伸张正义，不屈从于任何外来压力；就是坚持各国的事务应由本国政府和人民决定，世界上的事情应由各国政府和人民平等协商，反对一切形式的霸权主义和强权政治；就是主张和平解决国际争端和热点问题，反对动辄诉诸武力或以武力相威胁，反对颠覆别国合法政权，反对一切形式的恐怖主义。中国坚定不移地奉行独立自主的和平外交政策，是由我国的社会主义性质和在国际上的地位所决定的，是从历史、现实、未来的客观判断中得出的结论，是思想自信和实践自觉的有机统一。改革开放 40 多年的历史已经证明，和平发展是中国基于自身国情、社会制度、文化传统做出的战略抉择，顺应时代潮流，符合中国根本利益，符合周边国家利益，符合世界各国利益，必须始终坚持。

3. 推动构建新型国际关系　推动建设相互尊重、公平正义、合作共赢的新型国际关系，是党中央立足时代发展潮流和我国根本利益做出的战略选择，反映了中国人民和世界人民的共同心愿。中国倡导建立合作共赢的新型国际关系，核心是维护联合国宪章的宗旨和原则，维护不干涉别国内政和尊重国家主权、独立、领土完整等国际关系基本准则，维护联合国及其安理会对世界和平承担的首要责任，开展对话和合作，而不是对抗；实现双赢和共赢，而不是单赢。新型国际关系，“新”在相互尊重，“新”在公平正义，特别是“新”在合作共赢。

推动建立新型国际关系，要坚决维护国家核心利益。中国始终把坚决维护国家主权、安全、发展利益作为外交工作的基本出发点和落脚点，决不会以牺牲别国利益为代价来发展自己，也决不放弃自己的正当权益。推动建立新型国际关系，要在和平共处五项原则基础上发展同世界各国的友好合作。要按照大国是关键、周边是首要、发展中国家是基础、多边是舞台的外交工作布局，发展与各国的友好关系。推动建立新型国际关系，要积极参与全球治理体系改革和建设。中国秉持共商共建共享的全球治理观，积极倡导和践行多边主义，扎实推进公共外交和人文交流，持续发挥负责任大国作用，推动国际秩序和国际体系朝着公正合理的方向发展。推动建立新型国际关系，要加强涉外法律工作，完善涉外法律法规体系。积极参与国际规则制定，强化涉外法律服务，深化司法领域国际合作，加强反腐败国际合作和积极参与执法安全国际合作。推动建立新型国际关系，还要把合作共赢理念体现到政治、经济、安全、文化等对外合作的方方面面，推动构建人类命运共同体。

4. 构建人类命运共同体思想的内涵 构建人类命运共同体思想，是习近平总书记顺应历史潮流、着眼人类发展和世界前途提出的中国理念、中国方案。习近平总书记指出：“这个世界，各国相互联系、相互依存的程度空前加深，人类生活在同一个地球村里，生活在历史和现实交汇的同一个时空里，越来越成为你中有我、我中有你的命运共同体。”

构建人类命运共同体思想，是一个科学完整、内涵丰富、意义深远的思想体系，其核心就是“建设持久和平、普遍安全、共同繁荣、开放包容、清洁美丽的世界”。政治上，要相互尊重、平等协商，坚决摒弃冷战思维和强权政治，走对话而不对抗、结伴而不结盟的国与国交往新路。安全上，要坚持以对话解决争端、以协商化解分歧，统筹应对传统和非传统安全威胁，反对一切形式的恐怖主义。经济上，要同舟共济，促进贸易和投资自由化便利化，推动经济全球化朝着更加开放、包容、普惠、平衡、共赢的方向发展。文化上，要尊重世界文明多样性，以文明交流超越文明隔阂、文明互鉴超越文明冲突、文明共存超越文明优越。生态上，要坚持环境友好，合作应对气候变化，保护好人类赖以生存的地球家园。

构建人类命运共同体思想继承和发展了新中国不同时期重大外交思想和主张，反映了中外优秀文化和全人类共同价值追求，适应了新时代中国与世界关系的历史性变化，成为中国引领时代潮流和人类文明进步方向的鲜明旗帜，已被多次写入联合国文件，对中国的和平发展、世界的繁荣进步都具有重大和深远的意义。

5. 促进“一带一路”国际合作 2013 年 9 月和 10 月，习近平在出访中亚和东南亚国家期间，先后提出共建“丝绸之路经济带”和“21 世纪海上丝绸之路”的重大倡议，得到了国际社会的高度关注和积极回应。

推进“一带一路”建设既是中国扩大和深化对外开放的需要，也是加强和世界各国互利合作的需要。中国政府倡议，共建“一带一路”恪守联合国宪章的宗旨和原则，坚持开放合作、和谐包容、市场运作、互利共赢。秉持和平合作、开放包容、互学互鉴、互利共赢的理念，全方位推进务实合作，打造政治互信、经济融合、文化包容的利益共同体、命运共同体和责任共同体，以政策沟通、设施联通、贸易畅通、资金融通、民心相通为主要内容加强合作。

中国提出共建“一带一路”倡议以来，开展了积极行动，得到了国际社会的积极支持和广泛参与。2017 年 5 月首届“一带一路”国际合作高峰论坛成功举办。2019 年 4 月中国举办第二届“一带一路”国际合作高峰论坛。

“一带一路”建设对推动构建人类命运共同体具有重要的意义和作用。要坚持引进来和走出去并重，深化双向投资合作；坚持共商共建共享原则；加强创新能力开放合作；把“一带一路”建设与构建人类命运共同体更加紧密结合起来，打造和平之路、繁荣之路、开放之路、创新之路、文明之路。

6. 共商共建人类命运共同体　构建人类命运共同体既是中国外交的崇高目标，也是世界各国的共同责任和历史使命。世界各国应携手合作，共同努力构建人类命运共同体，建设一个更加美好的世界。坚持和平发展道路，推动建设新型国际关系。面对充满希望与挑战的世界，我们要坚定不移推动建设相互尊重、公平正义、合作共赢的新型国际关系，为构建人类命运共同体打下坚实基础。不断完善外交布局，打造全球伙伴关系网络。我们要全面发展同各国友好合作，不断完善我国全方位、多层次、立体化的外交布局。推进大国协调和合作，构建总体稳定、均衡发展的大国关系框架，按照亲诚惠容理念和与邻为善、以邻为伴周边外交方针深化同周边国家关系，秉持正确义利观和真实亲诚理念加强同发展中国家团结合作。深度参与全球治理，积极引导国际秩序变革方向。我们将秉持共商共建共享的全球治理观，积极参与全球治理体系改革和建设。推动国际社会从伙伴关系、安全格局、经济发展、文明交流、生态建设等方面为建立人类命运共同体做出努力。要坚持对话协商、共建共享、合作共赢、交流互鉴、绿色低碳，建设一个持久和平、普遍安全、共同繁荣、开放包容、清洁美丽的世界。

二、实践指南

（一）实践目的与要求

通过开展形式多样的教学实践活动，帮助学生认清当前和今后相当长时期中国所处的国际环境，中国的外交战略目标和中国的外交政策。通过对中国国际地位和作用变化的分析，了解新中国独立自主和平外交政策的形成发展过程、基本内容，明确中国坚持走和平发展道路的重要意义。帮助学生更好地理解新型国际关系、人类命运共同体、“一带一路”倡议等新时代中国外交理念和实践，了解新时代中国为全球治理所贡献的中国智慧和中国方案。充分了解党的十八大以来中国外交取得的历史性成就，深刻理解习近平新时代中国特色社会主义外交思想的内涵和重大意义。引导学生懂得外交工作与国内建设的辩证关系，懂得维护和平与促进发展的辩证关系。

组织和参与实践教学的师生要高度重视、精心准备、认真参与，保证教学目标的实现并取得良好的实践效果。社会实践活动开展前，指导教师应该制定具体详细的社会实践方案，切实做到安全第一。师生在社会实践过程中态度要认真，注重实践效果。

（二）实践项目设计

◆ **实践项目一：**

1. 实践项目主题　“构建人类命运共同体，中国在行动”主题展览。

2. 实践项目形式 文字图片展览、课堂讲解、校园宣传。

3. 实践项目目的 通过自主筹备、举办展览活动，学生能够更好地理解构建人类命运共同体思想的内涵，进一步地了解党的十八大以来中国为推动构建人类命运共同体所做出的贡献，进而认同中国不仅是构建人类命运共同体的倡导者，也是实践者、贡献者和先行者，得到了国际社会的广泛认同和高度赞誉。

4. 实践项目时间地点 课堂；校园。

5. 理论要点衔接 构建人类命运共同体思想，核心是要建设持久和平、普遍安全、共同繁荣、开放包容、清洁美丽的世界。党的十八大以来，中国在政治、安全、经济、文化、生态环境保护等方面为推动构建人类命运共同体做出了重大贡献。

6. 实践项目具体步骤

（1）实践活动分组：指导教师说明教学实践的目的和意义，按照构建人类命运共同体思想的时代背景、丰富内涵、中国实践、国际评价四个版块对参与的学生进行分组，各组选出组长，并进行内部分工。组长安排组内的活动开展计划，保证活动按计划有序进行。每组组长负责向指导教师汇报活动开展情况，沟通活动中存在的问题与困难并做到及时解决。

（2）前期资料收集：各组围绕选定的版块和内容进行资料搜集并梳理学习，包括习近平总书记的讲话与相关文字、图片、案例、数据、音视频等。

（3）制作活动展板：在前期资料收集的基础上，统一展板主题背景和格式，各组充分发挥自身的能动性，本着权威、系统、翔实、生动的原则设计展板内容，分电子和实物两种形式制作展板。

（4）课堂展示讲解：活动展板设计制作完成后，在课堂规定的时间内，各组对各自的电子展板进行课堂展示并给其他小组的同学进行讲解，相互学习、取长补短、发现问题、不断完善。

（5）校园宣传讲解：在课堂展示完成以后，各组统一将实物展板放到校园规定的地点，在一定时期内，选取课堂讲解表现比较优秀的学生为全校其他学生进行现场讲解和宣传。

（6）实践活动总结：整个展览活动结束以后，各组要认真进行总结，撰写实践报告和心得体会。

7. 实践成绩评定 根据学生的资料搜集、知识掌握、活动表现和上交的实践报告等情况，综合评定实践教学环节成绩。

8. 参考资料

携手构建合作共赢新伙伴　同心打造人类命运共同体（节选）

（2015 年 9 月 28 日）

习近平

世界格局正处在一个加快演变的历史性进程之中。和平、发展、进步的阳光足以穿透战争、贫穷、落后的阴霾。世界多极化进一步发展，新兴市场国家和发展中国家崛起已经成为不可阻挡的历史潮流。经济全球化、社会信息化极大解放和发展了社会生产力，既创造了前所未有的发展机遇，也带来了需要认真对待的新威胁新挑战。

“大道之行也，天下为公。”和平、发展、公平、正义、民主、自由，是全人类的共同价值，也是联合国的崇高目标。目标远未完成，我们仍须努力。当今世界，各国相互依存、休戚与共。我们要继承和弘扬联合国宪章的宗旨和原则，构建以合作共赢为核心的新型国际关系，打造人类命运共同体。为此，我们需要作出以下努力。

——我们要建立平等相待、互商互谅的伙伴关系。联合国宪章贯穿主权平等原则。世界的前途命运必须由各国共同掌握。世界各国一律平等，不能以大压小、以强凌弱、以富欺贫。主权原则不仅体现在各国主权和领土完整不容侵犯、内政不容干涉，还应该体现在各国自主选择社会制度和发展道路的权利应当得到维护，体现在各国推动经济社会发展、改善人民生活的实践应当受到尊重。

我们要坚持多边主义，不搞单边主义；要奉行双赢、多赢、共赢的新理念，扔掉我赢你输、赢者通吃的旧思维。协商是民主的重要形式，也应该成为现代国际治理的重要方法，要倡导以对话解争端、以协商化分歧。我们要在国际和区域层面建设全球伙伴关系，走出一条“对话而不对抗，结伴而不结盟”的国与国交往新路。大国之间相处，要不冲突、不对抗、相互尊重、合作共赢。大国与小国相处，要平等相待，践行正确义利观，义利相兼，义重于利。

——我们要营造公道正义、共建共享的安全格局。在经济全球化时代，各国安全相互关联、彼此影响。没有一个国家能凭一己之力谋求自身绝对安全，也没有一个国家可以从别国的动荡中收获稳定。弱肉强食是丛林法则，不是国与国相处之道。穷兵黩武是霸道做法，只能搬起石头砸自己的脚。

我们要摒弃一切形式的冷战思维，树立共同、综合、合作、可持续安全的新观念。我们要充分发挥联合国及其安理会在止战维和方面的核心作用，通过和平解决争端和强制性行动双轨并举，化干戈为玉帛。我们要推动经济和社会领域的国际合作齐头并进，统筹应对传统和非传统安全威胁，防战争祸患于未然。

——我们要谋求开放创新、包容互惠的发展前景。2008 年爆发的国际经济金融危机告诉我们，放任资本逐利，其结果将是引发新一轮危机。缺乏道德的市场，难以撑起世界繁荣发展的大厦。富者愈富、穷者愈穷的局面不仅难以持续，也有违公平正义。要用好“看不见的手”和“看得见的手”，努力形成市场作用和政府作用有机统一、相互促进，打造兼顾效率和公平的规范格局。

大家一起发展才是真发展，可持续发展才是好发展。要实现这一目标，就应该秉承开放精神，推进互帮互助、互惠互利。当今世界仍有 8 亿人生活在极端贫困之中，每年近 600 万孩子在 5 岁前夭折，近 6 000 万儿童未能接受教育。刚刚闭幕的联合国发展峰会制定了 2015 年后发展议程。我们要将承诺变为行动，共同营造人人免于匮乏、获得发展、享有尊严的光明前景。

——我们要促进和而不同、兼收并蓄的文明交流。人类文明多样性赋予这个世界姹紫嫣红的色彩，多样带来交流，交流孕育融合，融合产生进步。

文明相处需要和而不同的精神。只有在多样中相互尊重、彼此借鉴、和谐共存，这个世界才能丰富多彩、欣欣向荣。不同文明凝聚着不同民族的智慧和贡献，没有高低之别，更无优劣之分。文明之间要对话，不要排斥；要交流，不要取代。人类历史就是一幅不同文明相互交流、互鉴、融合的宏伟画卷。我们要尊重各种文明，平等相待，互学互鉴，兼收并蓄，推动人类文明实现创造性发展。

——我们要构筑尊崇自然、绿色发展的生态体系。人类可以利用自然、改造自然，但归根结底是自然的一部分，必须呵护自然，不能凌驾于自然之上。我们要解决好工业文明带来的矛盾，以人与自然和谐相处为目标，实现世界的可持续发展和人的全面发展。

建设生态文明关乎人类未来。国际社会应该携手同行，共谋全球生态文明建设之路，牢固树立尊重自然、顺应自然、保护自然的意识，坚持走绿色、低碳、循环、可持续发展之路。在这方面，中国责无旁贷，将继续作出自己的贡献。同时，我们敦促发达国家承担历史性责任，兑现减排承诺，并帮助发展中国家减缓和适应气候变化。

主席先生、各位同事！

13亿多中国人民正在为实现中华民族伟大复兴的中国梦而奋斗。中国人民的梦想同各国人民的梦想息息相通。实现中国梦，离不开和平的国际环境和稳定的国际秩序，离不开各国人民的理解、支持、帮助。中国人民圆梦必将给各国创造更多机遇，必将更好促进世界和平与发展。

中国将始终做世界和平的建设者，坚定走和平发展道路，无论国际形势如何变化，无论自身如何发展，中国永不称霸、永不扩张、永不谋求势力范围。

中国将始终做全球发展的贡献者，坚持走共同发展道路，继续奉行互利共赢的开放战略，将自身发展经验和机遇同世界各国分享，欢迎各国搭乘中国发展“顺风车”，一起来实现共同发展。

——习近平：《习近平谈治国理政：第二卷》，北京：外文出版社，2017年，第522－525页.

◆ **实践项目二：**

1. 实践项目主题 讲述“一带一路”的故事。

2. 实践项目形式 故事会。

3. 实践项目目的 推进“一带一路”建设是习近平总书记深刻思考人类前途命运及中国和世界发展大势所提出的宏伟构想和中国方案。自倡议提出以来，中国积极推动，其他国家广泛参与，取得了重大进展和丰硕的成果。讲述与“一带一路”有关的中国故事，目的是让学生更多地了解“一带一路”的建设和发展，关注“一带一路”建设取得的系列成果，使学生对“一带一路”倡议的认识更为具体、鲜活、生动，从而理解“一带一路”建设对世界、对中国的重大意义。

4. 实践项目地点 课堂。

5. 理论要点衔接 自2013年提出以来，共建“一带一路”倡议得到了越来越多的国家和国际组织的热烈响应，共建“一带一路”正在成为我国参与全球开放合作、改善全球经济治理体系、促进全球共同发展繁荣、推动构建人类命运共同体的中国方案。“一带一路”建设不是空洞的口号，而是看得见、摸得着的实际举措，不断推进的政策沟通、设施联通、贸易畅通、资金融通、民心相通给地区国家带来了实实在在的利益。习近平总书记指出，经过夯基垒台、立柱架梁的5年，共建“一带一路”正在向落地生根、持久发展的阶段迈进。

6. 实践项目具体步骤

（1）前期资料收集：以小组为单位通过网上查阅、阅读书籍、调查走访等各种形式，搜集习近平总书记在国内外有关“一带一路”建设讲话中谈到的故事，查找身边的企业或个人是否有参与“一带一路”建设的具体项目，关注并了解我国与“一带一路”沿线国家进行政策沟通、设施联通、贸易畅通、资金融通、民心相通等方面的标志性案例和重点合作项目的进展情况。

（2）课堂现场讲述：每个小组根据课前准备选举一位代表给全班同学分享一个关于“一带一路”的故事，要求必须真实、具体，并限定时间。

（3）实践活动总结：整个讲故事活动结束以后，各组要认真进行总结，重新对“一带一路”倡议的时代背景和重大意义、取得的丰硕成果和中国的贡献进行梳理，撰写实践报告和心得体会。

7. 实践成绩评定　根据学生的资料搜集、活动表现和实践心得体会等情况，综合评定实践教学环节成绩。

8. 参考资料

习近平在推进“一带一路”建设工作5周年座谈会上的讲话（节选）

习近平指出，经过夯基垒台、立柱架梁的5年，共建“一带一路”正在向落地生根、持久发展的阶段迈进。我们要百尺竿头、更进一步，在保持健康良性发展势头的基础上，推动共建“一带一路”向高质量发展转变，这是下一阶段推进共建“一带一路”工作的基本要求。要坚持稳中求进工作总基调，贯彻新发展理念，集中力量、整合资源，以基础设施等重大项目建设和产能合作为重点，解决好重大项目、金融支撑、投资环境、风险管控、安全保障等关键问题，形成更多可视性成果，积土成山、积水成渊，推动这项工作不断走深走实。

习近平指出，过去几年共建“一带一路”完成了总体布局，绘就了一幅“大写意”，今后要聚焦重点、精雕细琢，共同绘制好精谨细腻的“工笔画”。要在项目建设上下功夫，建立工作机制，完善配套支持，全力推动项目取得积极进展，注意实施雪中送炭、急对方之所急、能够让当地老百姓受益的民生工程。要在开拓市场上下功夫，搭建更多贸易促进平台，引导有实力的企业到沿线国家开展投资合作，发展跨境电子商务等贸易新业态、新模式，注重贸易平衡。要在金融保障上下功夫，加快形成金融支持共建“一带一路”的政策体系，有序推动人民币国际化，引导社会资金共同投入沿线国家基础设施、资源开发等项目，为走出去企业提供外汇资金支持。要推动教育、科技、文化、体育、旅游、卫生、考古等领域交流蓬勃开展，围绕共建“一带一路”开展卓有成效的民生援助。要规范企业投资经营行为，合法合规经营，注意保护环境，履行社会责任，成为共建“一带一路”的形象大使。要高度重视境外风险防范，完善安全风险防范体系，全面提高境外安全保障和应对风险能力。

——赵超，安蓓：《习近平出席推进“一带一路”建设工作与周年座谈会并发表重要讲话》，人民日报，2018-08-28（1）.

【“一带一路”倡议五周年】国家发展改革委：五年来成效显著

国家发展改革委最新发布，5年来，“一带一路”建设各方面工作取得了显著成效，有力促进了我国经济社会发展和对外开放，增强了我国国际影响力和感召力。

目前，我国已与100多个国家和国际组织签署了共建“一带一路”合作文件。共建“一带一路”倡议及其核心理念被纳入联合国、二十国集团、亚太经合组织、上合组织等重要国际机制成果文件。

高效畅通的国际大通道加快建设。中老铁路、中泰铁路、匈塞铁路建设稳步推进，雅万高铁全面开工建设。汉班托塔港二期工程竣工，科伦坡港口城项目施工进度过半，比雷埃夫斯港建成重要中转枢纽。中缅原油管道投用，实现了原油通过管道从印度洋进入我国。中俄原油管道复线正式投入使用，中俄东线天然气管道建设按计划推进。中欧班列累计开行数量突破9 000列，到达欧洲14个国家的42个城市。

在经贸投资合作方面。我国与沿线国家的贸易和投资合作不断扩大，形成了互利共赢的良好局面。今年上半年，我国与沿线国家货物贸易进出口额达6 050.2亿美元，增长18.8%；对沿线国家非金融类直接投资达74亿美元，增长12%。目前，我国与沿线国家已建设80多个境外经贸合作区，为当地创造了24.4万个就业岗位。

在民心相通方面。实施“丝绸之路”中国政府奖学金。发起成立“一带一路”绿色发展国际联盟倡议。正式开通“一带一路”官方网站，已实现联合国6种官方语言版本同步运行。多层次、多领域的人文交流合作为民众友好交往和商贸、文化、教育、旅游等活动带来了便利和机遇，不断推动文明互学互鉴和文化融合创新。

通过加强金融合作，促进货币流通和资金融通，为“一带一路”建设创造稳定的融资环境，积极引导各类资本参与实体经济发展和价值链创造，推动世界经济健康发展。截至2018年6月，我国在7个沿线国家建立了人民币清算安排。已有11家中资银行在27个沿线国家设立了71家一级机构。

——佚名：《[“一带一路”倡议五周年] 国家发展改革委：五年来成效显著》，http://www.xinhuanet.com/fortune/2018-08/10/c_1123251839.htm.

中国发表《共建“一带一路”倡议：进展、贡献与展望》报告

第二届“一带一路”国际合作高峰论坛召开在即，经推进“一带一路”建设工作领导小组批准，领导小组办公室22日发表《共建“一带一路”倡议：进展、贡献与展望》报告。

报告全文约1.8万字，除前言外，共包括进展、贡献和展望3个部分。

2013年9月和10月，中国国家主席习近平在出访哈萨克斯坦和印度尼西亚时

先后提出共建“丝绸之路经济带”和“21世纪海上丝绸之路”的重大倡议。5年多来，共建“一带一路”倡议得到了越来越多国家和国际组织的积极响应，受到国际社会广泛关注，影响力日益扩大。

报告指出，2013年以来，共建“一带一路”倡议以政策沟通、设施联通、贸易畅通、资金融通和民心相通为主要内容扎实推进，取得明显成效，一批具有标志性的早期成果开始显现，参与各国得到了实实在在的好处，对共建“一带一路”的认同感和参与度不断增强。2013年至2018年，中国与沿线国家货物贸易进出口总额超过6万亿美元，年均增长率高于同期中国对外贸易增速，占中国货物贸易总额的比重达到27.4%；中国企业对沿线国家直接投资超过900亿美元，在沿线国家完成对外承包工程营业额超过4 000亿美元。

报告指出，共建“一带一路”倡议着眼于构建人类命运共同体，坚持共商共建共享原则，为推动全球治理体系变革和经济全球化作出了中国贡献。2017年5月，首届“一带一路”国际合作高峰论坛在北京成功召开，论坛形成了5大类76大项279项具体成果，这些成果已全部得到落实。

报告说，当今世界正处于大发展大变革大调整时期，和平、发展、合作仍是时代潮流。展望未来，共建“一带一路”既面临诸多问题和挑战，更充满前所未有的机遇和发展前景。随着时间的推移和各方共同努力，相信共建“一带一路”一定会走深走实，行稳致远，成为和平之路、繁荣之路、开放之路、绿色之路、创新之路、文明之路、廉洁之路，推动经济全球化朝着更加开放、包容、普惠、平衡、共赢的方向发展。

——安蓓：《中国发表〈共建“一带一路”倡议：进展、贡献与展望〉报告》，http://www.gov.cn/xinwen/2019-04/22/content_5385127.htm.

◆ **实践项目三：**

1. 实践项目主题　开放的中国——山西推介会（或某省推介会）。

2. 实践项目形式　演讲、展览、制作宣传片。

3. 实践项目目的　通过举行这样的自主推介活动，促使学生们积极了解自己的家乡、宣传自己的家乡，培养大家的爱国爱家情怀，进一步增强开放发展的意识。

4. 实践项目时间地点　课堂；校园。

5. 理论要点衔接　山西，是中国著名的历史文化大省。佛教圣地五台山、精美的云冈石窟、壮观的壶口瀑布以及传奇的平遥古城等，都是山西一张张亮丽的名片。“天下第一醋”更是享誉中外。新中国成立后，作为资源大省，山西的煤炭工业曾经点亮中国一半的灯火，被誉为支撑新中国发展的脊梁。党的十八大以来，山西与时俱进，迈上了转型发展的新征程。在习近平总书记亲自关心下，山西省委、省政府以壮士断腕的勇气大力推动绿色转型，打造新兴产业集群，构建起多元支撑的现代产业体系，古老的三晋大地正在焕发勃勃生机，展现光明未来。

6. 实践项目具体步骤

（1）推介活动前期准备：按照生源地相同的原则，将来自不同地区的学生分为活动小组，以小组为单位制作山西全球推介活动主题宣传片，撰写宣传山西及学生家乡的文字稿，准备自己家乡最具代表性的特色产品。

(2) 课堂展示：根据小组分工，分别由各自成员向全班同学展示制作的宣传片，向大家介绍山西不同地区的优势和特色，展示自己家乡最具代表性的特色产品。

(3) 课后总结：课堂展示活动结束以后，认真进行总结，进一步修改完善。

(4) 校园实物展览：选择合适的场地，在规定的时间内向全校学生展示和推介。

7. 实践成绩评定 根据学生的前期准备、活动表现和实践心得体会等情况，综合评定实践教学环节成绩。

8. 参考资料

外交部山西全球推介活动在京举行
新时代的中国：山西新转型 共享新未来

共享转型发展新机遇，共赢开放合作新未来。2019年2月25日下午，外交部蓝厅宾朋云集，气氛热烈。以“新时代的中国：山西新转型共享新未来”为主题的外交部山西全球推介活动隆重举行。在习近平新时代中国特色社会主义思想指引下，在“两转”基础上全面拓展新局面的山西，又一次吸引了世界的目光。推介活动使山西全方位深度融入世界，增进了交流合作，扩大了影响力，取得了丰硕成果。国务委员兼外交部长王毅出席并讲话，外交部党委书记齐玉出席。山西省委书记、省人大常委会主任骆惠宁致辞，山西省委副书记、省长楼阳生推介。

2019年外交部省区市全球推介活动，开场的主角是山西。此刻的蓝厅，成为世界感受山西、了解山西，深度交流、拓展合作的新平台。在这里，山西向世界展示悠久的历史文化、新中国成立70年经济社会发展的巨大变化，特别是近两年新转型的强劲态势。

王毅表示，2019年是新中国成立70周年，这是一个值得隆重庆祝的重要历史时刻。70年来，中国共产党领导全中国人民团结一心，艰苦奋斗，取得了国家发展建设的辉煌成就。为此，2019年的外交部全球推介活动将围绕“新时代中国，70年成就”这一主题展开，今天是今年的开场，推介的主角是山西省。

王毅指出，说到山西，大家不会陌生。作为中国著名的历史文化大省，佛教圣地五台山、精美的云冈石窟、壮观的壶口瀑布以及传奇的平遥古城等，都是山西一张张亮丽的名片。“天下第一醋”更是享誉中外。新中国成立后，作为资源大省，山西的煤炭工业曾经点亮中国一半的灯火，被誉为支撑新中国发展的脊梁。党的十八大以来，山西与时俱进，迈上了转型发展的新征程。在习近平总书记亲自关心下，山西省委、省政府以壮士断腕的勇气大力推动绿色转型，打造新兴产业集群，构建起多元支撑的现代产业体系，古老的三晋大地正在焕发勃勃生机，展现光明未来。

王毅强调，2019年的中国，将继续深化改革、扩大开放，与各国携手同行。今年4月，我们将在北京举办第二届“一带一路”国际合作高峰论坛。这是今年中国最重要的主场外交，也是共建“一带一路”迈入新阶段的重要标志。我们将本着共商共建共享的精神，与各方进一步凝聚共识，明确方向，扩大成果，推动“一带一路”建设向着更高质量、更高标准和更高水平迈进。我们还将举办第二届中国国际进口博览会，继续让各国分享中国的发展机遇，共同推动构建开放型世界经济。2019年的世界，既孕育着希望，也面临着挑战。今天开始的这一周，就是备受国际社会关注的重要时段。朝美两国最高领导人第二次会晤即将进行，有望在推进半岛无核化、建立半岛和平机制上迈出新的步伐。中美经贸问题磋商刚刚又取得了实质性进展，为中美关系的稳定和全球经济发展提供了正面预期。当然，我们同时也要看到，当今世界还有很多地区并不安宁，国际关系的基本准则正在受到冲击和损害。新的一年里，中国将在习近平外交思想指引下，继承弘扬新中国成立70年来的外交优良传统，与各国一道，共同维护世界的和平稳定，为我们这个不平静的星球带来更多的好消息。

骆惠宁说，近年来，山西开启了新的经济转型发展历程，这是在新的历史条件下发展方式的一场革命。山西新转型的主要目标，就是按照习近平总书记的指示精神，建设国家资源型经济转型示范区、打造全国能源革命排头兵、构建内陆地区对外开放新高地。实现“三大目标”的过程，就是山西振兴崛起的过程。

骆惠宁指出，山西的新转型，可以从山西深厚的历史文化中找到基因。自古以来山西就有着改革创新、开拓进取的精神，这种敢为人先、革旧鼎新的优秀传统，是当代山西转型生生不息的文化营养。山西的新转型，建立在新中国成立以来发生的巨大变化基础上。70年来，山西经济建设实现了从一穷二白到百业俱兴的历史巨变，人民生活实现了从温饱不足到小康富裕的历史巨变，生态环境实现了从极度脆弱到绿色发展的历史巨变，整体形象实现了从封闭保守到改革开放的历史巨变。这既是山西人民长期久久为功的奋斗成果，也包含了这几年主动转型发展的超常努力，从一个地方反映出中华民族迎来了从站起来、富起来到强起来的伟大飞跃。山西的新转型，目前正呈现出强劲的态势，取得了积极成效。全省的思想观念、产业结构、发展动能、生产生活方式发生积极变化。更可喜的是，煤炭增加值占工业比重明显下降，新兴产业比重快速上升，“一煤独大”的格局正在改变，这是山西多年来未见的，充分说明转型发展方向是正确的。山西的新转型，正有力地带动着山西的对外开放。走出去引进来步伐进一步加快，中欧（中亚）班列从无到有，山西品牌产品不断走出国门，太原能源低碳发展论坛、平遥国际电影节影响越来越大。内陆的山西，已经走向开放的前沿。

骆惠宁说，山西的新转型，昭示出一个美好的未来。以这次蓝厅推介为契机，山西改革的步伐将会越来越快，开放的大门将会越开越大。我们将进一步融入“一带一路”建设，进一步加大对外开放平台和环境建设，进一步加强人文交流。真诚希望世界各国的朋友们进一步了解山西、宣传山西，更多与山西在经济、能源、贸易、科技、旅游、文化等领域开展交流合作，共享新的未来。

楼阳生作了热情洋溢的推介。他说，近年来，我们以习近平总书记视察山西重要讲话精神为指引，坚定不移推动转型综改、创新驱动，经济结构从“一煤独大”向多元支撑转变，3年累计退出煤炭过剩产能8 800余万吨，煤层气产量突破56亿米^3，新能源发电装机占比突破30%，高端装备制造、新一代信息技术、新能源汽车等战略性新兴产业保持两位数以上快速增长，活力山西正在奏响转型发展新乐章。我们大力推动文旅融合发展，加快建设国家全域旅游示范区，魅力山西正在书写文旅融合新诗篇。我们深入践行“绿水青山就是金山银山”的理念，以环保倒逼转型，持续加大环境治理和生态保护修复力度，全省地下水位持续回升，每年营造林 400 万亩以上，生态环境质量明显改善，美丽山西正在描绘绿水青山新画卷。我们坚持以人民为中心的发展思想，持续增进人民福祉，80%以上的财政支出用于改善民生，近 5 年累计减少贫困人口 275 万，贫困发生率从 13.6%下降到 1.1%，幸福山西正在擘画民生改善新愿景。我们发挥承东启西、连南拓北的区位优势，积极对接“一带一路”，加快构建内陆地区对外开放新高地，着力打造法治化、国际化、便利化的营商环境，不断扩大“朋友圈”，先后缔结国际友好城市 49 对、友好合作伙伴 86 对，开放山西正在培厚投资兴业新热土。楼阳生表示，山西将不断加强对外交流合作，与大家携手前行，共享转型发展新机遇，共赢开放合作新未来。

泰国驻华大使毕力亚·针蓬、德国驻华大使葛策、新西兰驻华大使傅恩莱、阿根廷驻华大使盖铁戈先后致辞，高度赞赏习近平主席提出中国进一步扩大对外开放的重大举措，回顾本国与山西的合作成果，积极评价山西转型发展的显著成效，期待在“一带一路”框架下，与山西在更多领域开展交流合作。

——尚慧辉：《新时代的中国：山西转型　共享新未来》，http://www.shanxi.gov.cn/ztjj/2019wjbsxqqtjhd/201902/t20190226_519218.shtml.

三、拓展资源

（一）阅读书目

1. 中共中央宣传部：《习近平新时代中国特色社会主义思想三十讲》，北京：学习出版社，2018 年

内容简介：本书紧紧围绕新时代坚持和发展什么样的中国特色社会主义、怎样坚持和发展中国特色社会主义这个重大时代课题，分 30 个专题全面、系统、深入阐释了习近平新时代中国特色社会主义思想的重大意义、科学体系、丰富内涵、精神实质、实践要求，是学习领会习近平新时代中国特色社会主义思想的重要辅助读物。其中，涉及习近平新时代中国特色社会主义外交思想的专题有第二十六讲“构建人类命运共同体”和第二十七讲“促进‘一带一路’国际合作”。

2. 习近平：《习近平谈治国理政》(第 2 卷)，北京：外文出版社，2017 年

内容简介：《习近平谈治国理政》（第 2 卷）中文版全书 569 页，分为 17 个专题，每个专题内容按时间顺序编排，收入了习近平在 2014 年 8 月 18 日至 2017 年 9 月 29 日期间的重要著作，共有讲话、谈话、演讲、批示、贺电等 99 篇。其中，涉及外交的专题有 4 个，分别是：推进中国特色大国外交；坚持和平发展，促进合作共赢；促进“一带一路”国际合作；推动构建人类命运共同体。综合来看，《习近平谈治国理政》（第 2 卷）生动记录了以习近平同志为核心的党中央团结带领全党全国各族人民在新时代坚持和发展中国特色社会主义的伟大实践，集中反映了习近平新时代中国特色社会主义思想的发展脉络和主要内容，充分体现了我们党为推动构建人类命运共同体、促进人类和平与发展事业贡献的中国智慧和中国方案。

3. 习近平：《论坚持推动构建人类命运共同体》，北京：中央文献出版社，2018年

内容简介：这部专题文集以2013年1月28日习近平同志主持中共十八届中央政治局第三次集体学习时讲话的要点《更好统筹国内国际两个大局，夯实走和平发展道路的基础》为开卷篇，以2018年6月22日习近平同志在中央外事工作会议上讲话的要点《坚持以新时代中国特色社会主义外交思想为指导，努力开创中国特色大国外交新局面》为收卷篇，收入习近平同志论述坚持推动构建人类命运共同体的重要文稿85篇，约32万字。

党的十八大以来，习近平同志站在人类历史发展进程的高度，正确把握国际形势的深刻变化，顺应和平、发展、合作、共赢的时代潮流，深入思考"建设一个什么样的世界、如何建设这个世界"等关乎人类前途命运的重大课题，对构建人类命运共同体的时代背景、重大意义、丰富内涵和实现途径等重大问题进行深刻阐述，引领中国特色大国外交理论与实践创新，为人类社会实现共同发展、持续繁荣、长治久安绘制了蓝图，体现了中国致力于为世界和平与发展做出更大贡献的崇高目标，体现了中国将自身发展与世界发展相统一的全球视野、世界胸怀和大国担当。

坚持推动构建人类命运共同体，是习近平新时代中国特色社会主义外交思想的重要内容，是习近平新时代中国特色社会主义思想的重要组成部分，对于统筹国内国际两个大局，始终不渝走和平发展道路、奉行互利共赢的开放战略，坚持正确义利观，始终做世界和平的建设者、全球发展的贡献者、国际秩序的维护者，为实现"两个一百年"奋斗目标和中华民族伟大复兴的中国梦营造更加有利的国际环境，具有十分重要的指导意义。

4. 习近平：《习近平谈"一带一路"》，北京：中央文献出版社，2018年

内容简介：这部专题文集以2013年9月7日习近平同志在哈萨克斯坦纳扎尔巴耶夫大学演讲的一部分《共同建设"丝绸之路经济带"》为开卷篇，以2018年7月10日习近平同志在中阿合作论坛第八届部长级会议开幕式上讲话的一部分《加强战略和行动对接，携手推进"一带一路"建设》为收卷篇，收入习近平同志论述"一带一路"建设的重要文稿42篇，约13万字。

党的十八大以来，习近平同志统筹国内国际两个大局，深刻观察和思考世界形势，顺应时代潮流，适应发展规律，首倡"一带一路"，得到国际社会特别是沿线国家积极响应。作为扩大开放的重大战略举措，共建"一带一路"正在成为我国参与全球开放合作、改善全球经济治理体系、促进全球共同发展繁荣、推动构建人类命运共同体的中国方案。习近平同志对"一带一路"建设的指导原则、丰富内涵、目标路径等进行深刻阐述，为推动共建"一带一路"走深走实、行稳致远，造福沿线国家人民，推动构建人类命运共同体，指明了正确方向，勾画了宏伟蓝图，提供了重要遵循。

5. 王义桅：《"一带一路"：机遇与挑战》，北京：人民出版社，2015年

内容简介：本书是国内首部从国际关系角度解读"一带一路"倡议的专著。国际问题专家王义桅对"一带一路"倡议所带来的周边外交、地区合作、全球发展等机遇作了精辟论述，对与机遇并存的地缘、安全、经济、道德、法律等风险作了辩证解读。从宏观视角、理论层面对人们关于"一带一路"倡议的疑问和误解作了解释和纠正，具有权威性。这是一部高屋建瓴、精练畅达的理论佳作。该书入围央视2015年度中国好书。

6. 张宇燕，冯维江：《中国的和平发展道路》，北京：中国社会科学出版社，2017 年

内容简介：本书是由中国社会科学出版社策划的“理解中国”系列丛书之一，该丛书旨在把宣传好习近平新时代中国特色社会主义思想和讲好中国故事很好地结合起来，现已出版中文版 15 种，并翻译成多种语言在海外发行。该丛书既有对中国道路、中国理论和中国制度总的梳理和介绍，也包含从经济体制、对外政策、生态建设等方面对当今中国发展的直观描述与阐释，使“中国”具象呈现。

本书解释了为什么当代中国的发展，对外目标是促进和平，实现条件是维持和平，最终效果是巩固和平。从历史看，中国文化中“重和”是主流的和整体的，“尚争”是暂时的和局部的。从理论看，建立保护产权和保障契约的“扩大与强化市场型政府”，是促进创新和实现“得自贸易收益”的重要条件，经济的长期快速增长恰恰是建立在创新和“得自贸易收益”的基础之上。从现实看，中国正处于从农业社会向工业化社会、从计划经济向社会主义市场经济、从几千年的人治向法治、从有限开放向全面开放转变的历史时期，肩负着国家治理体系和治理能力现代化、跨越中等收入陷阱等历史重任。以发展促和平，以和平保发展，方能顺利实现这种过渡。中国的发展离不开世界，世界的发展也离不开中国。本书入围央视 2017 年度中国好书。

（二）红色光影

1. 故事片《红海行动》

内容简介：本片根据在 2015 年 3 月 29 日发生的“也门撤侨”真实事件改编。这部电影以“也门撤侨”事件为背景，讲述了中国海军蛟龙突击队奉命执行撤侨任务，兵分两路进行救援，同时阻止恐怖分子不法行动的故事。2015 年 3 月 26 日，由沙特阿拉伯和埃及、约旦、苏丹等其他海湾国家参加的国际联军在也门发动打击胡塞武装的军事行动，当地局势骤然紧张。中国海军舰艇编队执行撤离中国公民任务，同时本着人道主义精神和负责任的态度，全力组织有关国家侨民安全撤离。影片反映了世界面临的不稳定性、不确定性，反映了中国坚持的独立自主和平外交政策。我国政府在也门执行的撤侨行动是综合国力提升的一次重要展现。这充分体现了中国政府以人为本、外交为民的执政理念，保护我海外公民安全的坚定决心以及果断高效的执政风格和执政水平。这是各部门团结协作、共同努力的结果，是中国特色大国外交的重要实践。

2. 专题片《大国外交》

内容简介：这部政论片以习近平外交思想为主线，全景式呈现了党的十八大以来中国特色大国外交的恢宏历程，展现了中国如何一步步走近世界舞台中心、成为“世界和平建设者、全球发展贡献者、国际秩序维护者”的绚丽画卷。

新时期，中国特色大国外交以不同于西方的独特叙事，展现出中国特色、中国风格、中国气派。“中国虽然是个大块头，但两千多年前中国的先人就认识到‘国虽大，好战必亡’的道理”“中国坚持和平发展，决心不会动摇”“在平等互利基础上积极开展同各国的交流合作，坚定不移维护世界和平、促进共同发展”……党的十八大后的 5 年，习近平主席出访 28 次，大国、周边、发展中国家……足迹遍及全球五大洲。中国向世界提供中国智慧和中国方案，热爱和平、谋求共赢的负责任大国形象在国际社会日益丰满地树立起来。

3. 纪录片《共和国外交风云》

内容简介：本片翔实记载了新中国成立以来，在动荡变幻的国际政治舞台上，新中国外交通过几代领导人的努力，从冷战态势下的“一边倒”政策，到冷战终结后积极致力于构筑“不结盟，不对抗，不针对第三方”为框架特征的自主外交 50 年所走过的历程。

实现和平发展，是中国人民的真诚愿望和不懈追求。新中国成立 70 多年来特别是改革开放 40 多年来，中国奉行独立自主和平外交政策，成功地走上了一条与本国国情和时代特征相适应的和平发展道路。

专题十八 TOPIC 18

坚持和加强党的领导

一、理论基础

中国共产党立志于中华民族千秋伟业，面对新时代新挑战新要求，必须坚持和加强对一切工作的领导。风吹浪打何以闲庭信步，肩负使命如何不忘初心，始终做到“不要人夸颜色好，只留清气满乾坤”，坚持和加强党的领导就是战胜艰难险阻，不断取得胜利的制胜法宝。

通过本专题学习，使学生了解中国共产党的执政地位是历史和人民的选择；党的领导是中国特色社会主义最本质的特征；充分认识新时代中国共产党的历史使命；进一步明确坚持党对一切工作的领导必须坚持党是最高的政治领导力量，确保党总揽全局协调各方的能力，全面增强党的执政本领。

（一）知识框架

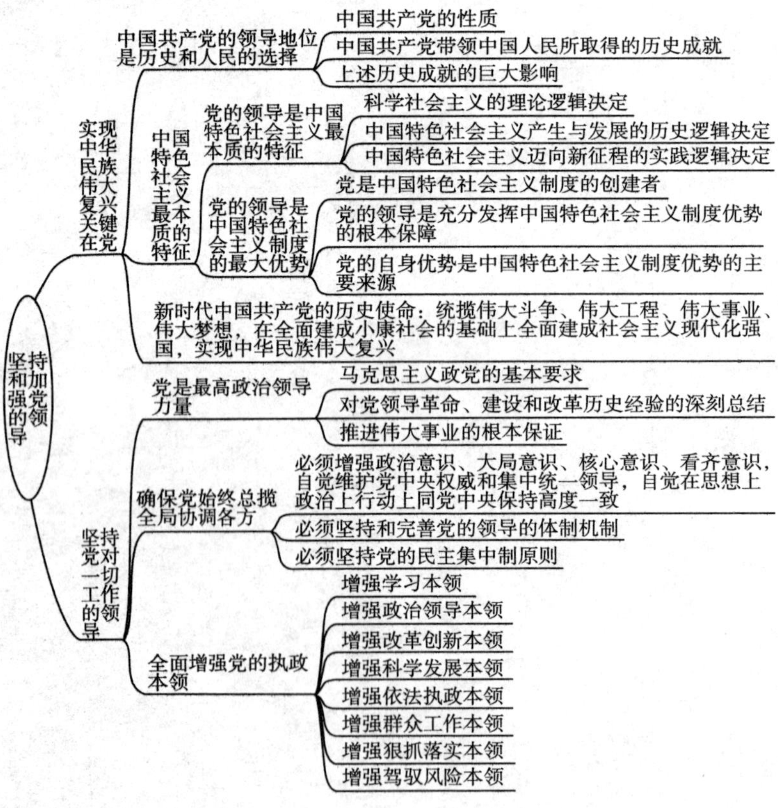

（二）理论要点

1. 实现中华民族伟大复兴关键在党

（1）中国共产党的领导地位是历史和人民的选择。中国共产党是中国工人阶级的先锋队，同时是中国人民和中华民族的先锋队，是中国特色社会主义事业的领导核心。

历史表明，历史和人民选择中国共产党领导中华民族伟大复兴的事业是正确的，中国共产党领导中国人民开辟的中国特色社会主义道路是正确的，中国共产党和中国人民扎根中国大地、吸纳人类文明优秀成果、独立自主实现国家发展的战略是正确的，必须长期坚持、永不动摇。

（2）中国特色社会主义最本质的特征。党的领导是中国特色社会主义最本质的特征。这是由科学社会主义的理论逻辑所决定的，是由中国特色社会主义产生与发展的历史逻辑所决定的，是由中国特色社会主义迈向新征程的实践逻辑所决定的。十三届全国人大一次会议审议通过的宪法修正案，把“中国特色社会主义最本质的特征是中国共产党的领导”载入宪法总纲，以国家根本大法的形式强调党的领导在中国特色社会主义中的核心地位。

党的领导是中国特色社会主义制度的最大优势。党是中国特色社会主义制度的创建者；党的领导是中国特色社会主义制度优势发挥的根本保障；党的优势是中国特色社会主义制度优势之源。

（3）新时代中国共产党的历史使命。这个历史使命，就是统揽伟大斗争、伟大工程、伟大事业、伟大梦想，在全面建成小康社会的基础上全面建成社会主义现代化强国，实现中华民族伟大复兴。实现伟大梦想，必须进行具有许多新的历史特点的伟大斗争；实现伟大梦想，必须深入推进党的建设新的伟大工程；实现伟大梦想，必须推进中国特色社会主义伟大事业；伟大斗争、伟大工程、伟大事业、伟大梦想是一个紧密联系、相互贯通、相互作用、有机统一的整体，统一于新时代坚持和发展中国特色社会主义伟大实践。

2. 坚持党对一切工作的领导

（1）党是最高政治领导力量。党是最高政治领导力量，这是马克思主义政党学说的基本原则，是对历史经验的深刻总结，是推进伟大事业的根本保证。

（2）确保党始终总揽全局协调各方。坚持党总揽全局、协调各方的领导核心地位，是党作为最高政治力量在治国理政中的重要体现。必须增强政治意识、大局意识、核心意识、看齐意识，自觉维护党中央权威和集中统一领导，自觉在思想上政治上行动上同党中央保持高度一致；必须坚持和完善党的领导的体制机制；必须坚持党的民主集中制原则。

（3）全面增强党的执政本领。中国共产党是世界上最大的政党，要领导十四亿多人的社会主义大国，我们党既要政治过硬，也要本领高强。增强学习本领；增强政治领导本领；增强改革创新本领；增强科学发展本领；增强依法执政本领；增强群众工作本领；增强狠抓落实本领；增强驾驭风险本领。

党的领导地位和执政地位不是与生俱来的，也不是一劳永逸的，过去拥有不等于现在拥有，现在拥有不等于永远拥有。

坚持党的领导，是党和国家的根本所在、命脉所在，是全国各族人民的利益所系、幸福所系。

3. “四个意识”与“党对一切工作的领导” “四个意识”是指政治意识、大局意识、核心意识、看齐意识。这“四个意识”是2016年1月29日中共中央政治局会议最早提出来的。习近平总书记在庆祝中国共产党成立95周年大会上的讲话强调，全党同志要增强政治意识、大局意识、核心意识、看齐意识，切实做到对党忠诚、为党分忧、为党担责、为党尽责。党的十八届六中全会通过的《关于新形势下党内政治生活的若干准则》强调，全党必须牢固树立政治意识、大局意识、核心意识、看齐意识，自觉在思想上政治上行动上同党中央保持高度一致。

增强政治意识是坚持党对一切工作的领导的首要条件。必须进一步增强政治意识，提高政治站位，坚定政治自觉，把握政治方向这个生命线，始终坚定正确政治方向，牢牢站稳政治立场。

坚持在党和国家工作大局下行动，是坚持党对一切工作领导的基本前提。要进一步增强大局意识，提升观全局谋大势的能力。

紧紧围绕核心，是坚持党对一切工作领导的本质要求。要进一步增强核心意识，在政治立场、政治方向、政治原则、政治道路上始终同以习近平同志为核心的党中央保持高度一致，任何时候任何情况下都以党的方向为方向、以党的旗帜为旗帜、以党的意志为意志。

看齐意识是坚持党对一切工作领导的根本保证。要进一步增强看齐意识，向党中央看齐，向习近平总书记看齐，向习近平新时代中国特色社会主义思想和党的十九大确立的理论和路线方针政策看齐，向党中央的重大决策部署看齐。

二、实践指南

（一）实践目的与要求

实践是促进大学生素质教育，加强和改进青年学生思想政治工作，引导学生健康成长和成才的重要举措，是学生接触社会、了解社会、服务社会，培养创新精神、实践能力和动手操作能力的重要途径。实践旨在帮助学生运用课堂所学理论知识来分析和思考问题，坚定理想信念，了解改革开放以来我们党带领全国人民在建设中国特色社会主义的伟大实践中所取得的巨大成就。实践活动要求学科特点和学生学习实际相结合，社会实践和为人民服务相结合，调查实践与大学生成才之路相结合，做到切合自身能力和社会实际，有条件、有能力完成，参与实践态度要认真，注重实际效果，保证质量。

（二）实践项目设计

◆ 实践项目一：

1. 实践项目主题 信仰的力量——纪念建党主题演讲比赛。

人民有信仰，民族有希望，国家有力量。实现全面建成社会主义现代化国家，实现中华民族伟大复兴的中国梦，关键在于培养造就一支铁一般信仰、铁一般信念、铁一般纪律、铁一般担当的党员干部队伍。

2. 实践项目形式 紧紧围绕“信仰的力量”主题，组织学生采取演讲的方式，生动阐释什么是信仰，信仰的力量来自哪里，如何立足岗位践行信仰，进而不断增强中国特色社会主义的“四个自信”。

3. 实践项目目的 进一步坚定大学生理想信念，提高觉悟，坚定政治方向，严守纪律，勇于担当作为，在生活、学习、工作中发挥先锋模范作用。

4. 实践项目地点 校园内。

5. 理论要点衔接 实现中华民族伟大复兴是近代以来中华民族最伟大的梦想。中国共产党一经成立，就把实现共产主义作为党的最高理想和最终目标，义无反顾肩负起实现中华民族伟大复兴的历史使命。90多年来，无论是弱小还是强大，无论是顺境还是逆境，我们党都初心不改、矢志不渝，朝着中华民族伟大复兴的目标奋勇前行。中国共产党90多年的不懈奋斗，深刻改变了近代以后中华民族发展的方向和进程，深刻改变了中国人民和中华民族的前途和命运，深刻改变了世界发展的趋势和格局。

6. 实践项目具体步骤

（1）宣传发动。下发比赛通知，在各班级、专业开展前期选拔，确定初赛选手。报送初赛选手名单、讲稿、配乐、视频等材料。

（2）比赛分为初赛和复赛两个阶段。初赛阶段，评委以选手成绩排名为依据，总计选拔12名选手晋级决赛；决赛排名采取现场评委打分的办法确定，按照成绩选出一等奖1名，二等奖2名，优秀奖若干名。

7. 实践成绩评定 参赛选手根据比赛名次给予相应实践成绩，其他参与演讲比赛海选的同学根据具体情况，综合评定实践成绩。

8. 参考资料

感悟信仰的力量

谢秀华（山东省昌邑市委组织部）

93岁高龄的郑德荣教授走了，这个一生致力于中共党史、毛泽东思想、马克思主义中国化研究的学者，带着对真理的渴求、带着内心虔诚的信仰离开了我们。

何谓信仰？信仰是年仅19岁的“红梅巾帼”郭凤韶血洒南京雨花台的坚毅和凛然；信仰是甘做为民“樵夫”的廖俊波带领政和群众实现一个又一个“零”的突破；信仰是郑德荣潜心研究马列主义，在生命最后时刻嘱托弟子“不忘初心”的谆谆教诲。信仰坚定，内心追求方能同步；责任在肩，才能更好地为民服务。

信仰是对党忠诚的纯粹。在世情国情党情发生深刻变化、意识形态领域斗争长期而复杂的新形势下，党员干部必须坚定树立马克思主义信仰，坚定对真理的追寻，做到真“信马”、真“姓马”，从中汲取信念的厚重养分，赓续共产党人红色基因。“虔诚而执着，至信而深厚”，要始终牢记党员身份，在思想上、行动上保持对党绝对忠诚，做到在党言党、在党忧党、在党为党，坚定一生跟党走的铮铮信念。

信仰是为民服务的宗旨。信仰必须始终根植于泥土，充满百姓气息，才能历久弥新、永葆生机和活力。“但愿苍生俱饱暖，不辞辛苦出山林”。党员干部必须牢固树立群众观，时刻牢记“群众利益无小事”，怀着对群众虔诚的心，当好人民勤务员，甘当群众贴心人，常怀爱民之心，恪守为民之责，吃百家饭、串百家门、拉百家话、解百家愁，在为民服务的实践中锤炼纯粹信仰。

信仰更是爱岗敬业的坚守。实干担当是党员干部“真”信仰的最终归宿。面对改革攻坚期，党员干部须常思身上沉甸甸的使命，把职业当事业，把责任当己任，把实干担当落实到工作中、体现在行动上，在本职岗位上勤勤恳恳、兢兢业业，干出党员干部应有的样子。

——谢秀华：《感悟信仰的力量》，http://dangjian.people.com.cn/n1/2018/0702/c117092-30103263.html.

◆ **实践项目二：**

1. 实践项目主题 追寻红色记忆，重温党的历史——暑期社会实践。

2. 实践项目形式 实地参观调研，感悟红色土地沧桑巨变，对党的发展和时代变迁有更直观的认识和体会。

3. 实践项目目的 通过本次活动加强和改进大学生思想政治教育，引导大学生热爱家乡、热爱祖国，使大学生进一步了解党的历史、感悟党的成长历程，加强爱党、爱国、爱社会主义的教育。同时锻炼同学们社会实践能力，丰富暑期生活，积累社会经验，提高自身素质，更好地完善自我，为以后参加社会工作打下良好的基础。体验老一辈革命家和共产党员不畏艰险、现身理想的革命精神。

4. 实践项目时间与地点 暑期；家乡附近红色资源区。

5. 理论要点衔接 中国共产党是中国工人阶级的先锋队，同时是中国人民和中华民族的先锋队，是中国特色社会主义事业的领导核心。中国共产党成立以后，团结带领中国人民，打败日本帝国主义，推翻国民党反动统治，完成新民主主义改造，建立了中华人民共和国；完成社会主义改造，确立社会主义基本制度，消灭一切剥削制度，推进了社会主义建设；进行改革开放新的伟大革命，极大激发广大人民群众的创造性，极大解放和发展社会生产力，极大增强社会发展活力，人民生活显著改善，综合国力显著增强，国际地位显著提高。

6. 实践项目具体步骤

（1）寻访当地革命历史陈列馆、革命遗址。

（2）走访村落，对居民进行口述调查，了解革命历史。

（3）探访、慰问当年参加革命的老战士、老党员，采访感受他们的革命经历。

（4）拍摄当地相关红色记忆图片、视频，并求助当地政府、媒体，获取相关红色记忆珍贵史料。

（5）开展社会调研，通过红色资源区的发展状况，感受新时代城乡发展新面貌。

（6）活动结束之后，所有参加者必须依据自己在社会实践活动中的感受和经历撰写调查报告一份。

（7）新学期开始，利用实践活动中拍摄的相关素材制作“追寻红色记忆，重温党的历史”宣传专题片；选取实践过程所拍照片，举办“追寻红色记忆，重温党的历史”图片展。

7. 实践成绩评定 根据学生的资料搜集、知识掌握、活动表现和上交的心得体会的写作情况，综合评定实践教学环节成绩。

8. 参考资料

人民日报点评：红色资源是跨越时空的种子

继承传统不是守住炉灰，而是传递火焰。传承的关键不在形式，而是把握其精神内涵。

掌握变与不变的平衡，才能让红色基因在新一代人的生活中绽放光芒。激活是最好的传承，开动脑筋，打造符合时代要求、契合当下思想特征的红色产品、红色产业，使红色思想资源更贴近日常生活、贴近群众需要、贴近发展实际，也是做好传承的题中之应有义。正如陕西渭南，把红色资源当成跨越时空的种子，使之成为今天人们的价值引领。

新的时代环境，是传承的挑战，也是沃土。只有把党的光荣传统、优良作风和当下的历史任务、当前的各项工作结合起来，才能奏响红色传承的时代强音。

——佚名：《人民日报点评：红色资源是跨越时空的种子》，人民日报，2016-10-31 (5).

用好红色资源　传承红色基因

近日，中央档案馆和解放军档案馆联合举办的“传承红色基因、担当强军重任”档案文献展在京正式启动。

“要把红色基因融入官兵血脉，让红色基因代代相传。”解放军档案馆领导介绍说，我军历史档案承载着人民军队辉煌壮阔的历史记忆，蕴藏着我军发展壮大的红色基因，开发这些红色资源，让蕴藏其中的红色基因融入官兵血脉，是档案工作者义不容辞的责任。

本次展览着眼配合全军“传承红色基因、担当强军重任”主题教育，贯彻落实中央军委印发的《传承红色基因实施纲要》精神，精心遴选珍贵档案278件、照片145张，从“忠诚、血性、本色、为民”4个角度，真实再现了老一辈无产阶级革命家、革命先烈、英模群体的坚定理想信念、对党无限忠诚、顽强战斗作风、崇高精神风范和无私为民情怀，充分发挥红色档案资源的教育、感召和激励作用，引导官兵不忘初心、牢记使命，自觉当好红色基因的传承者，对于广大官兵接受革命传统洗礼、激发使命担当，具有很好教育意义。

——杨涛，徐露：《用好红色资源　传承红色基因》，http://www.xinhuanet.com/2018-07/22/c_129918191.htm.

◆ **实践项目三：**

1. 实践项目主题　身边的共产党员——微电影大赛。

2. 实践项目形式　微电影是当前的一种新兴文化形式，深受青少年的喜爱，已经成为当前一种重要的宣传途径。通过举办微电影大赛和展播大赛优秀作品，在全社会大力弘扬真善美，传递社会正能量。活动分为作品报送、网络投票、作品评选、放映颁奖、宣传推广5个阶段。

3. 实践项目目的　通过微电影记录身边的共产党员的点点滴滴，耳濡目染传播正能量；帮助学生转移注意力，缓解理论学习的压力；微电影制作是团队协作能力和个人综合能力的体现，比赛不仅能增强同学们的创新意识，更给同学们提供了一个展示自我才能的平台。

4. 实践项目时间与地点 校园内；课堂实践。

5. 理论要点衔接 中国共产党领导中国人民取得的伟大胜利，使具有5 000多年文明历史的中华民族全面迈向现代化，让中华文明在现代化进程中焕发出新的蓬勃生机；使具有500年历史的社会主义主张在世界上人口最多的国家成功开辟出具有高度现实性和可行性的正确道路，让科学社会主义在21世纪焕发出新的蓬勃生机；使具有70多年历史的新中国建设取得举世瞩目的成就，中国这个世界上最大的发展中国家在短短40多年里摆脱贫困并跃升为世界第二大经济体，创造了人类社会发展史上惊天动地的发展奇迹，使中华民族焕发出新的蓬勃生机。

6. 实践项目具体步骤

（1）报名。各班级于一周内向任课教师报名参赛。

（2）作品报送。参赛资料：报名表＋参赛作品（DVD光盘及数据光盘各一份），另需附主创人员（编剧、导演、摄影师、主要演员等）的个人简介、大一英寸照片、剧照以及5分钟左右的拍摄花絮或宣传花絮，供后期推广宣传用。

（3）网络投票。评委会对参赛作品审核通过后，统一发布平台上展播，同时接受投票。

（4）作品评选。作品评选以网络投票得分和专家评分方式进行。计算方法：网络投票占30%分值，专家评选占70%分值；依分值高低确定名次。

（5）各参赛优秀作品在课堂依次展播并接受颁奖。

（6）参赛规则：参赛作品内容紧扣主题，体现社会正能量主题内容；作品题材不限，拍摄时长在5～15分钟；参赛作品要求拍摄画面清晰、镜头运用流畅，有一定的拍摄和剪辑技巧，有完整的片头片尾，片中对话应标注简体中文字幕，格式为mp4、avi、mpg或mov，分辨率不低于1 920×1 080（数据光盘）。参赛作品片头字幕必须有参赛作品名称，片尾字幕必须有演职人员表，普通话、方言均可。光盘正面注明“班级名称＋影片名称”。参赛作品要求原创，不得抄袭剽窃。

7. 实践成绩评定 作品设置一、二、三等奖，优秀奖和单项奖，为获奖者颁发获奖证书、奖品。一等奖1名、二等奖2名、三等奖3名、优秀奖若干名；同时设最佳导演、最佳编剧、最佳摄影、最佳男主角、最佳女主角单项奖各1名。实践成绩根据参与过程、表现情况、获奖情况等综合评定。

8. 参考资料

“最美中国”全国大学生摄影及微电影创作大赛启动

人民网北京7月11日电 “最美中国”全国大学生摄影及微电影创作大赛11日下午在北京人民大会堂正式启动。国务院新闻办副主任、国家互联网信息办副主任钱小芊等领导出席了启动仪式。

此次大赛由教育部思想政治工作司、国家互联网信息办公室网络新闻宣传局指导，《文汇报》、人民网、中国大学生在线主办，易班网、文汇网参办。大赛以“最美中国”为主题，面向全国高校学生征集摄影及微电影作品。

国家互联网信息办公室网络新闻宣传局副局长高剑云在仪式上讲话。他说，这次全国大学生摄影及微电影创作大赛，以“最美中国”为主题，发动广大大学生用镜头、鼠标、键盘记录和传播真善美，对于贯彻落实党的十七届六中全会精神，发展健康向上的网络文化，唱响网上思想文化的主旋律，对于展示国家发展和时代进步，进一步坚定广大网民走中国特色社会主义道路的信心，对于提升大学生群体的文化追求、在推进社会主义现代化建设、实现中华民族伟大复兴中贡献青春和力量，具有十分重要的意义。他希望各有关单位精心筹划、认真组织、扎实推进，使活动既形成影响，又富有成效，成为广大网民发现美、学习美、实践美的网上平台，成为网络文化建设的精品工程。

教育部思想政治工作司司长冯刚在讲话中指出，随着互联网等新兴媒体的快速发展，网络越来越成为大学生获取信息的重要渠道，也成为他们成长成才过程中不可缺少的重要的外部环境和发展的平台。培育健康的网络文化，形成向上的网络文化，是深入推进校园文化建设的现实需要，也是促进青年学生健康成长、全面发展的必然要求。他认为，本次大赛把传统媒体与网络新媒体强强联合在一起，也是大学生参与网络文化内容精品建设的又一重要的平台，希望广大青年学生积极参与、勇于创新，用善于发现真善美的眼睛，创作出贴近实际、贴近生活、贴近师生的最美镜头。《文汇报》党委书记袁岳滨、人民网副总裁唐维红、中国大学生在线发展中心主任阎志坚，以及中国移动视频基地负责人、中国移动上海公司副总经理聂晶谈等也先后在仪式上发言。

据悉，为突出大学生的全新创意与创作才华，大赛分为摄影和微电影两个参赛单元，以“最美中国”为主题，面向全国高校学生征集相关作品。本次摄影和微电影大赛各设 10 名“最美奖”。摄影大赛另设最佳人气奖、最佳创意奖、最佳色彩奖、最佳构图奖、最佳瞬间奖、最具感染力奖等奖项，奖品价值各 2 000 元。微电影大赛另设票房大奖、最佳导演奖、最佳编剧奖、最佳创意奖、最佳剪辑奖、最佳摄影奖、最佳男主角、最佳女主角等奖项，奖品价值各 8 000 元。参赛作品将择优发布，微电影作品在中国移动视频平台上线后，作者还将得到观众点击下载产生的“票房”分成。

从即日起至 11 月 30 日，参赛者可通过人民网、中国大学生在线、易班网、文汇网、中国移动手机视频五大官方平台提交参赛作品。官网还将展示参赛摄影作品和微电影片花。

大赛组委会为更好地培养视觉艺术人才，培育精品力作，在面向全国大学生征稿的过程中，还设立了“浦发摄影特训营”和“悦达微电影特训营”，将邀请著名导演和业内专家为大学生提供面对面的指导，也为全国各地大学生搭建相互沟通的新的平台。

——佚名：《“最美中国”全国大学生摄影及微电影创作大赛启动》，http://edu. people. com. cn/n/2012/0711/c79457-18497021. html.

◆ **实践项目四：**

1. 实践项目主题　不忘初心跟党走，牢记使命当先锋——主题党日活动。

2. 实践项目形式　主题党日系列活动，包括党史学习、红色观影、读书交流、征文评比等环节。

3. 实践项目目的　深入贯彻落实党的十九大精神，全面回顾党的光辉历程，描绘 90 多年辉煌成果，弘扬党的丰功伟绩，引导全体大学生了解党、热爱党、拥护党，激励共产党员继承和发扬党的光荣传统，激发民族自豪感和历史责任感。

4. 实践项目地点 校园内。

5. 理论要点衔接 中国共产党在长期奋斗中形成了独特的自身优势：以马克思主义为指导，用马克思主义中国化最新理论成果武装全党、教育人民的理论优势；坚定崇高的政治理想、政治信念和百折不挠的革命意志的政治优势；遵循马克思主义建党原则，严密组织体系、严格组织生活、严明组织纪律，使党成为统一整体的组织优势；坚持民主集中制这一制度优势；密切联系群众的优势。中国共产党作为具有领导地位的长期执政的党，以自身优势引领和锻造了中国特色社会主义的制度优势，保证了中国特色社会主义制度优势的有效发挥。

6. 实践项目具体步骤

（1）以理想信念为核心，开展党史学习。通过多种形式，强化革命传统教育、宗旨意识教育、优良作风教育、党史经验教育，了解党的奋斗历程和优良传统，增强共产党员的自豪感和荣誉感。

（2）红色光影。为讴歌新中国成立的伟大历程和社会主义建设，特别是改革开放40多年来的伟大成就，展现中国人民爱国情怀，安排优秀影视剧展播，唱响主旋律，弘扬爱国主义精神，播放《青春之歌》《红岩》《建党伟业》等优秀影视剧，观影结束之后撰写观后感。

（3）以读书活动为载体，在读书交流中开展爱党教育。组织同学们利用课余时间阅读《时代大潮和中国共产党》《历史的选择》两本书，定期开展读书交流活动。

（4）紧扣主题，开展征文比赛。征文要突出主题，立场鲜明，观点正确，未曾发表，不得抄袭。

7. 实践成绩评定 本次活动实践成绩分为4部分，满分100分，教师根据每部分学生的相关表现，给出相应分数。

8. 参考资料

让“主题党日”淬炼党性本色

开展“主题党日”活动，是规范基层党支部组织生活、从严教育管理党员的有效途径，也是推进“两学一做”学习教育的重要载体。如何使党日活动主题更突出、效果更明显，是当前每一个基层党组织必须思考和探索的重要课题。

……

突出理论武装，让党日活动有“深度”。主题党日的内涵在“党味”，重点在“党性”，关键在推动党的事业。只有强化政治引领、突出理论武装，强化思想教育功能，才能使党日活动有思想、有灵魂。要结合“两学一做”学习教育，将习近平新时代中国特色社会主义思想、党的十九大精神和党章党规等作为主题党日活动的必学内容，确保党的最新理论成果及时传达到每一名党员。在学习的过程中，督促党员学用贯通、以知促行，从而提高党员的思想政治素质，提升党员宗旨意识，增强党组织的创造力凝聚力战斗力，充分发挥党支部的战斗堡垒作用。

发挥支部作用，让党日活动有“力度”。基层党支部是党的“神经末梢”，也是主题党日活动的组织者。只有让基层党支部当“主角”，充分发挥组织、引领作用，才能使主题党日真正成为党员政治学习的阵地、思想交流的平台。这就需要基层党支部不断完善活动相关制度体系，规范主题党日活动的人员、时间和内容，确保活动的严肃性，让党员养成经常参加组织生活的习惯和自觉。同时，要以高度负责任的态度，充分听取党员意见，认真制定活动方案，在活动过程中推动"三会一课"、民主评议党员、组织生活会等党的组织生活制度的深度融合，使活动真正成为党员党性锻炼的"熔炉"。

贴近党员实际，让党日活动有"温度"。面对新形势下的新情况、新问题，只有不断创新方式方法，贴近党员实际，才能让主题党日活动接地气、有温度。一方面，要结合当前工作实际和党员思想动态，使每一期主题党日活动都能主题鲜明、重点突出，防止因流于形式而草草收场。另一方面，要改变"一人讲、大家听"的老旧模式，组织党员到农村、社区、学校、企业等地开展志愿服务、结对帮扶、公益行动等活动，让党员活起来、动起来，在实践中拉近与群众的关系。以主题党日活动为"平台"，组织引导党员立足岗位，扑下身子，苦干实干，才能把从习近平新时代中国特色社会主义思想中学到的信仰、担当和本领转化为干事创业、筑梦前行的力量。

——马烨：《让"主题党日"淬炼党性本色》，http://theory.people.com.cn/n1/2018/0516/c40531-29994559.html.

三、拓展资源

（一）阅读书目

1. 习近平：《在庆祝中国共产党成立95周年大会上的讲话》，北京：人民出版社，2016年

内容简介：不忘初心，方得始终。习近平总书记在庆祝中国共产党成立95周年大会上发表重要讲话，高度评价我们党为中华民族做出的伟大历史贡献，科学概括历史给予我们的深刻启示，号召全党同志在回顾历史中增强开拓前进的勇气和力量，在面向未来中坚持不忘初心、继续前进。这一令人鼓舞、催人奋进的重要讲话，是一篇马克思主义的光辉文献，是指引中国共产党更好担负历史使命的行动指南。

2. 中共中央文献研究室：《习近平关于全面从严治党论述摘编》，北京：中央文献出版社，2016年

内容简介：习近平同志围绕全面从严治党发表的一系列重要论述，对于我们深刻认识全面从严治党的重大意义，准确把握全面从严治党的基本要求和重点任务，牢固树立政治意识、大局意识、核心意识、看齐意识，坚定不移维护党中央权威和党中央集中统一领导，继续推进全面从严治党，确保党团结带领人民不断开创中国特色社会主义事业新局面，具有十分重要的意义。本书内容，摘自习近平同志2012年11月15日至2016年10月27日期间的讲话、文章等80多篇重要文献。

3. 习近平：《中国共产党的领导是中国特色社会主义最本质的特征》，《习近平谈治国理政》（第2卷），北京：外文出版社，2017年

内容简介：十三届全国人大一次会议表决通过的宪法修正案第三十六条，将"中国共产党领导是中国特色社会主义最本质的特征”写入宪法第一条第二款。“中国特色社会主义最本质的特征是中国共产党领导”，是习近平新时代中国特色社会主义思想的一个重要论断，深刻揭示了中国共产党领导与中国特色社会主义之间内在的统一性。把这一理论创新成果充实进宪法规定的国家根本制度之中，对于坚持和加强党的全面领导、科学表述和完善发展国家根本制度与国体、推进中国特色社会主义事业发展都具有重要而深远的意义。

4. 黄相怀：《不忘初心：中国共产党为什么能永葆朝气（增订本）》，北京：中国人民大学出版社，2017 年

内容简介：本书作者以独特的视角、新锐的观点、清新的思想，全方位解读中国共产党自我净化、自我完善、自我革新、自我提高的能力，探寻中国共产党成功之道，深入回答国内外读者关注和困惑的重大问题：中国共产党永葆朝气活力的“秘诀”是什么，有哪些“看家本领”？中国共产党的执政理念为什么能获得人民的认同？西方的政治制度真比中国的好吗？中国共产党如何避免苏共覆辙？在全面建成小康社会决胜阶段，中国共产党如何引领中国进入新时代？

5. 李君如：《办好中国的事情，关键在党》，北京：中国人民大学出版社，2016 年

内容简介：围绕“办好中国的事情，关键在党”这一主题，从“治国”与“治党”的关系讲起，首先强调“治国必先治党”，根据国情和党情强调“治党务必从严”，研究反腐败斗争和群众路线教育实践活动的斗争经验，并回答了“在我们的体制下能否坚持全面从严治党”这个重大问题。其次指出从严治党的关键在从严治吏，最重要的是要抓好中央最高领导层的建设。最后把坚持全面从严治党问题和价值观建设、政治体制改革、协调推进“四个全面”战略布局联系起来，落到“提高党的领导和执政能力，增强党拒腐防变和抵御风险的能力”这两个方面的“能力”建设上。

6. 中共中央党史研究室：《中国共产党的九十年》，北京：中共党史出版社、党建读物出版社，2016 年

内容简介：该书记述了中国共产党从 1921 年成立至 2012 年十八大召开 90 多年的历史，准确生动地展现了中国共产党 90 多年的奋斗历程、光荣传统、优良作风、宝贵经验和伟大成就。该书是迄今为止国内公开出版的权威读物中，全面系统反映中国共产党历史时间跨度最长、内容最为系统完整的一部党史基本著作。

7. 李君如：《时代大潮和中国共产党》，北京：中国人民大学出版社，2016 年

内容简介：本书从中国共产党所处的时代以及中国共产党如何应对时代挑战的新视角，研究中国共产党的历史和重大事件，把中国共产党的历史看作不断应对新的挑战、审时度势、顺应时代大潮从而不断取得胜利的历史，并将最终落脚点置于中国共产党的现实发展上，指出中国共产党将以“五大发展理念”为引领，以“赶上时代”为目标，以“科学预见”为方法，以“与时俱进”为精神状态，以“不忘初心、继续前进”为坚强意志，永不止步地追赶时代大潮、接受时代大潮的考验，进而引领时代大潮，永葆自己的先进性。

8. 柳建辉等：《百炼成钢：中国共产党应对重大困难与风险的历史经验》，北京：人民出版社，2016 年

内容简介：本书简要回顾了中国共产党 95 年来应对复杂局面的历程，得出中国共产党的一个重要特点，95 年来，党是在不断克服困难、应对挑战、破解危局中走过来的，在这一过程中，党愈挫愈奋，不断发展壮大。我党应对危局、化解困境的经验给我们提供了重要的启示。

9. 潘维：《信仰人民：中国共产党与中国政治传统》，北京：中国人民大学出版社，2017 年

内容简介：本书阐述了中国共产党如何从中国悠久的“民本”政治传统中汲取精华，提高组织社会和群众的能力；分析了中国共产党如何提高思想能力，对社会主义理论和话语推陈出新；探讨了当前国家治理的核心任务；讨论了社会主义新农村建设中关于土地流转方向等关键问题。

（二）红色光影

1. 时政片《信仰的力量》

内容简介：本片通过每集 25 分钟的时间，讲述了 1921 年到 2016 年整整 95 年的时间里，从血雨腥风、战火纷飞的革命时期到意气风发、激情燃烧的建设时期，再到波澜壮阔、生机勃勃的改革时期，全面展现中国共产党人的高贵灵魂，和一个古老民族苦难辉煌的艰辛历程。片中人物选自《100 位为新中国成立作出突出贡献的英雄模范人物和 100 位新中国成立以来感动中国人物》《时代楷模》以及《感动中国》，从他们的成长轨迹、思想高度、人生感悟等方面着手，着力探讨中国共产党人在不同的历史时期，对信仰的追求和传承。

2. 纪录片《重生》

内容简介：本片分为 5 集，每集长约 50 分钟，分别从“使命”“火种”“抉择”“淬炼”“缔造”5 方面，以情景再现的形式，勾勒出 20 世纪 20 年代至 40 年代国际国内局势的风云变幻，还原了中国共产党在不同历史时期的重大决策、重要事件。纪录片从“南湖红船到八一枪声”“井冈号角到长征壮歌”“抗日烽火到建国大业”等多个维度，再现中国共产党在绝境中凭借信念和精神的力量，获得重生的艰难历程，生动展现了中国社会剧烈变革，思想精神狂飙突进、革命救亡风起云涌的历史进程。

3. 时政片《不忘初心　继续前进》

内容简介：本片共分《举旗定向》《人民至上》《攻坚克难》《凝心铸魂》《强军路上》《合作共赢》《永立潮头》7 集。本片主题为以习近平同志为核心的党中央治国理政纪实，全景展现党的十八大以来党中央治国理政新理念新思想新战略，真实展示 5 年来中国经济社会全面发展的生动实践和巨大成就，是迎接党的十九大系列电视专题片的重要之作。

4. 纪录片《共产党人》

内容简介：以中国共产党的 90 年伟大历史为线索，展现在党的领袖人物领导下，广大共产党员在不同的历史时期为实现共产主义伟大理想浴血奋战、顽强拼搏的革命精神与高尚情操。全片按党史分 3 个历史阶段，每个历史阶段一部，共 90 集。3 部分之间共有 4 部 10 集背景介绍式专题片，最终形成一部 100 集长卷式大型系列片。本片反映了革命、建设、改革开放 3 个大的历史时期，中国共产党人为了信仰而艰苦奋斗的故事。共产党人是创造现代中国历史的先锋，这样的定位，使我们容易走进历史，也使纪录片具有了真实情感的温度。

5. 时政片《筑梦中国》

内容简介：《筑梦中国》通过回顾 1840 年鸦片战争以来中国人民在屈辱苦难中奋起抗争，为实现民族复兴进行的种种探索，特别是中国共产党领导全国各族人民争取民族独立、人民解放和国家富强、人民幸福的光辉历程，充分展示了中华民族的复兴之路。本片共分《风雨如磐》《中流击水》《正道沧桑》《伟大转折》《世纪跨越》《发展新境》《圆梦有时》7

集，每集时长 30 分钟。主要特点：主题鲜明突出，思想性强；内容丰富凝练，史实性强；叙事生动感人，教育性强；表现手法新颖，观赏性强。

6. 故事片《建党伟业》

内容简介：《建党伟业》是为庆祝中国共产党建党 90 周年而制作的献礼影片。该片从 1911 年辛亥革命爆发开始一直叙述至 1921 年中国共产党第一次全国代表大会召开为止共 10 年间中国所发生的一系列重大历史事件，大体上由民初动乱、五四运动及中共建党 3 部分剧情组成。

图书在版编目（CIP）数据

中国特色社会主义理论体系概论课堂实践指南 / 姚琳主编．—北京：中国农业出版社，2021.1

普通高等教育农业农村部“十三五”规划教材　全国高等农林院校“十三五”规划教材

ISBN 978-7-109-27726-7

Ⅰ.①中…　Ⅱ.①姚…　Ⅲ.①中国特色社会主义理论体系－高等学校－教学参考资料　Ⅳ.①D610

中国版本图书馆 CIP 数据核字（2021）第 001657 号

中国农业出版社出版

地址：北京市朝阳区麦子店街 18 号楼

邮编：100125

责任编辑：何晓燕　　文字编辑：禹　娟　王玉水

版式设计：王　晨　　责任校对：周丽芳

印刷：中农印务有限公司

版次：2021 年 1 月第 1 版

印次：2021 年 1 月北京第 1 次印刷

发行：新华书店北京发行所

开本：787mm×1092mm　1/16

印张：15.25

字数：350 千字

定价：38.00 元
